BUS
THEMA

Staatsinstitut für Schulpädagogik und Bildungsforschung
München
Zentralstelle für Computer im Unterricht
Augsburg

Informatik-Themen
im
Grundkurs Physik (Informatik)

Handreichungen
für den
Physikunterricht

Redaktion:
Roland Reger, Ulrich Freiberger

D1664870

Bayerischer Schulbuch-Verlag · München

BUS Themenheft

Staatsinstitut
für Schulpädagogik und Bildungsforschung
Arabellastraße 1, 8000 München 81

Zentralstelle für Computer im Unterricht
Schertlinstraße 9, 8900 Augsburg 1

Autorenverzeichnis:

Als Mitglieder des Arbeitskreises „Grundkurs Physik (Informatik)" haben an dieser Handreichung mitgearbeitet:

Hans Andraschko	Ignaz-Kögler-Gymnasium, Landsberg
Franz Eichiner	Gymnasium Olching
Ulrich Freiberger	Luitpold-Gymnasium, München
Peter Krahmer	Celtis-Gymnasium, Schweinfurt
Günther Kühlewind	Gymnasium Berchtesgaden
Roland Reger	Staatsinstitut für Schulpädagogik und Bildungs- forschung, München

Redaktion:

Roland Reger	Staatsinstitut für Schulpädagogik und Bildungs- forschung, München
Ulrich Freiberger	Luitpold-Gymnasium, München

Die Handreichung wurde auf Apple Macintosh mit Microsoft Word 4.0 erstellt.

1990

Erarbeitet im Auftrag des Bayerischen Staatsministeriums
für Unterricht und Kultus

Herstellung und Vertrieb:

Bayerischer Schulbuch-Verlag
Hubertusstr. 4, 8000 München 19
Druck: Weihert-Druck, Darmstadt
ISBN 3-7627-3696-0

Inhaltsverzeichnis

Vorwort   4

Allgemeine Hinweise   6
Informatik in der Physik im Gymnasium   6
Hinweise zur Hard- und Software   8
Möglichkeiten des Computereinsatzes im Physikunterricht
des Gymnasiums   11

Lehrplan für den Grundkurs Physik (Informatik)   17

**Bewegungen im homogenen und
radialsymmetrischen Feld**   29
Erarbeitung der Algorithmen   30
Numerische Differentiation   30
Integration der Bewegungsgleichung   33
Kraftgesetze und daraus resultierende Bahnbewegungen   38
Anhang   42

Streuversuch von Rutherford   47
Bisherige Behandlung   48
Geschichtlicher Hintergrund   48
Das Rutherford-Streuexperiment   48
Gewinnung einer Streuwinkelverteilung   50
Rückschluß auf den Atomaufbau   53
Hinweise zum Programm   54
Modellvarianten   55
Anhang   60

Methoden der Meßwerterfassung   61
Kennenlernen des Schulinterfaces   61
Prinzipieller Aufbau einer Meßeinrichtung   64
Elemente einer Meßeinrichtung   65
Beispiele   73

Literatur   75
Messen innerhalb der Prozeßdatenverarbeitung   76
Anhang   77

Struktur des Atoms, diskrete Energiestufen im Atom 79
Aufnahme eines Linienspektrums   79
Die Balmerserie   89
Franck-Hertz-Versuch   99
Anhang   103

**Kenntnis der Zusammensetzung der natürlichen
radioaktiven Strahlung und einer Nachweismethode 113**
Versuchsanordnung   113
Programm   114
Weitere Lerninhalte   116

**Überblick über die Möglichkeiten des Schutzes vor 117
radioaktiver Strahlung**
Grundlagen   117
Vorschriften   118
Abschätzungen   119
Biologische Strahlenwirkung   123
Literatur   125

Projektarbeit   127
Lehrplanbezug   127
Begriffsklärung   128
Das Phasenmodell   129
Hinweise zum Unterricht   131

Quantenmechanisches Atommodell   135
Grenzen klassischer Begriffe   135
Grundlagen des quantenmechanischen Atommodells   138
Iterative Lösung   141
Deutung   141
Erweiterung   142

Erläuterungen zu SCHROEDM.EXE 145
Literatur 149

Erstellung eines Modells vom radioaktiven Zerfall **151**
Vorschlag für die Konzeption des Projektes 151
Durchführung des Projektes 152
Realisierungsvorschläge zu den Modulen 156

Datenverarbeitung anhand einer Nuklidkarte **169**
Das Pflichtenheft 170
Hilfsmittel zur Lösung der Aufgabe 171
Festlegung der Datenstruktur 172
Planung der weiteren Schritte 174
Auswertungen 177
Anhang 182

Simulation dynamischer Vorgänge **195**
Vorbemerkungen 195
Systeme - Modelle - Simulation 198
Darstellung von Modellen 201
Bewertung und Grenzen des Modells 213
Beispiele 214
Weitergehende Integrationsverfahren 222
Anhang 224
Literatur 224

Messung einer analogen physikalischen Größe mit dem Computer **227**
Planungsphase 228
Realisierungsphase 232
Bewertungsphase 233
Anhang 233

Hinweise zu den Begleitdisketten **251**

Vorwort

Computer helfen uns, Entscheidungen zu treffen; welche, das müssen wir entscheiden.

Physik unter Heranziehung von Mitteln und Methoden der Informatik ist der Leitgedanke des im Herbst 1988 veröffentlichten Lehrplans für den Grundkurs Physik (Informatik).

Der Computer ist in diesem Kurs nicht Unterrichtsgegenstand, sondern vielmehr ein Hilfsmittel, das dem Fach Physik neue Möglichkeiten eröffnet. Anhand von Beispielen, vorwiegend aus dem Bereich der Atom- und Kernphysik, werden sinnvolle Einsatzmöglichkeiten des Computers in einer Naturwissenschaft gezeigt und grundsätzliche Arbeitsweisen der Informatik vermittelt. Die Vorteile des Computers bei Meßwerterfassung, Auswertung und Darstellung der Ergebnisse erlauben es, Einblicke in Teilgebiete der Physik zu gewähren, die der Schulphysik bisher aufgrund eines mathematisch hohen Anforderungsniveaus oder eines großen Zeitaufwandes verschlossen waren. Ferner eröffnet der Einsatz des Computers neue Möglichkeiten zur physikalischen Erkenntnisgewinnung und hilft, neue Strategien zur Problemlösung anhand physikalischer Inhalte zu erlernen. Zusätzlich kann durch geeignete Simulationen ein tieferer Einblick in die physikalische Modellbildung gewonnen werden. Im Rahmen der für die Informatik typischen Vorgehensweise der Projektarbeit erhalten die Schüler auch eine Vorbereitung auf Studium und Beruf.

Die vorliegende Handreichung soll die Ziele des Lehrplans weiter verdeutlichen und die Kollegen dazu ermuntern, diese interessante Lehrplanalternative für den Grundkurs Physik in der Jahrgangsstufe 13 aufzugreifen. Darüber hinaus sollen auch Anregungen gegeben werden, das eine oder andere Thema aufzugreifen und in einem Grund- oder Leistungskurs Physik umzusetzen.

Bei den Erläuterungen zu den einzelnen Abschnitten des Lehrplans geht die Handreichung von Lernziel zu Lernziel fortschreitend vor. Neben didaktischen und methodischen Hinweisen enthält die Handreichung ausführliche Versuchsbeschreibungen und theoretische Ansätze; diese werden in einzelnen Abschnitten bewußt ausführlicher abgehandelt, um dem Lehrer auch Hintergrundinformationen zu vermitteln. Auf eine ausführliche Darstellung von auch im Grundkurs Physik behandelten Themen wird dagegen verzichtet. Alle aufgeführten Unterrichtsmodelle sind als unverbindliche Vorschläge zu sehen, die bei entsprechender Vorbildung der Schüler oder der Kursleiter verschieden oder auch deutlich anspruchsvoller ausfallen können.

Zu den vorgestellten Programmstrukturen finden sich im Anhang des jeweiligen Abschnittes auch Programmlistings, bei denen besonderer Wert auf die klare Darstellung der zugrundeliegenden Physik und deren Umsetzung in

Algorithmen gelegt wurde. Dieser Anhang enthält oft auch Hinweise auf Alternativen zum unterrichtlichen Vorgehen und Ausblicke auf Vertiefungsmöglichkeiten.

Die Beiträge wurden im Rahmen des Arbeitskreises "Grundkurs Physik (Informatik)" am Staatsinstitut für Schulpädagogik und Bildungsforschung erstellt; allen Arbeitskreismitgliedern sei an dieser Stelle für ihre engagierte Mitarbeit recht herzlich gedankt. In vielen Fällen wurde von ihnen didaktisches Neuland betreten, oft mußten umfangreiche Programmbausteine erstellt werden.

Darüber hinaus gilt der Dank allen Kollegen, die durch Erprobung des Lehrplanes oder von Teilen der Handreichung in einem Grundkurs Physik (Informatik) oder in "Plus-Kursen" wesentlich zum Gelingen der Handreichung beigetragen haben oder in der Diskussion auf Veranstaltungen der Lehrerfortbildung anregende Hinweise lieferten. Besonderer Dank gebührt Herrn U. Freiberger für die Gestaltung des Layout.

Die Verfasser der Handreichung hoffen, daß sie mit diesem Band den Kollegen und Kolleginnen die Vorbereitung auf den Unterricht erleichtern und dem Grundkurs Physik (Informatik) zu einem guten Start verhelfen.

München, Dezember 1989

Roland Reger
Referent für Physik

Allgemeine   Hinweise

Informatik in der Physik im Gymnasium

"Der Informatikunterricht im Gymnasium soll den Schüler befähigen, Probleme mit Hilfe algorithmischer Verfahren zu lösen, insbesondere Daten zu strukturieren und Lösungsalgorithmen darzustellen. Der Schüler soll dabei auch komplexere Anwendungsfelder der Datenverarbeitung kennenlernen sowie gegenseitige Bezüge und gemeinsame Strukturen mit anderen Fächern erkennen.

Durch den Informatikunterricht soll der Schüler in die Lage versetzt werden, Methoden und Denkweisen der Informatik als Hilfsmittel in Studium und Beruf anzuwenden. Der Schwerpunkt liegt dabei auf der Bedeutung des Computers als universell einsetzbares Werkzeug für geistiges Arbeiten. Der Schüler soll aber auch lernen, sich in sozialer Verantwortung mit individuellen und gesellschaftlichen Problemen, die mit dem Eindringen der Informationstechnik in nahezu alle Lebensbereiche einhergehen, sachbezogen, rational und kritisch auseinanderzusetzen."

(aus : Gesamtkonzept für die Informationstechnische Bildung in der Schule, Reihe B, Heft 6 vom Juli 1987)

Der Wert eines eigenständigen Faches Informatik im Sinne einer gymnasialen Allgemeinbildung ist unter Schuldidaktikern, Kulturpolitikern und Lehrern umstritten. Der zunehmenden Bedeutung der Informatik im Zuge der technischen Entwicklung wird deshalb durch die Integration von Prinzipien, Inhalten und Arbeitsmethoden der Informatik in andere Fächer Rechnung getragen. Die Abbildung auf der folgenden Seite zeigt die Stellung des Grundkurses Physik (Informatik) im Rahmen der Informationstechnischen Bildung im Gymnasium und enthält die entsprechenden Lehrplanfundstellen.

Informatik im Gymnasium

Grundkurse Jgst. 13

| WR | M | Ph |

(Informatik)

Lehrplanalternativen
(auch Zusatzangebot)

Grundkurse Jgst. 12

| WR | M | Ph |

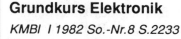

Grundkurs Elektronik

KMBl I 1982 So.-Nr.8 S.2233

**Grundkurs Elektroni-
sche Datenverarbeitung**

Grundkurs Informatik
Zusatzangebot (2 Std.)

KMBl I 1986 So.-Nr. 11 S.309

Informatik
Wahlpflichtbereich
Math. MNG in Jgst.10 oder 11

KMBl I 1980 So.-Nr. 28 S.993

I T G
Mathematik
Wirtschafts- und Rechtslehre
Deutsch

KMS vom 8.2.1988
Nr. I / 9 - 01370 - 1/7673

Informatik
Wahlunterricht Jgst. 7 mit 11
Anlage 2 zu GSO

Grundkurs Wirtschafts- und Rechtslehre (Informatik)
KWMBl I 1988 So.-Nr. 6 S.57
Grundkurs Mathematik (Informatik)
KWMBl I 1987 So.-Nr. 4 S.53
Grundkurs Physik (Informatik)
KWMBl I 1988 So.-Nr. 15 S.305

Hinweise zur Hard- und Software

Zur Durchführung des Unterrichts wird neben den üblichen Geräten aus der Physiksammlung (z. B. Leuchten, Fotowiderstand, Spektralgitter, etc.) eine auf die Bedürfnisse des Lehrplans zugeschnittene Rechnerausstattung benötigt.

Dabei ist zu unterscheiden zwischen der Rechnerausrüstung für den Demonstrationsunterricht des Lehrers und den Rechnerarbeitsplätzen für die Schüler.

Hardwareausrüstung für den Demonstrationsunterricht

Im Rahmen des Lehrplans sollen die Schüler u.a. Einblicke in die Meßwerterfassung mit dem Rechner erhalten. Dazu muß eine Schnittstelle zwischen dem physikalischen Experiment und dem auswertenden Rechner, ein sog. Physikinterface, zur Verfügung stehen. Aus Kostengründen wird man dieses meist nur in einem einzigen Exemplar anschaffen können. Um dennoch alle Schüler an den Messungen teilhaben lassen zu können, wird dieses Physikinterface an den Lehrerrechner angeschlossen, der dann im Idealfall noch durch eine Projektionsmöglichkeit für den Bildschirminhalt ergänzt wird (LCD-Overhead-Display).

Kriterien für die Auswahl eines Physikinterfaces

Hinsichtlich der Hardware für das Interface werden vom Lehrplan keine großen Anforderungen gestellt : Notwendig sind lediglich AD-Wandlereingänge zur Spannungserfassung sowie ein Zählereingang.

Da diese Anforderungen von nahezu allen auf dem Markt verfügbaren Interfaces erfüllt werden, wird die verfügbare Steuersoftware ein wesentliches Kriterium für die Auswahl sein. Diese soll in ausgewählten Beispielen auch von den Schülern eingesetzt werden können; es ist deshalb darauf zu achten, daß sie in didaktisch günstiger Weise in die verwendete Hochsprache eingebunden ist. Eine solche Einbindung kann bei PASCAL etwa als Prozedursammlung oder bei BASIC als Befehlserweiterung ausgeführt sein. Von einer Eigenprogrammierung der Meßroutinen, die aus Geschwindigkeitsgründen auf Maschinensprache-Niveau codiert sein müssen, oder dem Ansprechen von mitgelieferten rudimentären Maschinensprache-Meßroutinen über CALL, PEEK, POKE o. ä. ist auf jeden Fall abzuraten.

Der Arbeitskreis "Standardisierte Unterrichtsprogramme" hat in einem kleinen

Heft[1] einen Vorschlag für die zur Steuerung eines Physikinterfaces relevanten Prozeduren mit der zugehörigen Parametrisierung zusammengestellt. Dieses Konzept ist unter Turbo PASCAL für MS-DOS-Rechner und (zur Zeit der Drucklegung dieser Handreichung) für drei Meßinterfaces (ISK POS, Leybold CAP-CS-2, MS microsystems) realisiert[2]. Alle Programmbeispiele dieser Handreichung und der zugehörigen MS-DOS-Begleitdisketten beziehen sich auf dieses Konzept.

Als preiswerte Alternative für den Lehrerarbeitsplatz bietet sich auch einer der weitverbreiteten Homecomputer in Verbindung mit einem der zahlreich angebotenen Physikinterfaces an. Auch hier gilt, wie schon zuvor, die Forderung nach einer didaktisch günstig gewählten Ansteuerungsmöglichkeit des Interfaces. Eine bei der Lehrplanerprobung bewährte Konfiguration bestand aus dem Rechner C-64 der Firma Commodore in Verbindung mit einem Demonstrations-Farbfernsehgerät für die Schüler und dem Physik-Interface CAP-CS-2 der Firma Leybold DIDACTIC GmbH. Die Meßprogramme auf der Begleitdiskette (C-64) sind zum großen Teil bei einer Lehrplanerprobung entstanden und deshalb auf diese Hardwarekombination zugeschnitten.

Hardwareausrüstung für den arbeitsteiligen Schülerunterricht

Für die praktische Arbeit der Schüler am Rechner wird dieselbe Rechnerausrüstung benötigt, wie im vorangegangenen Informatikunterricht der Jahrgangsstufe 12. Wichtig dabei ist, daß eine ausreichende Anzahl von möglichst gleich zu bedienenden Rechnern vorhanden ist, die auch über einen von der verwendeten Programmiersprache aus bequem anzusteuernden Graphikmodus verfügen.

Softwareausrüstung

Jeder Rechner muß selbstverständlich mit der zu verwendenden Programmiersprache (z.B. Turbo PASCAL-Compiler oder BASIC-Interpreter) ausgerüstet sein. Für den Lehrerarbeitsplatz muß zusätzlich die Steuerungssoftware für das angeschlossene Physikinterface zur Verfügung stehen.

Um die Schüler von der Programmierung der Graphikprobleme (Skalierung,

---

1 Computer im Realexperiment - Konzeptionen, Entwicklungen, Empfehlungen; Zentralstelle für Computer im Unterricht, Augsburg 1989
   In diesem Heft findet man auch eine Übersicht über 11 auf dem Lehrmittelmarkt verfügbare Physikinterfaces mit ihren technischen Daten.
2 Eine Diskette mit der Schnittstellensoftware für die drei erwähnten Interfaces kann für bayerische Schulen bei der Zentralstelle für Computer im Unterricht, Schertlinstr.9, 8900 Augsburg, bezogen werden.

beschriftete Achsen, etc.) zu entlasten, ist vom Lehrer eine Sammlung von entsprechenden Routinen oder ein geeignetes Rahmenprogramm vorzubereiten. Vorschläge hierzu findet man für die Programmiersprachen Turbo Pascal (MS-DOS-Rechner) bzw. für C-64-Basic auf den Begleitdisketten.

Viele der im Lehrplan gestellten Aufgaben sind auch ohne Programmierung in einer Programmiersprache zu bearbeiten, wenn man das auf die Belange des naturwissenschaftlichen Unterrichts optimierte Tabellenkalkulationsprogramm mit integrierter Graphik VIVITAB[1] einsetzt, wie es an mehreren Stellen der Handreichung skizziert ist.

Zur direkten Übernahme des Vorschlags von Projekt IIIc ist das Vorhandensein der Datenbank dBASE III plus Voraussetzung.

---

[1]   VIVITAB kann für bayerische Schulen bei der Zentralstelle für Computer im Unterricht, Schertlinstr. 9, 8900 Augsburg, kostenlos bezogen werden.

Möglichkeiten des Computereinsatzes im Physikunterricht des Gymnasiums

Physik ist in der heutigen Zeit ohne den Einsatz von Computern nicht mehr denkbar. In der Ausbildung an der Hochschule und im Berufsleben des Industrie- oder Forschungsphysikers gehört der Computer zum täglichen Erscheinungsbild. Im Bereich der theoretischen Physik ist die Entwicklung neuer Modelle und Theorien ohne Rechnerhilfe nicht mehr vorstellbar; hier, im Bereich der Meteorologie oder auch im Bereich der Astrophysik - gerade der Astrophysiker verbringt weit mehr Zeit vor seinem Rechner als vor dem Fernrohr - bedarf es mit der schnellsten Rechner überhaupt, um den komplizierten und aufwendigen Lösungsvorgang eines Problems zu bewältigen. Im experimentellen Bereich fallen z.B. bei Messungen in der Elementarteilchenphysik oder in der Klimaforschung so große Mengen von Daten in so kurzer Zeit an, daß diese ohne elektronische Hilfsmittel nicht registriert und ausgewertet werden könnten.

Betrachtet man neben der Bedeutung des Computereinsatzes in der physikalischen Forschung und in der Industrie die Praxis des Computereinsatzes im Physikunterricht im Gymnasium, so zeigt sich eine Diskrepanz, die vier hauptsächliche Ursachen hat:

- Die natürliche Schwellenangst gegenüber dem neuen Medium läßt oft vor dem Computereinsatz zurückschrecken.
- Die Meinung, daß jedes in der Schulphysik zu Meß- oder zu Demonstrationszwecken eingesetzte Gerät von Lehrer und Schüler bis ins kleinste Detail verstanden und dementsprechend ausführlich behandelt werden muß.
- Die Probleme im Physikunterricht im Gymnasium sind selten von solcher Komplexität, daß der Computereinsatz unbedingt erforderlich wird.
- Trotz vieler Bemühungen fehlt leider immer noch eine allgemeine Didaktik zum Einsatz des Computers, die
  - Möglichkeiten und Grenzen des Einsatzes aufzeigt,
  - von den oft nur auf ein einziges Problem zugeschnittenen "Bastler-Lösungen" (so wichtig diese für die Übergangszeit waren und auch heute noch sind!) wegkommt und dadurch standardisierte Verfahren lehrer- und schülergerecht anbietet,
  - die Computerbedienung so komfortabel macht, daß sie in ihrer Einfachheit mit der Bedienung eines Oszilloskops oder eines Universalzählers vergleichbar wird; dazu gehört u.a. auch die Bereitstellung von didaktisch guten, professionell ausgearbeiteten und dialogfähigen Anwenderprogrammen,
  - der Entwicklung durch eine adäquate Lehrerausbildung gerecht wird.

Die Einbeziehung des Rechners in den Physikunterricht ist in sieben Bereichen denkbar, die sich teilweise überlappen.

Computer als Unterrichtsgegenstand

Das Kennenlernen von Bauteilen des Computers und ihrer Funktion geschieht z.B. im Rahmen des Grundkurses Elektronik des Zusatzangebotes im Abschnitt "Digitalelektronik". Darüber hinaus stellt der Physikunterricht gegenwärtig nur die theoretischen Grundlagen bereit, die es dem interessierten Schüler ermöglichen, sich die spezielle Funktionsweise selbst zu erarbeiten. An einzelnen Schulen gibt es Arbeitsgemeinschaften, die sich über das Additum Elektronik der Jahrgangsstufe 10 hinaus dieser Problemstellung annehmen.

Computer als Rechenhilfsmittel

Dies ist wohl die früheste Einsatzform des Rechners in der Physik. Als Rechenmaschine verwendet man den Computer bei der Auswertung von Experimenten, wenn wie z.B. beim Millikan-Versuch eine Vielzahl von Meßwerten mit einer umfangreichen mathematischen Beziehung ausgewertet werden sollen. Diese Erleichterung von aufwendiger Rechenarbeit geschieht, ohne daß ein Verlust an Lernqualität zu befürchten ist, wenn der Rechenvorgang vom Schüler zunächst exemplarisch durchgeführt wurde.

Zur Auswertung und Darstellung von Versuchsergebnissen bedient man sich komfortabler Tabellenkalkulationsprogramme mit eingebundener Graphik, die es erlauben, zusätzlich zu den dargestellten Tabellen beliebige Funktionen in die Graphik zu zeichnen und so theoretisch hergeleitete Zusammenhänge zwischen den Meßwerten praktisch zu überprüfen.

Meßwerterfassung mit Hilfe eines Computers

Durch verschiedene, z.T. recht einfache Zusatzelektronik (sogenannte "Meß-interfaces") kann man einen Computer zu einem physikalischen Meßgerät ausbauen. Meßdaten können erfaßt und für eine spätere Auswertung gespeichert werden; oft wird auch die Auswertung und graphische Darstellung der Ergebnisse mit Hilfe eines Rechners vorgenommen. Gerade, wenn innerhalb kurzer Zeit sehr viele Meßwerte anfallen, kann der Rechner so auf preiswerte Art ein Speicheroszilloskop ersetzen.

Der Computer soll jedoch nicht dort zur Meßwerterfassung eingesetzt werden, wo ein gewöhnliches Vielfachmeßgerät oder die Anschauung allein Gleiches, wenn nicht sogar für den Schüler Besseres erreichen können. Natürlich ist es vordergründig bequem und erspart sehr viel Zeit, z.B. jeden Fahrbahnversuch mit einem Bewegungsmeßwandler aufzunehmen und am Bildschirm neben der aufgenommenen Kurve auch zugleich noch die Abweichung von der Norm darzustellen. Dem physikalischen Verständnis der Schüler dienlicher ist jedoch, mindestens die Eingangsversuche zu $x = 1/2 \, a \, t^2$ mit dem Funkenschreiber oder mit einer Rinne, einem Metronom und einer Stahlkugel durchzuführen. Bei einer Vertiefung oder Erweiterung jedoch, z.B. im Additum Experimente, kann der Rechner neue Motivation bringen, da beim 10. Mal das Messen mit der Fahrbahn doch langweilig werden kann.

Das Experiment als wesentlicher Pfeiler der physikalischen Arbeitsweise soll seine zentrale Stellung im Physikunterricht behalten; aber überall dort, wo der Schüler ein Meßverfahren bereits kennt, kann der Rechner bei gleichartigen Versuchen nutzbringend eingesetzt werden, da sich dann das Unterrichtsgespräch von den Problemen der reinen Meßwerterfassung auf das Wesentliche, die Interpretation und Auswertung der Messung verlagern kann.

Steuern und Regeln mit Hilfe eines Computers

Der Steuerung und Regelung technischer Abläufe, einem in der Praxis sehr wichtigen Einsatzgebiet des Computers, ist im Physikunterricht des Gymnasiums nur wenig Zeit eingeräumt. Eine Gelegenheit zur Behandlung des Themas ergibt sich im Additum Elektronik der Jahrgangsstufe 10.

Als Erweiterung des Projektes "Messung einer analogen physikalischen Größe mit dem Computer" bietet es sich an, als Beispiel für eine sehr einfache computerunterstützte Regelung ein Wasserbad auf konstanter Temperatur zu halten.

Modellbildung und Simulation mit einem Computer

Besonders in der Oberstufe ist der Physikunterricht im Gymnasium geprägt durch das Arbeiten und das Denken in Modellen. Über die Beschreibung und Erfassung von Naturgesetzen hinaus erhalten so die Schüler tiefere Einblicke in physikalische Strukturen.

Ausgehend von bekannten Grundannahmen und Zusammenhängen wird ein Modell für ein gegebenes Problem erstellt. Die Simulation verwendet diese Grundannahmen und erlaubt, daraus weitere Schlüsse zu ziehen, wie z.B. die Vorhersage des zeitlichen Verhaltens eines Systems. Da die Realisierung eines Modells oft nur schwer möglich und die allgemeine Lösung wegen des erfor-

derlichen, oft großen Zeit- oder Rechenaufwandes oder der nicht zur Verfügung stehenden notwendigen mathematischen Vorkenntnisse im Physikunterricht nicht durchführbar ist, bietet sich hier der Einsatz des Rechners besonders an. Statt z.B. Differentialgleichungen zu lösen, werden einfache numerische Verfahren (Iterationsverfahren) eingesetzt. So kann man nur aus den
Definitionen von Geschwindigkeit und Beschleunigung, dem Gesetz von
Newton F = m·a und dem jeweiligen Kraftgesetz, die beschleunigte Bewegung
mit oder ohne Luftwiderstand, die Schwingung eines Federpendels - frei oder
gedämpft- , Keplerellipsen und vieles andere mehr entwickeln.

An diesen einfachen Beispielen kann man den Schülern die Tragweite der
Newtonschen Gesetze näherbringen und damit dem Anliegen Newtons Rechnung tragen:

> "Gib mir ein Kraftgesetz und ich kann mit meinen drei Axiomen einen beliebigen
> Bewegungsvorgang rechnerisch verfolgen."

Das Kraftgesetz und die drei Newtonschen Axiome sind dabei das *Modell*, das
"rechnerische Verfolgen" und die graphische Darstellung sind die *Simulation*.

Die Simulation muß mit der Wahrnehmung der Wirklichkeit im Einklang
stehen. Simulationen dürfen und können die Wirklichkeit nicht ersetzen; den
Schülern ist immer wieder deutlich zu machen, daß mit der Simulation nur ein
Teilaspekt der Wirklichkeit modelliert wird. Ein möglicher Gewinn stellt sich
bei Simulationen kurz gesagt überall da ein, wo mit Hilfe der Simulation ein
schon bekannter Vorgang untersucht wird, und wo dann die Simulation dazu
dient, diesen Vorgang durch Rückführung auf wenige Grundannahmen
(Modell) besser zu verstehen.

Wegen des bei den Schülern erforderlichen größeren Abstraktionsvermögens
sind Simulationen eher in höheren Jahrgangsstufen anzusiedeln; genauso wie
sie besser in einem vertiefenden Unterricht angebracht sind als in einem Unterricht, der eine erste Orientierung vermittelt.

Ob es sich um die Bahnen von Teilchen in Feldern, um das Gesetz vom radioaktiven Zerfall, um quantenmechanische Atommodelle oder um kompli-
zierte Kopplungsmechanismen im Bereich der Wirtschaft oder der Biologie
handelt, richtig eingesetzt, wird Simulation den Schülern den Zugang zum
Verständnis realer Vorgänge beträchtlich erleichtern.

Computeranimation

Animation und Simulation lassen sich auf den ersten Blick nicht immer scharf
trennen. Während bei der Simulation die Modellbildung thematisiert wird, läßt
eine Animation keinen Einblick in die Struktur des zugrunde gelegten Modells
zu und ermöglicht in der Regel auch keinen Eingriff in diese.

Meist entsteht auf dem Bildschirm ein "Trickfilm"; dieser Computerfilm stellt eine wertvolle Ergänzung zum Unterrichtsfilm dar und erweitert dessen Möglichkeiten, weil der Benutzer in die Abfolge der Bilder am Monitor eingreifen und einzelne Parameter ändern kann. Dieses Eingreifen ist besonders bei Vorgängen von Bedeutung, die sich im Realexperiment entweder prinzipiell nicht oder wegen ihres schnellen oder extrem langsamen Ablaufes nicht zeigen lassen. Oft können auch verschiedene Aspekte eines Vorgangs gleichzeitig am Bildschirm dargestellt werden, z.B. der Verlauf von Ort, Geschwindigkeit und Beschleunigung einer Bewegung in Abhängigkeit von der Zeit bei einer "Wellenmaschine".

Der Einsatz von Animation birgt aber auch Gefahren. Zum einen kann man ein schlechtes, nicht weiterführendes Programm erwerben, durch dessen festen Aufbau sich der Unterricht dem Programm anpassen muß anstatt umgekehrt. Zum anderen kann man sich leicht in Animation "verlieben"; der Einsatz perfekter Animationsprogramme als Ersatz für Realexperimente ist die für den Unterricht noch schädlichere Auswirkung.

Man muß sich darüber im klaren sein, daß eine Animation nur eine "Wirklichkeit" darstellt, die vorher in das Programm hineingesteckt wurde; das genaue Versuchsergebnis wurde also letztlich vorher eingegeben. Gerade für denjenigen, der mit Computereinsatz beginnt, stellt Animation eine große Versuchung dar: alles geht so schön, so genau und ohne großen Zeit- oder Experimentieraufwand.

Der Einsatz von Animation erfordert deshalb sorgfältige Abwägung und ist nur vertretbar, wenn das Programm klare methodische Vorteile bietet, das Realexperiment vorausgegangen und verstanden ist, und der Computerfilm eine Erweiterung, eine Vertiefung oder eine Darlegung unter einem anderen, neuen Gesichtspunkt bietet.

Unter diesen Voraussetzungen oder bei Experimenten, die wegen ihrer Gefährlichkeit (z.B. Neutronenfluß durch eine Reaktorwand), wegen übergroßen Zeitaufwandes (z.B. Versuche zur Diffusion) oder wegen ihrer Komplexität nicht im Schulunterricht durchgeführt werden können, kann der Einsatz von Animation zu einem tieferen Verständnis bei den Schülern führen.

Datenverarbeitung mit einem Computer

Der Verwendung von Computern als Auskunftssystem kommt in Wirtschaft und Forschung eine große Bedeutung zu. Im Bereich der Biologie gibt es z.B. eine Nukleinsäurenbank, in der Daten über den Bau von Nukleinsäuren gesammelt werden, die zur computerunterstützten Analyse von Proteinen und Nukleinsäuren benötigt werden. In Datenbanken physikalischer Großforschungsanlagen, z.B. im Bereich Raumfahrt, sind u.a. Meßdaten aufwendiger Experimente und Daten aus dem Bereich der Astronomie gespeichert. Die Daten werden in der Datenbank an zentraler Stelle gesammelt, verwaltet und gewartet und können von den Benutzern nach deren Kriterien abgerufen und weiterverarbeitet bzw. ausgewertet werden.

Im Projekt "Datenverarbeitung anhand einer Nuklidkarte" sollen die Schüler ein solches Auskunftssystem kennenlernen und an einem überschaubaren physikalischen Lerninhalt mit Fragestellungen und Techniken der industriellen Softwareentwicklung bekannt gemacht werden.

Für den *Physikunterricht aller Jahrgangsstufen* gilt es, bei den genannten Anwendungsmöglichkeiten jeweils neu zu überlegen, ob der Einsatz des Computers tatsächlich den erwarteten Gewinn im Unterricht bringt; muß man im Einzelfall diese Frage verneinen, so ist vom Einsatz des Computers abzuraten.

Der Einsatz des Computers darf weder bei der Unterrichtsvorbereitung, noch letztlich im Physikunterricht über Gebühr wertvolle Zeit beanspruchen. Ziel und Legitimation des Computereinsatzes ist und bleibt der zeitgemäße und gute Physikunterricht.

Im Lehrplan für den *Grundkurs Physik (Informatik)* werden besonders die Anwendungsbereiche

- Computer als Rechenhilfsmittel
- Meßwerterfaßung mit Hilfe eines Computers
- Modellbildung und Simulation mit dem Computer
- Datenverarbeitung mit dem Computer

exemplarisch behandelt.

Lehrplan für den Grundkurs Physik (Informatik)

Bekanntmachung des Bayerischen Staatsministeriums für Unterricht und Kultus vom 17. Oktober 1988 Nr.II/7 – S5410/25 – 8/103096 (KWMBl I So.-Nr. 15, S. 305)

Inhaltsübersicht

1   Einführung
1.1 Ziele und Inhalt des Lehrplans
1.2 Eingangsvoraussetzungen
1.3 Aufbau des Lehrplans;Verbindlichkeit
1.4 Lernzielbeschreibungen
1.5 Fachliche Hinweise
2   Lehrplan
   I.   Struktur des Atoms
   II. Radioaktivität
   III. Projektarbeit

1   Einführung

1.1 Ziele und Inhalte des Lehrplans

Der Grundkurs Physik (Informatik) soll anhand ausgewählter Beispiele sinnvolle Einsatzmöglichkeiten des Computers in einer naturwissenschaftlichen Disziplin aufzeigen, in grundsätzliche Arbeitsweisen der Informatik einführen und einen Einblick in das moderne physikalische Weltbild geben. Dabei sollen die Schüler Fachkenntnisse erwerben und Verständnis für den Einsatz von Methoden der Informatik in der Physik und in der Technik gewinnen.

Das Experiment spielt weiterhin die zentrale Rolle im Unterricht. Darüber hinaus sollen die Vorteile des Computers bei der Meßwerterfassung, bei der Auswertung und Darstellung von Ergebnissen sowie bei der Simulation von Vorgängen, die dem Realexperiment nicht zugänglich sind, demonstriert werden.

Die Schüler werden in die Physik der Atomhülle und der Atomkerne eingeführt und lernen dabei gleichzeitig den Computer als vielseitiges Hilfsmittel kennen.

Durch den Einsatz des Computers im Grundkurs Physik (Informatik)

- können Einblicke in Teilgebiete der Physik gewährt werden, die der Schulphysik bisher aufgrund eines mathematisch hohen Anforderungsniveaus oder wegen zu großen Zeitaufwandes verschlossen bleiben mußten,
- können neue Möglichkeiten zur physikalischen Erkenntnisgewinnung eröffnet und neue Strategien zur Problemlösung anhand physikalischer Inhalte erlernt werden,
- kann durch geeignete Simulation ein tieferer Einblick in die Theorie der physikalischen Modellbildung geboten werden.

1.2 Eingangsvoraussetzungen

Der vorliegende Lehrplan gilt für einen dreistündigen Grundkurs Physik (Informatik) in der Jahrgangsstufe 13. Eingangsvoraussetzung ist die Belegung des Grundkurses Informatik in der Jahrgangsstufe 12 oder eine nach dem Ermessen der Schule gleichwertige Vorbildung.

Der Grundkurs Physik (Informatik) stellt eine Lehrplanalternative zum Grundkurs Physik der Jahrgangsstufe 13 dar und ist eine Fortsetzung des Grundkurses Physik aus der Jahrgangsstufe 12; daneben können alle Schüler mit entsprechender Eingangsvoraussetzung den Grundkurs Physik (Informatik) als Grundkurs des Zusatzangebots wählen.

1.3 Aufbau des Lehrplans; Verbindlichkeit

Der Lehrplan enthält Ziele, Inhalte und Hinweise zum Unterricht.

Die Ziele und Inhalte bilden zusammen mit den Prinzipien des Grundgesetzes für die Bundesrepublik Deutschland, der Verfassung des Freistaates Bayern und des Bayerischen Gesetzes über das Erziehungs- und Unterrichtswesen die verbindliche Grundlage für den Unterricht und die Erziehungsaufgabe. Im Rahmen dieser Bindung trifft der Lehrer seine Entscheidungen in pädagogischer Verantwortung.

Der Lehrplan ist so angelegt, daß ein ausreichender pädagogischer Freiraum bleibt; der Lehrer sollte von den damit gegebenen Möglichkeiten im Unterricht Gebrauch machen.

Die Reihenfolge, in der die Ziele und Inhalte angeordnet sind, kann, soweit sie nicht durch den logischen Aufbau des Stoffes bedingt ist, nach dem Ermessen des Lehrers innerhalb der Jahrgangsstufe abgeändert werden. Insbesondere bietet es sich an, die Behandlung eines Projektes zur Vertiefung unmittelbar an den entsprechenden Lerninhalt anzuschließen.

Die Hinweise zum Unterricht enthalten Angaben zum Unterrichtsverfahren und zur Feststellung des Lernfortschritts; sie sind als Anregung gedacht und nicht verbindlich. Dies gilt auch für die angegebenen Stundenzahlen, die je nach Unterrichtsgestaltung und den Interessen der Schüler auch über- oder unterschritten werden können.

1.4 Lernzielbeschreibungen

Lernziele geben die Richtung an, in der ein Lernfortschritt angestrebt wird.

Ein Lernziel wie "Kenntnis der Zusammensetzung der natürlichen radioaktiven Strahlung" enthält zwei Teile; der erste bezieht sich auf den Schüler (Kenntnis), der zweite auf den Inhalt (die Zusammensetzung der natürlichen radioaktiven Strahlung).

Jeder Begriff, der im schülerbezogenen Teil verwendet wird, verweist auf einen didaktischen Schwerpunkt und, innerhalb dieses Schwerpunkts, auf eine Anforderungsstufe.

Didaktische Schwerpunkte heben das hervor, worauf es jeweils besonders ankommt: WISSEN zielt auf den Erwerb von Kenntnissen, KÖNNEN auf das Ausführen von Handlungen und das Anwenden von Verfahren und Regeln, ERKENNEN auf die Auseinandersetzung mit Problemen und WERTEN auf die Entwicklung von Einstellungen und Haltungen. Im Unterricht sind diese verschiedenen Lernvorgänge eng miteinander verflochten.

Innerhalb der didaktischen Schwerpunkte Wissen, Können und Erkennen gibt es verschiedene Anforderungsstufen. Bei einem bestimmten Lerninhalt bedeutet z. B. "Kenntnis" eine höhere Stufe der Aneignung von Wissen als "Einblick" oder "Überblick", aber eine niedrigere als "Vertrautheit".

Übersicht über die Lernzielbeschreibungen

Didaktische Schwerpunkte	WISSEN Kenntnisse		KÖNNEN Handlungen	ERKENNEN Probleme	WERTEN Einstellungen
Anforderungs– stufen	**Einblick** (in Ausschnitte eines Wissensgebiets) **Überblick** (über den Zusammenhang wichtiger Teile)	beschreibt eine erste Begegnung mit einem Wissens gebiet	**Fähigkeit** bezeichnet allgemein das Können, das ein Handeln nach Regeln ermöglicht	**Bewußtsein** bedeutet: Die Problemlage wird in ihren wichtigen Aspekten erfaßt	(ohne Anforderungsstufung) Offenheit, Neigung, Interesse, Bereitschaft
	Kenntnis verlangt stärkere Differenzierung der Inhalte und Betonung der Zusammenhänge		**Fertigkeit** verlangt eingeschliffenes, fast müheloses Können	**Einsicht** bedeutet: Eine Lösung des Problems wird erfaßt bzw. ausgearbeitet	
	Vertrautheit bedeutet sicheres und selbständiges Verfügen über möglichst viele Teilinformationen und Zusammenhänge		**Beherrschung** bedeutet sicheres und selbständiges Verfügen über die eingeübten Handlungsweisen	**Verständnis** bedeutet: Eine Lösung des Problems wird überprüft und ggf. anerkannt	

1.5 Fachliche Hinweise

Der Lehrplan ist für einen dreistündigen Grundkurs vorgesehen, es sind aber nur 48 Unterrichtsstunden verplant. Die verbleibenden 10 Stunden sind der Übung vorbehalten, da die praktische Tätigkeit am Experiment und am Rechner eine Grundvoraussetzung zur Erreichung des Lernerfolgs darstellt.

Die im Unterricht zu erstellenden Programme und Prozeduren sollen immer nur grundsätzliche Ansätze für Lösungen sein, da aus der Sicht des Faches häufig der physikalische Kern des Problems der entscheidende Beitrag ist, der den Erkenntnisgewinn fördert. Erfolgt bei genügend Zeit eine Ausarbeitung zu einem bedienerfreundlichen Anwendungsprogramm, so müssen aus erzieherischen Gründen die bekannten strengen Kriterien an das Programm hinsichtlich seiner Qualität angesetzt werden; gegebenenfalls muß das Problem im Unterricht gruppenteilig gelöst werden. Eine solche Ausarbeitung ist aus zeitlichen Gründen jedoch auf wenige Beispiele zu beschränken. An geeigneten Stellen soll auch kommerzielle Software zum Einsatz kommen, wie Tabellenkalkulation, Auswertungs-, Simulations- und Graphikprogramme. Dokumentationen sollen möglichst mit einem Textverarbeitungsprogramm erstellt werden.

Am Schulrechner soll eine einfach benutzbare, in die verwendete Programmiersprache eingebundene Graphikausgabe vorhanden sein. Notfalls sind Hilfsfunktionen vorzubereiten und dem Schüler zur Verfügung zu stellen.

Im Lehrplan folgt auf eine Einführung in die Physik der Atomhülle und des Atomkerns die für die Informatik typische Vorgehensweise der Projektarbeit. Der Schüler soll dabei die einzelnen Phasen der Projektarbeit kennenlernen und so durch ein in der Praxis übliches Arbeitsverfahren auch eine Vorbereitung auf Studium und Beruf erhalten.

Von den folgenden fünf Themen für Projektarbeit sind zwei verpflichtend zu bearbeiten:

- Quantenmechanisches Atommodell
- Erstellung eines Modells vom radioaktiven Zerfall
- Datenverarbeitung anhand einer Nuklidkarte
- Simulation dynamischer Vorgänge
- Messung einer analogen physikalischen Größe mit dem Computer

Die verschiedenen Phasen eines Projektes treten in den einzelnen Vorschlägen unterschiedlich gewichtig auf. Für jedes Projekt sind 10 Stunden vorgesehen.

Um einen sachgerechten Informationsaustausch zwischen den Arbeitsgruppen im Verlauf eines Projektes zu gewährleisten und im Hinblick auf die Wahl des Grundkurses als 4. Abiturprüfungsfach ist besonderer Wert auf eine angemessene sprachliche Darstellung zu legen und in gleicher Weise auch von den Schülern zu fordern.

2   Lehrplan für den Grundkurs Physik (Informatik)

Lernziel	Lerninhalt	Hinweise zum Unterricht

I. Struktur des Atoms

(15 Stunden)

Lernziel	Lerninhalt	Hinweise zum Unterricht
1. Fähigkeit, die Bahn eines Körpers aus dem gegebenem Kraftgesetz zu ermitteln und mit dem Computer graphisch darzustellen	Bewegungen im homogenen und radialsymmetrischen Feld	Ausgehend von den kinematischen und dynamischen Gleichungen wird durch Diskretisierung der stetigen Vorgänge ein einfacher Algorithmus entwickelt, der den Bewegungsablauf zu simulieren gestattet.

Es empfiehlt sich, in folgenden Schritten vorzugehen:

- eindimensionale Bewegungen, $F = 0$ und $F = const$

- zweidimensionale Bewegungen, F homogen und F radial. Das Kraftgesetz von Coulomb wird als Analogie zum Gravitationsgesetz mitgeteilt.

Die möglichen Bahnen sollen graphisch dargestellt und diskutiert werden.

Eine Vertiefung der Thematik ermöglicht das Projekt III d.

Lernziel	Lerninhalt	Hinweise zum Unterricht
2. Einblick in das Ergebnis des Streuversuches von Rutherford	Struktur des Atoms, Entdeckung des Atomkerns	Simulation des Durchgangs von Elektronen und Alphateilchen durch Materie mit dem Computer. Die Formel für die potentielle Energie wird mitgeteilt; die Qualität der Simulation kann dann anhand des Energieerhaltungssatzes überprüft werden.
3. Einsicht in Methoden der Meßwerterfassung mit dem Computer an Beispielen aus der Atom- und Kernphysik	Elemente einer Meßeinrichtung: - physikalische Größe - Sensor - AD - Wandlung - Verarbeitung - Auswertung - Darstellung	Dieses Lernziel sollte zweckmäßigerweise erstmalig am Beispiel der bei Lernziel 4 genannten Aufnahme eines Linienspektrums behandelt werden.

Ein genaueres Eingehen auf die Funktionsweise der Hardware und Software einer Experimentieranordnung ist hier nicht angebracht.

Der Schwerpunkt sollte bei der Erfassung einer physikalischen Größe und ihrer geeigneten Darstellung (Einheit, Tabelle, Graphik) liegen.

Lernziel	Lerninhalt	Hinweise zum Unterricht
		Die Umsetzung der Größe in den einzelnen Gliedern der Meßeinrichtung und die dabei auftretenden Fehlermöglichkeiten sollen besprochen werden.
		Eine Vertiefung der Thematik ermöglicht das Projekt III e.
4. Einsicht in die historische Entwicklung des Modells diskreter Energiestufen im Atom Fähigkeit, mit Hilfe eines Rechenblattes Gesetzmäßigkeiten zwischen Meßwerten zu finden	Linienspektren, Energieniveauschemata des Wasserstoffatoms, Franck-Hertz-Versuch	Mit Hilfe von Photosensor, Ortserfassung und Computer wird das Prinzip der Aufnahme eines Linienspektrums, z. B. anhand des Hg-Spektrums demonstriert.
		Die Daten der Balmerserie des Wasserstoffspektrums werden aus der Literatur entnommen; aus diesen wird durch gezielte Suche mit Hilfe eines Tabellenkalkulationsprogramms mit Graphik die Balmerformel entwickelt.
		Die Auswertung der Meßdaten mündet im Modell der Energieniveauschemata.
		Hinweis auf das Bohrsche Atommodell.
		Die Franck-Hertz-Kennlinie wird mit einem Meßinterface und geeigneter Software aufgenommen; dabei soll zusammen mit den Schülern ein einfaches Meßprogramm entwickelt werden.
		Eine Vertiefung der Thematik ermöglicht das Projekt III a.

II. Radioaktivität

(9 Stunden)

Lernziel	Lerninhalt	Hinweise zum Unterricht
5. Kenntnis der Zusammensetzung der natürlichen radioaktiven Strahlung und einer Nachweismethode	α, β und γ -Strahlung, Nachweis hochenergetischer Strahlung mit dem Zählrohr, Kernumwandlung, Verschiebungssätze	Nachweis der Existenz der einzelnen Strahlenarten durch einfache Absorptionsversuche und durch ihr Verhalten im Magnetfeld; Veranschaulichung an der Nuklidkarte. Experimente und einfache Erklärungen zu Ionisationskammer und Zählrohr.
		Ein Programm zur Erfassung und graphischen Darstellung der Zählraten kann einerseits optisch eindrucksvoll die Zufälligkeit der Ereignisse veranschaulichen, andererseits die Auswertung vereinfachen.

Lernziel	Lerninhalt	Hinweise zum Unterricht
		Eine Vertiefung der Thematik ermöglichen die Projekte III b und III c.
6. Überblick über die Möglichkeiten des Schutzes vor radioaktiver Strahlung	Abstandsgesetz, Absorption Biologische Strahlenwirkung Schutzmaßnahmen Mittlere natürliche Belastung	Erläuterung der Verhaltensregeln nach dem Strahlenschutzgesetz. Modellrechnungen zur Dosimetrie sollen eine realistische Vorstellung von den tatsächlichen Verhältnissen und eine vernünftige Abschätzung der Risiken ermöglichen.

III. Projektarbeit

(4 Stunden)

Lernziel	Lerninhalt	Hinweise zum Unterricht
7. Kenntnis der Phasen einer Projektarbeit	Phasen eines Projekts: - Planung - Realisierung - Bewertung	Es wird empfohlen, das Phasenmodell für ein Projekt in Verflechtung mit dem ausgewählten Thema zu behandeln. Es sollte aber unabhängig davon als zeitlich begrenztes Entwicklungsvorhaben zum Lösen von Problemen innerhalb eines vorgegebenen Zielsystems reflektiert werden.
Fähigkeit, ein Projekt unter Einbeziehung des Computers zu analysieren, zu realisieren und zu bewerten		Bei der Projektarbeit sollten möglichst viele und verschiedenartige Arbeitstechniken eingeplant werden, damit die Schüler zu einer selbständigen Arbeitsweise finden.
Bereitschaft zur Teamarbeit		In den einzelnen Phasen wird, soweit möglich, teambezogen gearbeitet.
		Schriftliche Zusammenfassungen gewähren für jeden Schüler den Überblick.
		Durch Lehrervorgaben können einzelne Phasen verkürzt werden.

III a Projekt: **"Quantenmechanisches Atommodell"** (10 Stunden)

Im Rahmen dieses Projekts sollen mit Hilfe des Computers Lösungen der zeitunabhängigen Schrödingergleichung gesucht werden.

Der Schwerpunkt dieses Projekts liegt in der Konzeptionsphase. Über die Projektarbeit hinaus ist besonderer Wert auf die physikalische Deutung der gefundenen Lösungen zu legen.

Lernziel	Lerninhalt	Hinweise zum Unterricht
1. Einsicht in die Grenzen der Anwendbarkeit klassischer Begriffe in der Quantenphysik und in die Grundideen des quantenmechanischen Atommodells	Elektronenbeugung, de-Broglie-Wellenlänge Statistische Deutung nach Born, Heisenbergsche Unbestimmtheitsrelation Schrödingergleichung	Der Versuch mit der Elektronenbeugungsröhre dient als experimenteller Einstieg. Die Kopenhagener Deutung wird mitgeteilt. Bei der Heisenbergschen Unbestimmtheitsrelation muß man sich auf Plausibilitätsbetrachtungen und Erläuterungen einfacher Beispiele beschränken. Über die Betrachtung stehender Wellen wird die Herleitung der zeitunabhängigen Schrödingergleichung dem Schüler verständlich gemacht.
2. Fähigkeit, vorgegebene Lösungsmethoden, Algorithmen und Prozeduren zur Lösung einer konkreten Aufgabe zusammenzustellen und den physikalischen Inhalt abstrakter Lösungen zu erfassen	Iterative Lösung der zeitunabhängigen Schrödingergleichung Physikalische Deutung der Lösungen	Die Arbeitsgruppen erstellen ein Programm, mit dem eindimensionale Lösungen der zeitunabhängigen Schrödingergleichung gesucht werden können. Dazu verwenden sie entweder vorhandene Module oder setzen geeignete Standardsoftware ein. Die entdeckten Lösungen für eindimensionale Potentiale (senkrechter Wall, Coulombpotential) werden gemeinsam gedeutet. Weitere stabile Lösungen der Schrödingergleichung für den dreidimensionalen Fall werden mitgeteilt und mit geeigneten Medien (Film, Computeranimation oder Experiment) demonstriert.

III b Projekt: **"Erstellung eines Modelles vom radioaktiven Zerfall"**   (10 Std.)

Zur Bestätigung des im Rahmen des Projektes erarbeiteten Modelles für den radioaktiven Zerfall soll arbeitsteilig ein Programmpaket erstellt werden. Die darin enthaltenen Programme zur Meßwerterfassung, Simulation, Auswertung und graphischen Darstellung sollen einen Vergleich von gemessenen und simulierten Zählraten erlauben.

Der Schwerpunkt dieses Projektes liegt in der Phase der Realisierung.

Lernziel	Lerninhalt	Hinweise zum Unterricht
1. Einblick in die Zählstatistik bei kernphysikalischen Messungen Fähigkeit, für den radioaktiven Zerfall Programme zur Meßwerterfassung, Simulation und Auswertung zu erstellen	Nulleffekt, Mittelwert, Streuung, Poissonverteilung	Anhand einführender Experimente wird eine Hypothese für den radioaktiven Zerfall erarbeitet. Der Zerfall wird durch ein Programm simuliert, wobei sich die Gesamtkernzahl nur unwesentlich verringern soll. Vergleich mit einer Messung an einem Präparat mit großer Halbwertszeit. Bewertung der Güte der Simulation und damit der Hypothese.
2. Fähigkeit, eine aufgenommene Meßdatei sinnvoll auszuwerten	Zerfallsgesetz und Halbwertszeit; Aktivität	Registrierung der zeitlichen Abnahme der Aktivität eines Präparates mit kleiner Halbwertszeit. Parallel dazu wird dieser radioaktive Zerfall simuliert. Die übereinstimmenden Ergebnisse bilden die Grundlage zur Herleitung des Exponentialgesetzes.

III c Projekt: "**Datenverarbeitung anhand einer Nuklidkarte**" (10 Std.)

Bei diesem Projekt sollen die Schüler an einem physikalischen Lerninhalt mit Fragestellungen und Techniken der industriellen Softwareentwicklung bekannt gemacht werden.

Der Schwerpunkt dieses Projekts liegt bei Planung, Analyse und Ablaufkoordinierung.

Lernziel	Lerninhalt	Hinweise zum Unterricht
1. Einblick in die Vielfalt von Kernreaktionen	Natürliche und künstliche Kernumwandlungen bei α-, β^--, β^+-Zerfall und K-Einfang; Isotopie, Energiebilanzen; Nuklidkarte	Zusammenfassung der Erkenntnisse in Lehrer- oder Schülervorträgen; Hinweis auf die Stabilitätslinie in der Nuklidkarte.
2. Fähigkeit, physikalisches Wissen in eine geeignete Datenstruktur umzusetzen und auf einer programmierbaren Datenbank zu installieren	Einrichtung einer Datenbank für die Nuklidkarte Erstellung von speziellen Auswertprogrammen	Kooperative Konstruktion der Datenstruktur im Plenum, Realisierung durch eine Gruppe. Gemeinsame Beratung aller anfallenden Teilaufgaben, Erstellung der Programme in Gruppenarbeit; z.B. Nachfolger finden, Vorgänger ermitteln, Zerfallsreihen ausgeben, Massenbilanz oder Energiebilanz bei gegebenem Ausgangsisotop nach vorgegebener Zeit errechnen.
3. Einsicht in die Notwendigkeit, das Arbeitsergebnis zu dokumentieren und zu beurteilen	Dokumentation von - Datenstruktur - Programmstruktur - Benutzeroberfläche	Anhand des fertigen Produkts werden Qualitätskriterien diskutiert.

III d Projekt: "**Simulation dynamischer Vorgänge**" (10 Std.)

Ziel des Projektes ist es, beim Schüler ein Bewußtsein für die Notwendigkeit von Modellbildung und Simulation in der Physik zu wecken; dazu werden, ausgehend von physikalischen Beobachtungen und Gegebenheiten, Modelle entwickelt, diese simuliert und daraus
Rückschlüsse auf die physikalischen Objekte gezogen.

Je nach Wahl des physikalischen Beispiels sind verschiedene Schwerpunktsetzungen
möglich.

Lernziel	Lerninhalt	Hinweise zum Unterricht
1. Überblick über Prämissen und Ziele der Modellbildung	Modellbildung: Abgrenzung, Abstraktion, Idealisierung, Modellstruktur Ziele der Simulation: Ersatz, Erklärung, Prognose, Entscheidung, Training	Anhand von geeigneten physikalischen Beispielen soll die Methode bei der Modellbildung verdeutlicht werden. Zufallsbedingte Einflüsse sind von deterministischen, diskrete von kontinuierlichen zu unterscheiden. Weitere einfache Beispiele zeigen die Notwendigkeit und den Nutzen der Simulation.
2. Fähigkeit, die Simulation dynamischer Systeme in einen entsprechenden Algorithmus und ein Programm umzusetzen	Festlegung der Modellstruktur eines ausgewählten Beispiels Diskretisierung des kontinuierlichen Vorgangs; einfaches numerisches Verfahren zur Lösung des Problems; Umsetzung in ein Programm	Erarbeiten der wesentlichen Grundlagen eines Modells für ein dynamisches System; besonders geeignet sind z.B. Entladung eines Kondensators, radioaktiver Zerfall, freier Fall mit Luftreibung. Arbeitsteilige Erstellung eines entsprechenden Programms, wobei eine einfache graphische Darstellung der Lösung vorzusehen ist.
3. Fähigkeit, zu verschiedenen dynamischen physikalischen Systemen Modelle zu erstellen und zu simulieren Bewußtsein der eingeschränkten Aussagekraft der Simulation gegenüber der Realität	Erarbeitung der zugrundeliegenden Modellgleichungen Lösung mit einem Simulationsprogramm Interpretation der Modellantwort und Vergleich mit dem Real-Experiment Einfluß der Systemparameter	Schwerpunkt ist der Vergleich der Simulationsaussage mit den Ergebnissen des physikalischen Experiments und die damit verbundene Diskussion über vorhandene Abweichungen. Mögliche Beispiele: gedämpftes Federpendel, Schwingkreis, Zerfallsreihe, Gravitation, Stoßvorgänge.

III e Projekt: "**Messung einer analogen physikalischen Größe mit dem Computer**"
(10 Std.)

An einer möglichst einfachen, überschaubaren Meßaufgabe soll Verständnis für die Notwendigkeit exakter Planung, sauberer Protokollführung und übersichtlicher Ergebnisdarstellung geweckt werden. Zudem werden die typischen Funktionsblöcke eines computergestützten Meßwerterfassungssystems erarbeitet, wobei in der Auswertungsphase auch Wert auf die Abschätzung und Darstellung der auftretenden Meßfehler gelegt werden soll.

Je nach Wahl des physikalischen Beispiels sind verschiedene Schwerpunktsetzungen möglich.

Lernziel	Lerninhalt	Hinweise zum Unterricht
1. Kenntnis der physikalischen Grundlagen einzelner Glieder der verwendeten Meßkette	Physikalische Grundlagen des verwendeten Sensors Anpassung des Sensors Prinzip der Analog-Digitalwandlung	Zusammenfassung und Weiterführung der notwendigen theoretischen Grundlagen in Arbeitsgruppen; Informationsaustausch über Schülerreferate und Arbeitspapiere der einzelnen Projektgruppen.
2. Fähigkeit, eine Meßkette in einem experimentellen Aufbau zu realisieren	Bestandteile der Meßkette und ihr Zusammenwirken, Fehlermöglichkeiten; Kalibrierung des Sensors mit Hilfe eines Programms	Arbeitsteilige Realisierung der Meßeinrichtung und des Erfassungsprogramms, wobei eine graphische und numerische Darstellung des Meßergebnisses vorzusehen ist.
3. Einsicht in die Notwendigkeit, das Arbeitsergebnis zu dokumentieren und zu beurteilen	Dokumentation von Versuchsaufbau und Programm Erstellung einer Bedienungsanleitung	Anhand des fertigen Produktes können Qualitätskriterien diskutiert werden.

Bewegungen im homogenen und radialsymmetrischen Feld

Das Arbeiten mit Modellen ist so alt wie die Naturwissenschaft selbst. Allerdings ändern sich die benutzten Modelle stark, je nach den zur Verfügung stehenden "Denkwerkzeugen". Dieser Wandel zeigt sich z.B. an den regulären "Sphären"-Körpern Keplers, dem Zeiß-Planetarium und einer Computersimulation des Planetensystems.

Die Erkenntnisgewinnung in der Naturwissenschaft wechselt, sich selbst regelnd, vom Modell zum Experiment und zurück. Dabei wird auf der jeweiligen Ebene ebenso in einem konvergenten Regelkreis gearbeitet. Der Experimentator verbessert laufend seine Versuchsanordnung, der Theoretiker optimiert seine Modellstruktur.

Im Rahmen des Grundkurses Physik(Informatik) wird zunächst der Einsatz des Computers bei der Modellbildung und Simulation besprochen.

Aus einem Einblick in einfache iterative Methoden sollen die Schüler die Fähigkeit erwerben, Bewegungsgleichungen mit dem Rechner zu integrieren. Dabei wird im Fundamentum nur auf die Euler-Cauchy-Integration (Rechteckregel) eingegangen. Eine Vertiefung wird im Projekt III d "Simulation dynamischer Vorgänge" ermöglicht.

Die Grundlagen der Dynamik (Bewegungsgleichungen als Folge eines Kraftgesetzes) , die die Schüler bereits in der Jahrgangsstufe 11 kennengelernt haben, werden wiederholt und vertieft. Dabei soll das für das Rutherfordsche Atommodell notwendige Coulomb-Kraftgesetz in Analogie zum Gravitationskraftgesetz erarbeitet oder ggf. mitgeteilt werden.

Auf die typischen Anwendungen iterativer Methoden bei Bewegungen mit Reibungskräften, bei denen oft keine analytischen Lösungen der Bewegungsgleichungen vorliegen, kann hingewiesen werden.

Im folgenden wird der Einsatz iterativer Methoden vorwiegend anhand eines Rechenblattes[1] durchgeführt. Dazu sind so gut wie keine Programmierkenntnisse nötig und alle Rechnungen können im Ansatz auch mit einem Taschenrechner durchgeführt werden. Dadurch kann die Physik im Vordergrund stehen und das Vertrauen der Schüler in das Medium Computer geweckt werden.

Bei den behandelten Verfahren werden Abweichungen vom Realexperiment

---

[1] Zur Realisierung der Algorithmen wird im Rahmen der Handreichung das Rechenblatt VIVITAB verwendet. VIVITAB kann für bayerische Schulen bei der Zentralstelle für Computer im Unterricht, Schertlinstr. 9, 8900 Augsburg kostenlos bezogen werden. Vorbereitete Tabellen befinden sich auf den Begleitdisketten.

bewußt in Kauf genommen; Verbesserungsvorschläge, z.B. Verkleinerung der
Zeitschrittweite u.ä., kommen von den Schülern selbst.

Alternativ dazu kann man die Algorithmen programmieren und dabei die
Schüler auch in die Probleme der Graphikgestaltung einführen. Die Struktur
solcher Programme ist im Anhang zu Lernziel I.1 aufgezeigt.

1 Erarbeitung der Algorithmen

Die klassischen analytischen Lösungsverfahren sollen durch numerische Verfahren ergänzt werden. Numerische Verfahren bestechen durch ihre Einfachheit und Allgemeingültigkeit, haben aber immer nur approximativen Charakter.

Diese Verfahren können in ihren Grundzügen auch von Schülern erfaßt
werden, die die analytischen Verfahren nur unzureichend beherrschen. Dank
ihres breiten Einsatzfeldes können dadurch Schüler einen gewissen Überblick
über Kraftgesetze und eine gemeinsame Grundstruktur der Physik von der
klassischen Mechanik bis hin zur Quantenmechanik gewinnen. Der approxi-
mative Charakter macht jedoch Konvergenzbetrachtungen notwendig. Dies gilt
gerade dann, wenn die Schüler keine vergleichbaren analytischen Lösungen
kennen, bzw. diese überhaupt nicht existieren. Auf solche genaueren Untersuchungen kann nur in dem zugehörigen Projekt eingegangen werden.

2 Numerische Differentiation

Als Einstieg zur Integration von Bewegungsgleichungen und als Wiederholung
des Begriffes der Ableitung sowie der kinematischen Größen bietet sich die
numerische Differentiation an:

$$\boxed{\text{Bewegung} \rightarrow \text{Bewegungsgleichung} \rightarrow \text{Kraftgesetz}}$$

Im folgenden soll auf die strenge Grenzwertschreibweise der Mathematik verzichtet werden, und unter dt immer ein klein gehaltenes Zeitintervall verstanden werden. Die Schreibweise ds/dt ist daher primär als Differenzen-
quotient zu verstehen.

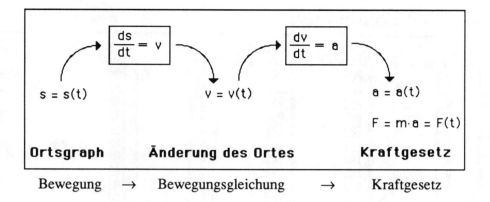

| Ortsgraph | Änderung des Ortes | Kraftgesetz |

Bewegung → Bewegungsgleichung → Kraftgesetz

An aus der Jahrgangsstufe 11 bekannten, einfachen t-s Diagrammen wird aus s(t) der Verlauf von v(t) entwickelt.

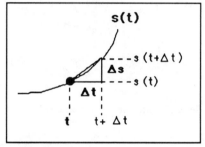

$$v(t) = \frac{\Delta s}{\Delta t}$$

$$v(t) = \frac{s(t+\Delta t) - s(t)}{\Delta t}$$

Zum Beispiel :

$$s(t) = s_0 + v_0 \cdot t + \frac{1}{2} \cdot a_0 \cdot t^2$$

$$v(t) = \frac{s(t + dt) - s(t)}{dt}.$$

$$a(t) = a_0 = \text{konst}$$

Für die Zeitpunkte t_0 , t_0+dt , t_0+2dt , ... kann so aus der Ortskurve s(t) die momentane Geschwindigkeit v(t) berechnet werden (siehe folgende Tabelle). Zum Vergleich werden die exakten Werte aus der Ableitung $v(t) = v_0 + a_0 \cdot t$ berechnet und in eine zusätzliche Spalte eingetragen.

Formel: $v(t) = (s(t+dt)-s(t))/dt$

n	t	s(t)	s(t+dt)	v(t)	vt
15	to+(n-1)*dt	so+vo*t+ao*t	so+vo*(t+dt)	Formel	vo+ao*t
1	0.0	0.000	0.005	0.050	0.000
2	0.1	0.005	0.020	0.150	0.100
3	0.2	0.020	0.045	0.250	0.200
4	0.3	0.045	0.080	0.350	0.300
5	0.4	0.080	0.125	0.450	0.400
6	0.5	0.125	0.180	0.550	0.500
7	0.6	0.180	0.245	0.650	0.600
8	0.7	0.245	0.320	0.750	0.700
9	0.8	0.320	0.405	0.850	0.800
10	0.9	0.405	0.500	0.950	0.900
11	1.0	0.500	0.605	1.050	1.000
12	1.1	0.605	0.720	1.150	1.100
13	1.2	0.720	0.845	1.250	1.200
14	1.3	0.845	0.980	1.350	1.300
15	1.4	0.980	1.125	1.450	1.400

dt = 0.1
to = 0   so = 0   vo = 0   ao = 1

Die Tabelle wurde mit VIVITAB erzeugt und befindet sich unter dem Namen DIFF.TAB auf der beiliegenden Diskette. Die Formeln lauten :

in Spalte t : $\quad t_0 + (n\text{-}1) \cdot dt$

in Spalte s(t) : $\quad s_0 + v_0 \cdot t + \dfrac{a_0}{2} \cdot t^2$

in Spalte s(t+dt) : $\quad s_0 + v_0 \cdot (t + dt) + \dfrac{a_0}{2} \cdot (t + dt)^2$

in Spalte v(t) : $\quad \dfrac{s(t + dt) - s(t)}{dt}$

in Spalte vt : $\quad v_0 + a_0 \cdot t \quad$ (analytische Lösung)

Konstante : $\quad s_0 = 0 \qquad v_0 = 0 \qquad a_0 = 1 \qquad dt = 0,1$

Die Rechenfunktion der Tabelle wird mit Taste F4 ausgelöst.

Der Fehler der Iteration ist schnell erkannt: Um die Geschwindigkeit v(t) zur Zeit t zu ermitteln, arbeitet man im Ortsintervall s(t) , s(t+dt) und erhält somit eine zeitlich vorlaufende Geschwindigkeit.

Die Untersuchungen können mit einem Rechenblatt (z.B. VIVITAB) oder mit einem einfachen Programm in BASIC bzw. PASCAL durchgeführt werden, wobei hier nur mit Maßzahlen ohne Einheiten gearbeitet wird (siehe Anhang). Beim Selbstprogrammieren sollen für die Darstellung der Ergebnisse geeignete Graphikroutinen zur Verfügung stehen (z.B. MINIGRAF.LIB für CGA-Graphikkarten auf den Begleitdisketten).

3 Integration der Bewegungsgleichung

Ein einfacher Integrationsalgorithmus gestattet es zusammen mit den dynamischen Grundgleichungen, aus den Anfangsbedingungen iterativ die Bewegung zu ermitteln.

In Umkehrung obiger Überlegungen entwickelt man aus der Definition der Momentangeschwindigkeit das einfache Euler-Cauchy-Verfahren, das auch als das Einschrittverfahren bezeichnet wird.

$$\boxed{\text{Kraftgesetz} \rightarrow \text{Bewegungsgleichung} \rightarrow \text{Bewegung}}$$

Eine Kraft F bewirkt eine Beschleunigung a, die wiederum über die Definitionen a = dv/dt und v = ds/dt mit den die Bewegung beschreibenden Größen v und s verknüpft ist.

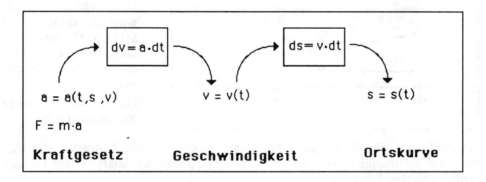

Das gegebene Kraftgesetz bestimmt die Beschleunigung a(t) und mit der Annahme, daß sich innerhalb des Zeitschrittes dt sowohl die Beschleunigung als auch die Geschwindigkeit nahezu nicht verändern, ergibt sich:

EULER-CAUCHY (1) :

$$a(t) = \frac{dv}{dt}$$

$$\Rightarrow a(t) = \frac{v(t + dt) - v(t)}{dt}$$

$$\Rightarrow v(t+dt) = v(t) + a(t) \cdot dt$$

$$\text{analog}: \quad v(t) = \frac{ds}{dt}$$

$$\Rightarrow v(t) = \frac{s(t + dt) - s(t)}{dt}$$

$$\Rightarrow s(t+dt) = s(t) + v(t) \cdot dt$$

Der Zustand [t , v(t) , s(t)] geht in den Zustand [t+dt , v(t+dt) , s(t+dt)] über.

EULER-CAUCHY-EINSCHRITT

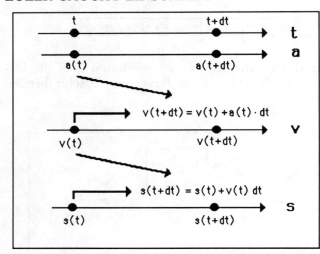

Wenn a nicht konstant ist, sondern von t, v bzw. s abhängt, muß der Wert von a zum Zeitpunkt t aus t, v(t) und s(t) berechnet werden.

Im nächsten Schritt wird aus den Werten a(t), v(t) und s(t) zunächst v(t+dt) und dann s(t+dt) berechnet.

Damit ist der neue Zustand erreicht.

Zunächst wird der Bewegungsverlauf auf einem groben Zeitraster studiert. Die dabei auftretenden Abweichungen von der bekannten analytischen Lösung werden von den Schülern erkannt.

Beispiel:

Zur Realisierung der Algorithmen kann wieder das Rechenblatt VIVITAB verwendet werden. Dabei ist zu beachten, daß VIVITAB für die Verwendung "alter" Variableninhalte (d.h. Variableninhalte, die aus der vorhergehenden Zeile stammen - dies entspricht dem vorhergehenden Zeitpunkt) einen Doppelpunkt verwendet. Bezeichnet man die Zeitpunkte mit "jetzt" und "nachher", so kann bei der Berechnung der Werte für den Zeitpunkt "nachher" durch den Doppelpunkt auf die Werte zum Zeitpunkt "jetzt" zugegriffen werden.

z.B. $s(t + dt) = s(t) + v(t) \cdot dt$ lautet in VIVITAB-Schreibweise s = :s + :v · dt

Die Formeln für die Spalten in der Tabelle lauten somit :

in Spalte a : a_0

Beschl.jetzt ← Funktion(Zeitpunkt jetzt, Weg jetzt, Geschw.jetzt)

in diesem Beispiel eine Konstante

in Spalte v :	:v + :a · dt
	Geschw.nachher ← Geschw.jetzt + Beschl.jetzt · Zeitschritt
in Spalte s :	:s + :v · dt
	Weg nachher ← Weg jetzt + Geschw.jetzt · Zeitschritt
in Spalte t :	:t + dt
	Zeit nachher ← Zeit jetzt + Zeitschritt
Konstante :	dt = 0.1 a_0 = 10
Startwerte :	t = 0 s = 0 v = 0

werden in die Tabelle in der ersten Zeile "von Hand" eingetragen.

Das Ergebnis zeigt die Abbildung. Die Tabelle befindet sich unter dem Namen EULER1.TAB auf der beiliegenden Diskette.

Die analytische Lösung $s = \frac{a_0}{2} \cdot t^2$ wird mit Hilfe der Funktionseingabe (Taste F) nachträglich eingezeichnet.

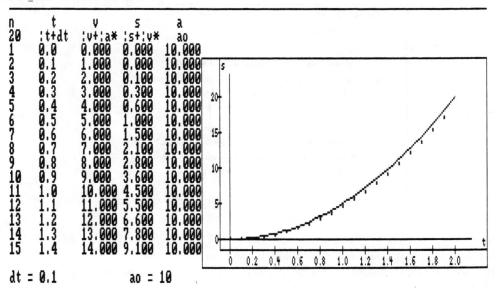

Die analytische Lösung (durchgezogene Linie) ist gegenüber der iterativen Lösung (dicke Punkte) systematisch verschoben.

Im Fundamentum können Verbesserungen der iterativen Lösung nur angedeutet werden :

- Verkleinerung des Zeitschrittes

  Im obigen Beispiel wird dt = 0,05 gesetzt und die Zahl der Zeilen für die Tabelle auf 40 erhöht.

- Gegentaktverfahren[1]

In manchen Fällen (z.B. bei Schwingungen und Bewegungen in Zentral-kraftfeldern) erweist es sich als günstig, zur Berechnung des Weges im Zeit-punkt t+dt nicht die Geschwindigkeit im Zeitpunkt t, sondern die Geschwin-digkeit im Zeitpunkt t+dt zu verwenden. Das Verfahren kann aber unter Umständen auch unbrauchbare Ergebnisse liefern.

EULER-CAUCHY (2) "Gegentakt":

$$v(t+dt) = v(t) + a(t) \cdot dt$$

$$s(t+dt) = s(t) + v(t+dt) \cdot dt$$

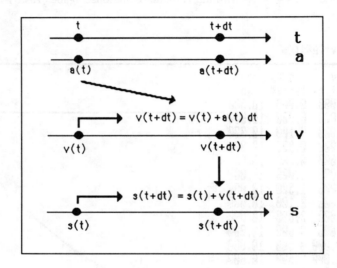

Beispiel:

Die Beschleunigung a soll vom Weg s abhängen mit $a \sim s$.

Hier wird das Beispiel der Federpendelschwingung mit $m \cdot a = -D \cdot s$ betrachtet, wobei zur Vereinfachung $D/m = 1$ gewählt wird.

Die Formeln für die Spalten in der Tabelle lauten bei Verwendung des Gegentakt-verfahrens :

für Spalte a :	-s
für Spalte v :	:v + :a · dt
für Spalte s :	:s + v · dt (kein Doppelpunkt bei v !)
für Spalte t :	:t + dt
Konstante :	dt = 0.5

---

[1]   Viele einfache Simulationsprogramme verwenden dieses Verfahren, ohne auf die Problematik einzugehen.

Startwerte :   t = 0   s = 0   v = 1

werden in die Tabelle in der ersten Zeile "von Hand" eingetragen.

Formel: t = :t+dt

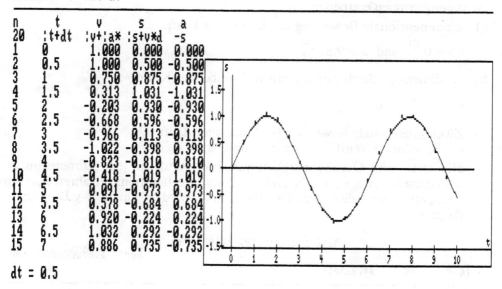

n	t	v	s	a
20	:t+dt	:v+:a*	:s+v*d	-s
1	0	1.000	0.000	0.000
2	0.5	1.000	0.500	-0.500
3	1	0.750	0.875	-0.875
4	1.5	0.313	1.031	-1.031
5	2	-0.203	0.930	-0.930
6	2.5	-0.668	0.596	-0.596
7	3	-0.966	0.113	-0.113
8	3.5	-1.022	-0.398	0.398
9	4	-0.823	-0.810	0.810
10	4.5	-0.418	-1.019	1.019
11	5	0.091	-0.973	0.973
12	5.5	0.578	-0.684	0.684
13	6	0.920	-0.224	0.224
14	6.5	1.032	0.292	-0.292
15	7	0.886	0.735	-0.735

dt = 0.5

Das Ergebnis zeigt die Abbildung. Die analytische Lösung s = sin(t) wurde nachträglich als Funktion eingezeichnet (durchgezogene Linie). Die Tabelle befindet sich unter dem Namen EULER2.TAB auf der beiliegenden Diskette.

- Halbschrittverfahren

Dieses Verfahren stützt sich zur Berechnung des neuen Zustandes auf Werte, die in der Mitte des betrachteten Zeitintervalls liegen. Gegenüber dem Ganzschrittverfahren stellt dieses Vorgehen in jedem Fall eine deutliche Verbesserung[1] dar (siehe auch Projekt IIId).

---

[1]   Bader-Sexl : Computerprogramme zur Physik, Schroedel, Hannover 1983; S.10ff

4 Kraftgesetze und daraus resultierende Bahnbewegungen

In Übungsstunden können die Schüler für verschiedene Kraftgesetze die Bewegungsbahnen erarbeiten[1].

a) Eindimensionale Bewegung mit konstanter Kraft.

$$(a = 0 \; \frac{m}{s^2} \quad \text{und} \quad a = 9{,}81 \; \frac{m}{s^2})$$

b) Eindimensionale Bewegung mit rücktreibender Kraft.

$$(a = - \frac{D}{m} \cdot s).$$

c) Zweidimensionale Bewegung bei konstanter Kraft
(z.B. schiefer Wurf mit $a_x = 0$ und $a_y = - g$);

alle Orts- und Geschwindigkeitsvariablen sind für jede Dimension zu deklarieren, etwa x , y , vx und vy. Auch die Iterationsverfahren müssen "doppelt" vorhanden sein. Die Bahnkurve wird in einem x-y Diagramm dargestellt.

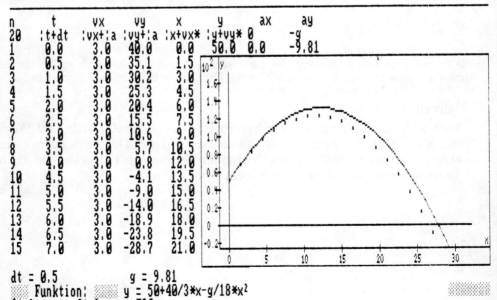

Name der Tabelle: Euler3.TAB

Wert: 3.0000000000E+00

Formel: vx = :vx+:ax*dt

n	t	vx	vy	x	y	ax	ay
20	:t+dt	:vx+:a	:vy+:a	:x+vx*	:y+vy*	0	-g
1	0.0	3.0	40.0	0.0	50.0	0.0	-9.81
2	0.5	3.0	35.1	1.5			
3	1.0	3.0	30.2	3.0			
4	1.5	3.0	25.3	4.5			
5	2.0	3.0	20.4	6.0			
6	2.5	3.0	15.5	7.5			
7	3.0	3.0	10.6	9.0			
8	3.5	3.0	5.7	10.5			
9	4.0	3.0	0.8	12.0			
10	4.5	3.0	-4.1	13.5			
11	5.0	3.0	-9.0	15.0			
12	5.5	3.0	-14.0	16.5			
13	6.0	3.0	-18.9	18.0			
14	6.5	3.0	-23.8	19.5			
15	7.0	3.0	-28.7	21.0			

dt = 0.5   g = 9.81

Funktion: y = 50+40/3*x-g/18*x²

Ctrl + p   Ctrl + v   ESC

---

[1] Tabelle EULER1.TAB - EULER3.TAB auf den Begleitdisketten.

Das Kraftgesetz bei den Zentralkräften Gravitation und Coulombkraft sollte der Kursleiter zusammen mit den Schülern herleiten.

Herleitung der Beschleunigungskomponenten:

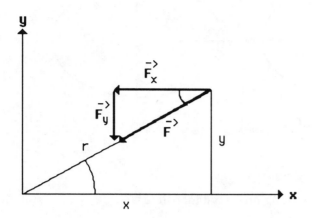

Ähnliche Dreiecke

$$\frac{|\vec{F_x}|}{|\vec{F}|} = \frac{x}{r}$$

$$\frac{|\vec{F_y}|}{|\vec{F}|} = \frac{y}{r}$$

$$F_x = - F \cdot \frac{x}{r} \qquad m \cdot a_x = - G \cdot \frac{m \cdot M}{r^2} \cdot \frac{x}{r}$$

$$= - G \cdot m \cdot M \cdot \frac{x}{r^3}$$

$$a_x = - G \cdot M \cdot \frac{x}{r^3}$$

$$F_y = - F \cdot \frac{y}{r} \qquad m \cdot a_y = - G \cdot m \cdot M \cdot \frac{y}{r^3}$$

$$a_y = - G \cdot M \cdot \frac{y}{r^3}$$

Vergleich zweier Zentralkräfte:

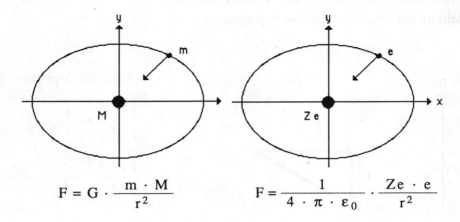

$$F = G \cdot \frac{m \cdot M}{r^2} \qquad\qquad F = \frac{1}{4 \cdot \pi \cdot \varepsilon_0} \cdot \frac{Ze \cdot e}{r^2}$$

d) Zweidimensionale Bewegung im Gravitationsfeld[1].
(z.B. Planetenbahn)

Der zweidimensionale Fall des schiefen Wurfs wird mit Hilfestellungen des Kursleiters (Herleitung des Kraftgesetzes in x-und y-Koordinaten) abgeändert. Die Verwendung von Zahlenmaterial aus der Astronomie (SI-System) führt in der Regel zu einem numerischen Überlauf. Zweckmäßig geht man deshalb zu dem Problem angepaßten Einheiten und Werten über (z.B. astronomische Einheit statt Meter ; Tage statt Sekunden).

e) Zweidimensionale Bewegung im elektrischen Radialfeld.
(z.B. Rutherford Atommodell)

Durch Variation des Beispiels d) erhält man unmittelbar die Bahn eines Elektrons im Kraftfeld eines Protons. Dies scheint zunächst vom Gravitationsfeld her kommend sehr leicht zu sein. Es bedarf aber einiger Versuche und gründlicher Überlegung, um den Zeitschritt und die Startgeschwindigkeit richtig zu wählen. Auch hier bereitet der Übergang zur realen Größenordnung (z.B. Atomradius 10^{-10} m) den Schülern große Schwierigkeiten.

Ähnliche Probleme, wie z.B. freier Fall mit Luftwiderstand oder gedämpfte Schwingung, können im Rahmen des Projekts IIId behandelt werden.

---

[1]   Tabelle EULER4.TAB auf den Begleitdisketten.

Name der Tabelle: EULER4.TAB

Wert: 5.0000000000E+00

Formel: $r = \sqrt{(x^2+y^2)}$

n	t	vx	vy	x	y	r	ax	ay
40	:t+dt	:vx+:a	:vy+:a	:x+vx*	:y+vy*	$\sqrt{(x^2+y}$	-x/r^3	-y/r^3
1	0.0	0.300	0.000	0.00	5.00	5.00	0.000	-0.040
2	1.0	0.300	-0.040	0.30				
3	2.0	0.298	-0.080	0.60				
4	3.0	0.293	-0.121	0.89				
5	4.0	0.285	-0.163	1.17				
6	5.0	0.274	-0.207	1.45				
7	6.0	0.259	-0.251	1.71				
8	7.0	0.240	-0.297	1.95				
9	8.0	0.216	-0.345	2.16				
10	9.0	0.184	-0.396	2.35				
11	10.0	0.144	-0.448	2.49				
12	11.0	0.093	-0.503	2.58				
13	12.0	0.025	-0.560	2.61				
14	13.0	-0.067	-0.616	2.54				
15	14.0	-0.193	-0.664	2.35				

dt = 1

Reelle Zahl
? Rech Kalk Aut Wied Lsch Spch Brt Ntn Cst Txt Graf Def Pkt Verb Fnkt X Y Zau <

Lernziel I.1 Anhang

1 Numerische Differentiation - Programmaufbau

Wenn man zur Differentiation kein Rechenblatt verwendet, sondern die nötigen Algorithmen selbst programmiert, so ist für das Programm folgende
Struktur möglich :

```
┌──────────────────────────────────────────────────┐
│ Koordinatensystem und                              │
│ Darstellungsbereich für v(t) festlegen             │
└──────────────────────────────────────────────────┘
                        │
┌──────────────────────────────────────────────────┐
│ Parameter festlegen                                │
└──────────────────────────────────────────────────┘
                        │
┌──────────────────────────────────────────────────┐
│ Zeit-Weg-Zusammenhang bereitstellen                │
└──────────────────────────────────────────────────┘
                        │
┌──────────────────────────────────────────────────┐
│ Iterationsverfahren für v bereitstellen            │
└──────────────────────────────────────────────────┘
                        │
┌──────────────────────────────────────────────────┐
│ Zeitzähler auf Anfangswert setzen                  │
└──────────────────────────────────────────────────┘
                        │
┌──────────────────────────────────────────────────┐
│ Graphik initialisieren                             │
└──────────────────────────────────────────────────┘
                        │
┌──────────────────────────────────────────────────┐
│ Wiederhole                                         │
│     wende Iterationsverfahren an                   │
│     zeichne Bildpunkt für t, v(t)                  │
│     erhöhe Zeitzähler                              │
│ bis Endzeit erreicht ist                           │
└──────────────────────────────────────────────────┘
```

Die einzelnen Abschnitte lassen sich in PASCAL wie folgt realisieren :

```
procedure parameter;
    begin
    t0:= 0; te:=10; dt:=0.5;
    end;

function s ( t : real ) : real;
    begin
    s := t * t / 2           { s = 1/2 · t²  } { je nach Beispiel ändern s = sin(t)   oder  s = t² usw. }
    end;

function v ( t : real ) : real;
    begin
    v := ( s(t + dt) - s(t) ) / dt;
    end;

function vs ( t : real ) : real;        { verbessertes Verfahren mit symmetrischer Ableitung }
    begin
    v := ( s(t + dt/2) - s(t - dt/2) ) / dt;
    end;



begin                         { Hauptprogramm }
...
repeat
    zeichne Punkt   t ; v(t);
    t := t + dt;
until t > te;
...
end.
```

2 Numerische Integration - Programmaufbau

Wenn man zur Integration kein Rechenblatt verwendet, sondern die nötigen
Algorithmen selbst programmiert, so ergibt sich für das Programm folgende
Struktur :

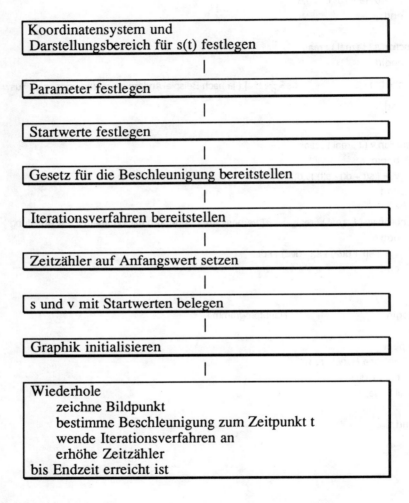

Die einzelnen Abschnitte lassen sich in PASCAL wie folgt realisieren :

```
procedure parameter;
    begin
    t0:= 0; te:=10; dt:=0.5;
    end;
```

```
procedure startwerte;
   begin
   s0:= 0; v0:= 0;
   end;


procedure beschleunigung;
   begin
   a:=10;                    { konstante Kraft F => a := F_0 / m }
                             { je nach Beispiel ändern
                               Federpendel F = -D · s => a := -D · s / m
                               mit Reibung   F = -D · s - R · v }
   end;


procedure euler_cauchy_1;        bzw.        procedure euler_cauchy_2;
var vneu, sneu : real;                       var vneu, sneu : real;
   begin                                        begin
   vneu := v + a * dt;                          vneu := v + a * dt;
   sneu := s + v * dt;                          sneu := s + vneu * dt;
   v := vneu;                                    v := vneu;
   s := sneu;                                    s := sneu;
   end;                                         end;



begin                    { Hauptprogramm }
...
t := t0; s := s0; v := v0;
repeat
   zeichne Punkt  t ; s(t) ;
   beschleunigung;
   euler_cauchy_1;        { ggf. ändern auf euler_cauchy_2 }
   t := t+dt;
until t > te;
...
end;
```

Mit Hilfe des Programms ITERATIO.COM (siehe auch Hinweise zu den
Begleitdisketten) kann man auf einfache Weise verschiedene Integrationsverfahren (siehe auch Projekt IIId) im Vergleich demonstrieren.

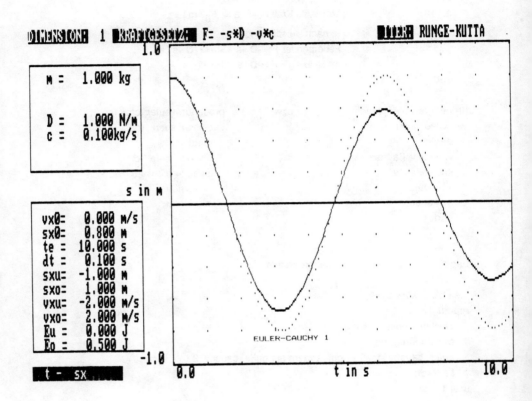

Bildschirmausdruck zu ITERATIO.COM

Streuversuch von Rutherford

1 Bisherige Behandlung des Rutherford-Streuversuchs Lehrplanbezug

In der Entwicklung der Vorstellungen, die sich der Mensch vom Aufbau der Materie gemacht hat, stellt das Atom-Modell von Rutherford eine so bedeutende Verbesserung gegenüber allen vorangegangenen Atom-Modellen dar, daß es zusammen mit den zugrundeliegenden Experimenten wohl in jedem einigermaßen kompletten Physik-Lehrgang seinen Platz verdient. Dieser Sachverhalt läßt sich auch aus der Vielzahl der diesbezüglichen Darstellungen in der einschlägigen Schulbuchliteratur ablesen. Dabei gelingt es den Autoren praktisch aller Lehrwerke, die experimentelle Versuchsanordnung sowie die Durchführung des Experimentes auf einem schülergemäßen Niveau zu gestalten.

Schwierigkeiten ergeben sich jedoch regelmäßig bei der anschließenden, mathematisch relativ anspruchsvollen Auswertung. Die Palette der Ausführungen reicht hier von einem schlichten Hinweis, daß die eigentlich notwendige Rechnung in diesem Rahmen nicht durchgeführt werden kann[1], bis zu dem Versuch, die mathematischen Grundlagen zwar nicht ganz lückenlos, so aber doch in den wesentlichen Schritten herzuleiten[2].

Allen gängigen Schulbuchdarstellungen dieses Problems ist gemeinsam, daß sie eigentlich für den Unterrichtsgebrauch, speziell in einem Grundkurs, nicht sehr hilfreich sind, sei es, weil sie wesentliche Punkte nur erwähnen, ohne die dahintersteckenden Gedankengänge auch nur halbwegs plausibel machen zu können, oder weil ihr mathematisches Anspruchsniveau so hoch liegt, daß die Bearbeitung selbst in einem Leistungskurs nur unter Schwierigkeiten und mit sehr großem Zeitaufwand durchführbar erscheint.

Als Ausweg aus dieser unbefriedigenden Situation bietet sich heute, wie im Lernziel I.2 vorgeschlagen, der Einsatz eines graphikfähigen Rechners an. Dieser ermöglicht die Berechnung und Darstellung der Bahn, die ein in Richtung eines Goldatomkernes geschossenes α-Teilchen ausführt, wobei nur das Coulombsche Kraftgesetz und die Bewegungsgleichungen des Geschoßes zur Anwendung gelangen. Die notwendigen mathematischen und programmtechnischen Grundlagen zu dieser iterativen Berechnung werden dazu schon im

---

1   O. Höfling: Physik Band II, Teil 3, Ferd. Dümmlers Verlag 1976 (11. Auflage), S. 746
2   Hammer, Knauth, Kühnel: Physik Leistungskurs, Theorie der Wärme, Atomphysik, R. Oldenbourg Verlag 1984 (1. Auflage), S. 177 ff.

vorhergehenden Kapitel bereitgestellt.

Das im folgenden beschriebene Vorgehen erhebt dabei keinesfalls den An-spruch, die eigentlich notwendigen mathematischen Auswertungen vollständig ersetzen zu können, es erlaubt aber die Veranschaulichung der Vorgänge im Inneren des Atomes nach den Vorstellungen Rutherfords und macht somit seine Gedankengänge leichter nachvollziehbar.

2 Geschichtlicher Hintergrund

Zu Beginn des Kapitels "Rutherford-Streuexperiment" bietet sich ein knapper Überblick über die Atomvorstellungen um die Wende zum 19. Jahrhundert an. Ausschnitte aus Veröffentlichungen der direkt beteiligten Physiker können den Schülern helfen, die geschichtliche und physikalische Tragweite des Ruther-fordschen Atom-Modells richtig einzuschätzen (evt. Schülerreferat unter Berücksichtigung der im Anhang zu diesem Lernziel angegebenen Quellen). Zur Vorbereitung dieses neuen Atommodells müssen wohl die beiden Vor-läufermodelle besonders erwähnt werden[1] :

- *Masse-Kugel-Modell*: Kleine, gleichmäßig und vollständig mit Materie gefüllte Kugeln; noch keine Aussagen über eine Ladungsverteilung;
- *Thomson-Atom-Modell*: "Rosinenkuchen-Modell" - massive, positiv ge-ladene Massekugeln, in die in regelmäßigem Schema negativ geladene Elektronen eingelagert sind.

3 Das Rutherford-Streuexperiment

Der von Rutherford und seinen Mitarbeitern verwendete Versuchsaufbau sowie die Durchführung des Experimentes sind in der einschlägigen Literatur ausführlich beschrieben; sie sollen deshalb in der Folge nur kurz skizziert werden:

Rutherford untersuchte die Streuung kleiner geladener Teilchen einheitlicher Energie beim Durchgang durch Materie. Als "Geschoße" verwendete er die von einem radioaktiven Präparat ausgesendeten α-Teilchen; als zu durchstrah-lende Materie wählte er eine dünne Goldfolie. Zur Registrierung der gestreu-ten α-Teilchen diente ihm ein Fluoreszenzschirm, den er mit Hilfe eines Meßmikroskops beobachtete. Um statistisch signifikante Ergebnisse zu erhal-ten, mußten Rutherford und seine Mitarbeiter in monatelanger Arbeit weit

---

1   Müller, Leitner, Dilg: Physik Leistungskurs 3. Semester, Ehrenwirth Verlag, München 1981, S. 146 f.

über 100 000 α-Teilchen in Form von Lichtblitzen registrieren und in ihrer Winkelabhängigkeit katalogisieren. Den dazu notwendigen Zeitaufwand und die erforderliche Ausdauer kann man sich heute im Zeitalter der elektronischen Detektoren und der auswertenden Computer kaum noch vorstellen.

Als Kontrast zum historischen Versuchsaufbau, der in den meisten Lehrbüchern abgebildet wird, soll ein moderner, besonders übersichtlicher Nachbau der evakuierbaren Rutherford-Streukammer vorgestellt werden. Die nebenstehende Abbildung ihres "Innenlebens" ist der zugehörigen Versuchsanleitung entnommen.

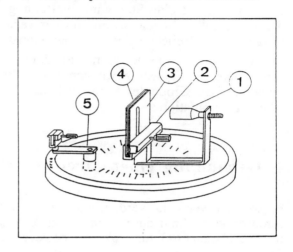

Deutlich erkennt man die wesentlichen Elemente der Anordnung: das α-Teilchen emittierende Präparat (1), die Goldfolie (4) hinter dem Spalt (3) auf der Befestigung (2), sowie die Halterung (5) für den modernen Halbleiterdetektor, der den ursprünglichen Fluoreszenzschirm ersetzt. Anders als beim Original-Experiment wird hier nicht der Detektor geschwenkt, sondern der Arm, auf dem das Präparat, der Spalt und die Goldfolie gemeinsam befestigt sind. Durch diese Anordnung erspart man sich eine bewegliche elektrische Zuführung für den Detektor.

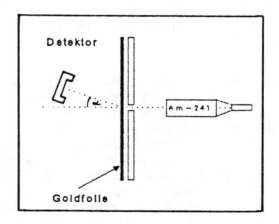

LEYBOLD DIDACTIC GmbH, Hürth, Anleitung zur RUTHERFORD-Streukammer, LH-Nr. 559 56

Je nachdem, ob für den Unterricht eine Rutherford-Streukammer zur Verfügung steht oder nicht, wird man eine qualitative Messung vornehmen oder aber die Versuchsanordnung und -durchführung nur an Hand von graphischen Darstellungen behandeln können. Das Vornehmen genauer quantitativer Messungen ist wegen des damit verbundenen großen Zeitaufwandes und wegen der geringen Verbreitung der Streukammer in den Gymnasien nicht vorgesehen. Es wird also auf jeden Fall notwendig sein, Meßergebnisse aus der Literatur mitzuteilen[1] . Konkret festzuhaltendes Ergebnis ist somit die Tatsache, daß aus dem Experiment eine Streuwinkelverteilung gewonnen werden kann, die für die durchstrahlte Materieart und für das verwendete Präparat (mit der dadurch festgelegten α-Teilchen-Energie) charakteristisch ist.

Zur Förderung eines tieferen Verständnisses, wie aus Streuexperimenten Streuwinkelverteilungen gewonnen werden können und wie aus diesen Verteilungen auf die Größe des Kerns rückgeschlossen werden kann, bietet sich die Computersimulation an.

4 Gewinnung einer Streuwinkelverteilung

Es soll nun versucht werden, unter völliger Ausklammerung der Rutherford-Streuformel und nur durch Simulation der Bahnen, auf denen sich α-Teilchen in der Nähe eines Goldatomkernes bewegen, die Vorgänge bei der Rutherford-Streuung nachzuvollziehen. Ziel ist es dabei, dem Schüler plausibel zu machen, wie man bei einer Vielzahl beobachteter α-Teilchenbahnen eine Streuwinkelverteilung erhält, und wie man aus dieser auf die Größe des Goldatomkerns schließen kann.

Grundlage für die Simulation des Rutherford-Streuexperimentes sind die Vorstellung (Hypothese) Rutherfords vom Aufbau eines Atoms aus positiv geladenem Kern und negativ geladener Hülle sowie die Annahme, daß das im Makroskopischen gefundene Coulombsche Kraftgesetz auch im atomaren Bereich (außerhalb des Atomkerns) Gültigkeit besitzt. Außerdem macht man die plausible Annahme, daß ein α-Teilchen, das den Atomkern erreicht, von diesem auch absorbiert wird. Weitere denkbare und von interessierten Schülern im Unterrichtsverlauf auch sicher vorgeschlagene Modellvarianten können natürlich in gleicher Weise als Grundlage für eine Simulation dienen; sie sollen hier jedoch zunächst zurückgestellt werden (siehe Abschnitt 7).

Um die Simulation einfach zu halten, beschränkt man sich auf die Streuung von α-Teilchen an einem einzigen Gold-Atomkern und betrachtet auch nur die Bahnen, die innerhalb einer durch den Kern verlaufenden Ebene liegen. Die bei einem realen α-Teilchenbeschuß auftretenden Stoßparameter, d. h. die seitlichen Abweichungen vom zentralen Stoß, variieren statistisch, so daß bei genügend langer Versuchsdauer alle möglichen Stoßparameter-Werte praktisch

---

1   Z.B. : E. W. Schpolski: Atomphysik Teil 1, VEB Deutscher Verlag der Wissenschaften, Berlin 1971, S. 82

mit gleicher Häufigkeit angenommen werden. Um nun die zur Erreichung eines aussagekräftigen Ergebnisses notwendige Zeit in einem vertretbaren Rahmen zu halten, wird bei der Simulation auf diese statistische Streuung verzichtet und statt dessen der Stoßparameter p in genügend kleinen Schritten Δp von Null ausgehend erhöht. Auch hierdurch läßt sich erreichen, daß alle Werte angenommen werden; die interessierenden Bahnen mit den kleinen Stoßparametern werden jedoch zuerst untersucht, so daß einem relativ frühen Simulationsabbruch nichts im Wege steht.

Um nun Aussagen über die die Streuung verursachenden Gesetzmäßigkeiten machen zu können, werden die auftretenden Streuwinkel statistisch untersucht. Anstelle der Streuwinkel, deren Werte ja eigentlich erst im Unendlichen ermittelt werden können, wird für jede simulierte Teilchenbahn der Richtungswinkel des Geschwindigkeitsvektors bestimmt, sobald das Teilchen den Bildschirm verläßt, d. h. sobald es sich genügend weit vom Streuzentrum entfernt hat.

Die bei der Simulation auftretenden Ablenkwinkel werden in Klassen von beispielsweise jeweils 5 Grad eingeteilt. Die Häufigkeit des Auftretens von Winkeln der einzelnen Klassen wird registriert. In dem hier gewählten Beispiel ergeben sich die folgenden Winkelklassen mit den zugehörigen Häufigkeitszählern:

Klasse "   0 Grad": Winkel von   0,0 bis   2,5 Grad; Zähler $Z(0)$

Klasse "   5 Grad": Winkel von   2,5 bis   7,5 Grad; Zähler $Z(1)$

Klasse " 10 Grad": Winkel von   7,5 bis 12,5 Grad; Zähler $Z(2)$

...

Klasse " 175 Grad": Winkel von 172,5 bis 177,5 Grad; Zähler $Z(35)$

Klasse " 180 Grad": Winkel von 177,5 bis 180,0 Grad; Zähler $Z(36)$

Mit zunehmendem Stoßparameter werden die Ablenkwinkel zusehends kleiner. Ab einem bestimmten Wert p_n fallen alle Ablenkwinkel in die Klasse "0 Grad". Um die noch fehlende Gesamtanzahl der Elemente der Klasse "0 Grad" zu bestimmen, müßte der Simulationslauf eigentlich noch so lange weiter fortgeführt werden, bis der Stoßparameter den halben Atomabstand erreicht hat. Ab diesem Wert beginnt nämlich der Einfluß des Nachbaratoms zu überwiegen: Die bisherigen Ergebnisse würden sich (bis auf das Vorzeichen des Streuwinkels) wiederholen und deshalb keine neuen Erkenntnisse mehr bringen. Da die Stoßparameteränderung Δp in der Größenordnung von Femto-Metern (1 fm = $1 \cdot 10^{-15}$ m) gewählt werden muß, der halbe Atomabstand jedoch in der Größenordnung von 10^{-10} m liegt, würde eine Simulationsfortführung bis zum Ende unverhältnismäßig viel Zeit beanspruchen. Es empfiehlt sich deshalb, die Simulation zu diesem Zeitpunkt abzubrechen und die noch fehlende Anzahl mit Hilfe einer kleinen, später auch zur Lernzielkontrolle geeigneten Überlegung abzuschätzen:

Das erste α-Teilchen, das in die Klasse "0 Grad" fällt, besitzt den mit Hilfe der Teilchenbahnen bestimmten Stoßparameter p_n, das letzte zu berücksichtigende Teilchen den Stoßparameter $p_m = d/2$, wobei d der Abstand zweier Goldatome ist, der wie folgt ermittelt werden kann:

Man betrachtet 1 kMol Gold, das aus N_A Atomen besteht, und das die Masse m = A_r kg = 197 kg besitzt. (N_A ist die als Avogadro-Konstante oder als Loschmidt-Zahl bekannte Teilchenzahl von 1 kMol eines Stoffes; mit A_r wird die relative Atommasse bezeichnet.) Das zugehörige Volumen erhält man über die Dichte:

$$V = \frac{m}{\rho} = \frac{197 \text{ kg}}{19,3 \text{ kg/dm}^3} = 10,2 \text{ dm}^3.$$

Da die betrachtete Goldmenge sich aus N_A Teilchen zusammensetzt, steht für ein einzelnes Goldatom das Volumen

$$V_a = \frac{V}{N_A} = 16,9 \cdot 10^{-30} \text{ m}^3$$

zur Verfügung. Unter der Annahme, daß der Platzbedarf eines Goldatoms würfelförmig ist, ergibt sich nun d als Kubikwurzel von V_a und somit:

$$d = 0,256 \text{ nm} \quad \text{bzw.} \quad p_m = \frac{d}{2} = 0,128 \text{ nm}.$$

Aus dem kleinsten (p_n) und dem größten Stoßparameter (p_m) von α-Teilchen mit Streuwinkeln, die zur Klasse "0 Grad" gehören, kann man leicht die gesuchte Teilchenanzahl dieser Klasse berechnen:

$$Z(0) = \frac{p_m - p_n}{\Delta p}$$

Trägt man nun die Auftrittshäufigkeiten in den einzelnen Streuwinkelklassen über den zugehörigen Klassenmitten der Streuwinkel in Form von Säulen auf, so erhält man eine sogenannte Streuwinkelverteilung.

Es ergibt sich dabei allerdings das Problem, daß die zuletzt berechnete Teilchenzahl Z(0) wesentlich größer ist als die der übrigen Klassen. Bei Darstellung in einem linearen Maßstab muß man also auf diese Säule verzichten, wenn auch die übrigen Teilchenzahlen sinnvoll dargestellt werden sollen. Legt man allerdings Wert auf die gesamte Streuwinkelverteilung einschließlich der zu Z(0) gehörigen Säule, so wird man auf eine logarithmische Darstellung ausweichen müssen.

5 Rückschluß auf den Atomaufbau

In den folgenden Abbildungen sind typische Simulationsergebnisse dargestellt, wie sie mit dem Programm "Rutherford" auf den Begleitdisketten zu dieser Handreichung gewonnen werden können.[1]

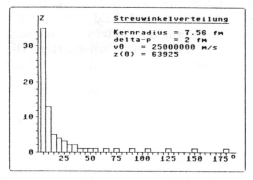
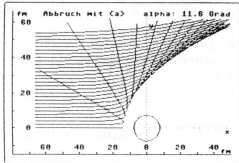

Bei der in den Abbildungen dargestellten Simulation wurde ein Atomkern angenommen, der mit der heute bekannten Goldatomkerngröße übereinstimmt. Deutlich ist bei der Streuwinkelverteilung zu erkennen, daß sämtliche Winkel bis zur totalen Rückstreuung auftreten. (Die zur Klasse "0 Grad" gehörige Säule wurde aus den oben schon erwähnten Gründen nicht eingezeichnet; ihr Wert ist jedoch numerisch angegeben.)

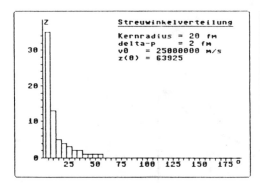
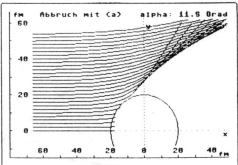

In den Abbildungen sind die Ergebnisse einer Simulation dargestellt, die bei Streuung an einem Kern gewonnen wurden, dessen Durchmesser dreimal größer gewählt wurde als bei der ersten Simulation. Deutlich ist hier das Fehlen der großen Streuwinkel feststellbar, die jedoch bei einer im Realex-

---

[1]   Bedienung siehe "Hinweise zu den Begleitdisketten"

periment ermittelten Verteilung auftreten. Somit ist die hier gewählte Kerngröße offensichtlich nicht sinnvoll. Man kann nun bei der Simulation sukzes-
sive die Kerngröße so weit verkleinern, bis sich die simulierte mit der gemessenen Streuwinkelverteilung deckt, bis also keine α-Teilchen mehr den Atomkern erreichen. Durch diese Überlegungen erhält man zwar nicht exakt die
Größe des Atomkernes, aber immerhin eine Abschätzung nach oben.

An dieser Stelle bietet es sich an, den Schülern die Gesetzmäßigkeit für die
potentielle Energie eines geladenen Teilchens im Coulomb-Feld eines zweiten
Teilchens mitzuteilen und mit Hilfe des Energieerhaltungssatzes die maximal
mögliche Annäherung eines α-Teilchens an den Goldkern abzuschätzen. Die
berechneten Werte geben dabei auch einen guten Anhaltspunkt für die Güte
der durchgeführten Simulation.

6 Hinweise zum Programm

Zur iterativen Berechnung der Bahn des jeweils betrachteten α-Teilchens muß
zu jedem Zeitpunkt und damit für jeden Ort die wirkende Kraft und daraus die
wirkende Beschleunigung ermittelt werden. Als Kraft wirkt die Coulombsche
Abstoßung:

$$F_{el} = \frac{1}{4\,\pi\,\varepsilon_0} \cdot \frac{Q_{Kern} \cdot q_\alpha}{r^2} = \frac{1}{4\,\pi\,\varepsilon_0} \cdot \frac{79\,e \cdot 2\,e}{r^2}$$

Den Abstand des α-Teilchens vom Goldatomkern ermittelt man dabei mit dem
Satz des Pythagoras : $r = \sqrt{x^2 + y^2}$

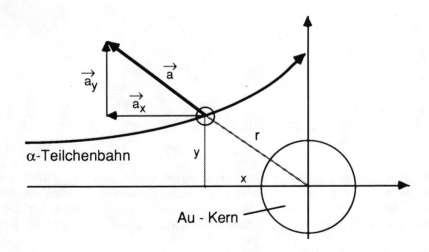

Aus der Kraft F_{el} läßt sich die Beschleunigung a berechnen:

$$F_{el} = m_\alpha \cdot a \quad => \quad a = \frac{F_{el}}{m_\alpha} = \frac{1}{4 \pi \varepsilon_0 \, m_\alpha} \cdot \frac{158 \, e^2}{r^2}$$

Die Zerlegung der Beschleunigung $\vec{a}$ in ihre Komponenten a_x und a_y erfolgt über ähnliche Dreiecke:

$$\frac{x}{r} = \frac{a_x}{a} \qquad => \qquad a_x = \frac{x}{r} \cdot a \qquad \text{bzw.}$$

$$\frac{y}{r} = \frac{a_y}{a} \qquad => \qquad a_y = \frac{y}{r} \cdot a$$

Es fehlt nun noch eine Hypothese für das Verhalten eines α-Teilchens, das den Kern trifft: Als einfachste Möglichkeit nehmen wir an, daß solche α-Teilchen vom Kern absorbiert werden und somit für die weitere Auswertung nicht mehr zur Verfügung stehen. Varianten dieser Hypothese werden im Kapitel 7 skizziert.

Alle Grundlagen für die Simulation sind damit zur Verfügung gestellt. Probleme können den Schülern allerdings noch die im Nenner auftretenden, äußerst kleinen Zahlenwerte für r bereiten, die bei Quadrierung u.U. zu einem Überschreiten des Rechenbereichs des Rechners führen. Um dies zu vermeiden, sind geeignete Einheiten, z. B. Femtometer, zu wählen und die zugehörigen Zehnerpotenzen außerhalb mitzuführen. Auch die Suche nach einem geeigneten Zeitschritt macht den Schülern meist Schwierigkeiten. Ein bewährter Trick ist hier, den Zeitschritt gerade so groß zu wählen, daß sich das α-Teilchen während eines Iterationsschrittes z. B. um 1/400 des gesamten, auf dem Bildschirm dargestellten Bereiches weiterbewegt:

$$dt = \frac{(x_{rechts} - x_{links})}{400 \cdot v}$$

7 Modellvarianten

Wie in Kapitel 4 schon angesprochen, werden sich interessierte Schüler nicht mit den vom Lehrer vorgeschlagenen Modellvorgaben zufriedengeben, sondern selbst Variationen in den Unterricht einbringen wollen. Dies ist gut so und sollte auch auf jeden Fall unterstützt werden. Erlaubt uns doch der Einsatz des Rechners, den Einfluß der verschiedenen Hypothesen auf die Streuwinkelverteilung zu überprüfen, um diese dann mit der des Realexperimentes zu vergleichen. Er erlaubt uns also ein Vorgehen, daß mit gutem Recht als "entdeckendes Lernen" bezeichnet werden kann.

Zwei Beispiele für mögliche Modellvarianten seien im folgenden skizziert.

7.1 Modellvariante 1 (Reflexion an der Kernoberfläche)

Hypothese: "Treffen α-Teilchen auf den Atomkern, so werden sie an seiner
          Oberfläche elastisch reflektiert."

Dieser Hypothese läßt sich in der Simulation insofern Rechnung tragen, als zu
jedem Zeitpunkt überprüft wird, ob sich das betrachtete α-Teilchen schon bis
auf den Kernradius dem Kern genähert hat. Gegebenenfalls muß dann die
Reflexion nachvollzogen werden, indem man bei der Radialkomponente des
Geschwindigkeitsvektors die Richtung umkehrt, während die Tangentialkom-
ponente unbeeinflußt bleibt:

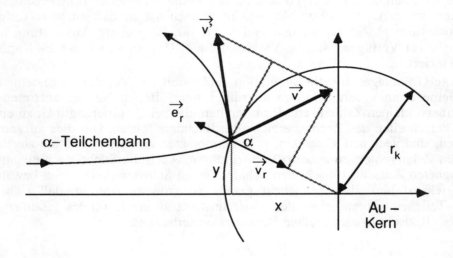

$\vec{v}$ Geschwindigkeitsvektor vor der Reflexion

$\vec{v'}$ Geschwindigkeitsvektor nach der Reflexion

$\vec{e_r}$ Einheitsvektor in radialer Richtung

$$\vec{e_r} = \frac{1}{r_k} \cdot \begin{pmatrix} x \\ y \end{pmatrix}$$

Wie man der Zeichnung entnehmen kann, gilt:

$$\vec{v}\,' = \vec{v} + 2 \cdot (-\vec{v_r}) = \vec{v} + 2 \cdot \vec{e_r} \cdot | \vec{v_r} | \tag{1}$$

Bildet man das Skalarprodukt $\vec{e_r} \circ \vec{v}$, so ergibt sich

$$\vec{e_r} \circ \vec{v} = | \vec{e_r} | \cdot | \vec{v} | \cdot \cos(180° - \alpha) = - | \vec{v} | \cdot \cos \alpha = - | \vec{v_r} |$$

und damit

$$| \vec{v_r} | = - \vec{e_r} \circ \vec{v} = - \frac{1}{r_k} \cdot \begin{pmatrix} x \\ y \end{pmatrix} \circ \begin{pmatrix} v_x \\ v_y \end{pmatrix} \tag{2}$$

Durch Einsetzen dieser Beziehung in (1) kann der Geschwindigkeitsvektor $\vec{v}\,'$ nach der Reflexion berechnet werden:

$$
\begin{aligned}
\vec{v}\,' &= \vec{v} + 2 \cdot \vec{e_r} \cdot | \vec{v_r} | \\[2mm]
&= \begin{pmatrix} v_x \\ v_y \end{pmatrix} + \frac{2}{r_k} \cdot \begin{pmatrix} x \\ y \end{pmatrix} \cdot \left[- \frac{1}{r_k} \cdot \begin{pmatrix} x \\ y \end{pmatrix} \circ \begin{pmatrix} v_x \\ v_y \end{pmatrix} \right] \\[2mm]
&= \begin{pmatrix} v_x \\ v_y \end{pmatrix} - \frac{2}{r_k^2} \cdot (x \cdot v_x + y \cdot v_y) \cdot \begin{pmatrix} x \\ y \end{pmatrix}
\end{aligned}
$$

Das Kraftgesetz außerhalb des Kerns bleibt von diesen Überlegungen unberührt: Es gelten hier weiterhin die in Kapitel 6 hergeleiteten Beziehungen.

Bei Verwendung von Hypothese 1 und Annahme eines Kernradius von 22,5 fm ergeben sich die folgenden α-Teilchen-Bahnen bzw. die folgende Streuwinkelverteilung:

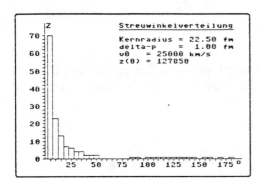
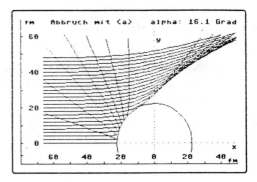

7.2 Modellvariante 2 (Durchdringbarkeit des Atomkerns)

Hypothese: "Die positive Ladung des Atoms ist gleichmäßig über den gesamten, für α-Teilchen durchdringbaren Atomkern verteilt ("verschmiert")".

Bei dieser Variante gelten zwei verschiedene Kraftgesetze, das Coulombsche Kraftgesetz außerhalb des Atomkerns (F proportional zu $1/r^2$) und ein im Kerninneren wirkendes, bei dem nur die Ladung des Kugelbereiches innerhalb des momentanen α-Teilchenortes wirksam ist:

Bei Annahme einer konstanten Ladungsverteilung σ im Inneren des kugelförmigen Kerns (Kernradius r_k) gilt für die wirksame Ladung Q:

$$\frac{Q}{Q_0} = \frac{\frac{4}{3} \cdot r^3 \cdot \pi \cdot \sigma}{\frac{4}{3} \cdot r_k{}^3 \cdot \pi \cdot \sigma} = \frac{r^3}{r_k{}^3}$$

$$\Rightarrow Q = \frac{r^3}{r_k{}^3} \cdot Q_0$$

Als abstoßende Kraft ergibt sich somit:

$$F_{el} = \frac{1}{4\,\pi\,e_0} \cdot \frac{Q \cdot q_\alpha}{r^2} = \frac{1}{4\,\pi\,e_0} \cdot \frac{Q_0 \cdot \dfrac{r^3}{r_k{}^3} \cdot q_\alpha}{r^2}$$

$$= \frac{1}{4\,\pi\,e_0} \cdot \frac{Q_0 \cdot q_\alpha}{r_k{}^3} \cdot r$$

d.h. $F_{el} \sim r$

Bei Verwendung von Hypothese 2 und Annahme eines Kernradius von 22,5 fm ergeben sich die folgenden α-Teilchen-Bahnen bzw. erhält man die folgende Streuwinkelverteilung:

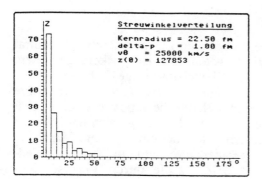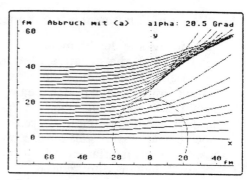

7.3   Interpretation der Simulationsergebnisse

Betrachtet man die verschiedenen durch die Simulation gewonnenen Streuwinkelverteilungen, so erkennt man leicht:

- Erreichen die α-Teilchen den relativ groß angenommenen Kern, so erhält man grundsätzlich Streuwinkelverteilungen, die von der im Realexperiment gewonnenen abweichen: Entweder fehlen die großen Streuwinkel (6 und 7.2) oder sie treten überdurchschnittlich häufig auf (7.1).

- Wird der Kern als so klein angenommen, daß die α-Teilchen ihn nicht mehr erreichen, so decken sich die Ergebnisse aller durchgeführten Simulationen sowohl untereinander als auch qualitativ mit denen der Experimente.

Aus den gewonnenen Ergebnissen läßt sich somit überzeugend schließen, daß die α-Teilchen den Kern normalerweise nicht erreichen; man kann also davon ausgehen, daß der Kern kleiner ist als die größte Annäherung der α-Teilchen.

Lernziel I.2 Anhang

Quelle zum Thomson-Atommodell[1]

"Da die Atome der Elemente in ihrem normalen Zustand elektrisch neutral sind, so muß die negative Elektrizität, welche die Korpuskeln enthalten, durch eine äquivalente Menge positiver Elektrizität ausgeglichen sein; die Atome müssen außer den negativ geladenen Korpuskeln auch positive Elektrizität enthalten. Über die Form, in welcher diese positive Elektrizität in dem Atom vorkommt, wissen wir bis jetzt sehr wenig. Man hat bis jetzt noch keinen positiv geladenen Körper gefunden, der eine kleinere Masse hat als das Wasserstoffatom. Alle positiv geladenen Systeme in Gasen bei niedrigen Drucken sind, wie es scheint, Atome, die durch Verlust einer Korpuskel eine positive Ladung bekommen haben."

Quelle zur Entdeckung der Rückstreuung von α-Teilchen[2]

"... Ich möchte dieses Beispiel wählen, um zu zeigen, wie oft man durch Zufall auf Tatsachen stößt. Früher schon hatte ich die Zerstreuung der Alphateilchen beobachtet, und Dr. Geiger in meinem Laboratorium hatte sie im einzelnen studiert. Er fand, daß in dünnen Schichten von Schwermetall die Streuung gewöhnlich gering war, in der Größenordnung von einem Grad. Eines Tages kam Geiger zu mir und sagte: »Sollte nicht der junge Marsden, der bei mir radioaktive Methoden studiert, langsam anfangen, eine kleine Forschungsarbeit zu machen?« Das hatte ich mir auch schon gedacht, ich sagte daher: »Warum nicht? Man könnte ihn nachsehen lassen, ob Streuung der Alphateilchen auch in großen Winkeln vorkommen?« Im Vertrauen gesagt, ich glaubte nicht, daß das sein könnte, da wir ja wußten, daß das Alphateilchen ein sehr rasches und massives Teilchen ist, voll beträchtlicher Energie, und man konnte beweisen, daß für den Fall, daß die Streuung auf eine Aufeinanderfolge einer Anzahl kleiner Streuungen zurückzuführen war, eine sehr geringe Chance bestand, daß ein Alphateilchen nach rückwärts gestreut wird. Ich erinnere mich, daß dann zwei oder drei Tage später Geiger in großer Aufregung zu mir kam und sagte: »Es ist uns gelungen, nach rückwärts gehende Alphateilchen zu beobachten.« Das war wohl das Unglaublichste, was ich je erlebt habe. Es war fast so unglaublich, als wenn eine Kugel auf einen zurückkäme, die man auf ein Stück Seidenpapier geschossen hat."

---

1   Thomson 1904 aus Praxis der Naturwissenschaften Physik 3/83, S. 93
2   Rutherford 1911 aus Praxis der Naturwissenschaften Physik 3/83, S. 93

Methoden der Meßwerterfassung

1 Kennenlernen des Schulinterfaces

In diesem Abschnitt sollen die Schüler Kenntnisse der Hard- und Software-Komponenten, die zur Durchführung einer Messung benötigt werden, erwerben. Es bietet sich ein Einstieg über einfache Messungen mit dem Schulinterface an. Von dem an der Schule eingesetzten Computermeßsystem sollen dabei nur die grundsätzlichen Funktionseinheiten besprochen werden.

1.1 Erste Messungen; Problem der Digitalisierung

In einem ersten Versuch wird mit dem Meßinterface die Gleichspannung einer Batterie gemessen. Das einfache dabei eingesetzte Programm hat z.B. folgende Struktur[1]:

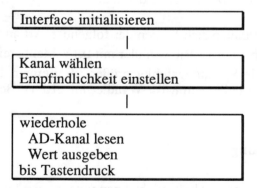

Erstaunlicherweise kann es vorkommen, daß der Rechner nicht immer gleichbleibende Werte anzeigt, sondern die Spannungswerte "springen".

Ersetzt man die Batterie durch ein regelbares, stabilisiertes Gleichspannungsnetzgerät, so zeigen kontinuierliche Änderungen der Ausgangsspannung eine sprunghafte Änderung der angezeigten Werte. Dabei erkennt der Schüler, daß

---

[1] Realisierungen in Pascal bzw. Basic befinden sich unter MESS1 auf den Begleitdisketten. Bedienung siehe "Hinweise zu den Begleitdisketten".

die "Sprünge" immer etwa die gleiche Spannungsdifferenz betragen. Dieses Problem der Digitalisierung soll im folgenden behandelt werden.

Die analogen Spannungswerte werden im Meßinterface in digitale Werte umgewandelt. Je nach Anzahl der Binärstellen spricht man von 8-, 12- oder 16-Bit-Wandlern. Ein 8-Bit-Wandler kann 256 verschiedene Werte darstellen. Das heißt, ein Meßbereich von z.B. ±10 V wird auf 255 Abschnitte aufgeteilt, wobei einer Stufe ein Spannungssprung von 20V/255 ≈ 0,08V entspricht (=Auflösung des Meßsystems).

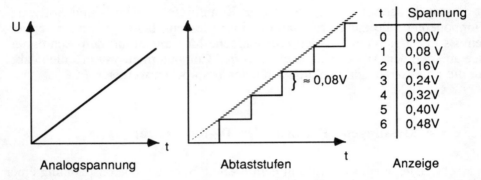

t	Spannung
0	0,00V
1	0,08 V
2	0,16V
3	0,24V
4	0,32V
5	0,40V
6	0,48V

Analogspannung   Abtaststufen   Anzeige

Zur Veranschaulichung kann mit einem kleinen Programm (siehe Anhang) zusätzlich der Bit-Wert (0..255) ohne Umrechnung ausgegeben werden. Eine langsame Regelung am Netzgerät zeigt deutlich die sprunghafte Änderung der Anzeige.

Als Lernzielkontrollen bieten sich Fragen der folgenden Art an :

Welche Auflösung hat ein 12-Bit-Wandler mit 0,1V Meßbereich ?

Wo ist der maximale Spannungsfehler größer : Bei einem 12-Bit-Wandler im ±1V Bereich oder bei einem 8-Bit-Wandler im ±10mV Bereich ?

1.2 Einfache Messungen

Oft müssen in Physik und Technik nicht Spannungen, sondern Widerstandsänderungen erfaßt werden. Als Musterbeispiele seien hier Dehnungsmeßstreifen, Photowiderstände und Thermowiderstände genannt.

Interessiert man sich für die absolute Größe eines Widerstandes, so kann dieser durch eine zweikanalige Messung bestimmt werden. Spannung und Strom werden gleichzeitig mit dem Zweikanalinterface direkt gemessen, und daraus wird der Widerstand über die Definition R=U/I berechnet.

Weit häufiger ist man nicht so sehr am absoluten Widerstand eines Sensors interessiert, sondern an der relativen Veränderung, die sich zusammen mit der

Änderung der eigentlichen Meßgröße (z.B. Dehnung, Temperatur, Lichtstärke) vollzieht. Hierzu benutzt man für passive Sensoren meist eine Brückenschaltung folgender Art (siehe auch Projekt IIIe) :

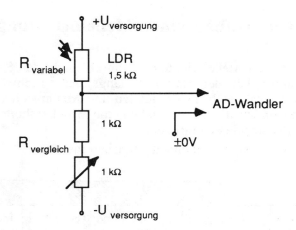

Die experimentierenden Schüler erhalten mit kleinen Photowiderständen und Vergleichswiderständen im kΩ-Bereich bereits eine sehr empfindliche Meßanordnung. Es ist lediglich darauf zu achten, daß die Versorgungsspannung stabilisiert und gut geglättet ist, da sonst der "Netzbrumm" die Messung überdecken könnte.

Die Schüler arbeiten mit einem vorhandenen, fertigen Programm, das kontinuierlich den Meßwert auf den Bildschirm ausgibt (Schreiberfunktion). Durch Abdunkeln vor dem LDR oder Anleuchten mit einer Taschenlampe läßt sich die Reaktion der Anordnung leicht überprüfen. Durch diesen einfachen Aufbau wird der Versuch zur Ausmessung eines Spektrums (siehe Lernziel 4) vorbereitet.

Mit dem folgenden Versuch kann, z.B. in einer Übungsstunde, das Prinzip des *Lichtgriffels* erarbeitet werden.

Ein klein-dimensionierter Photosensor (Widerstand oder Transistor) wird an einer beliebigen Stelle auf den dunklen Bildschirm gerichtet. Der Sensor erfaßt fortlaufend die Helligkeit, während der helle quadratische Cursor Zeile für Zeile, vom Programm gesteuert, über den Bildschirm wandert. Sobald der Sensor einen deutlichen Helligkeitsanstieg registriert, soll der Cursor stehen bleiben und die Zeile und Spalte der Cursorposition ausgegeben werden. Per Programm wurde damit die Position des "Lichtgriffels" bestimmt.

1.3 Ausblick

Zum Abschluß der Interfaceerkundung könnte ein vorhandenes Speicheroszilloskopprogramm zum Einsatz kommen. Versuche, z.B. zur Induktion bzw. zur

Spracherfassung, zeigen den Schülern weitere Einsatzmöglichkeiten des Meßsystems.

2 Prinzipieller Aufbau einer Meßeinrichtung

Ein Blockdiagramm der Meßeinrichtung veranschaulicht den Schülern die gesamte Meßanordnung, läßt den Signalweg längs dieser Meßwertverarbeitung
verfolgen und hilft zusätzlich, Fehlerquellen und Meßunsicherheit zu erkennen. Im allgemeinen wird man versuchen, die Blockeinheiten anhand des
Physikinterfaces der Schule zu erarbeiten.

Signalweg eines Analogsignals in einem einfachen Interface:

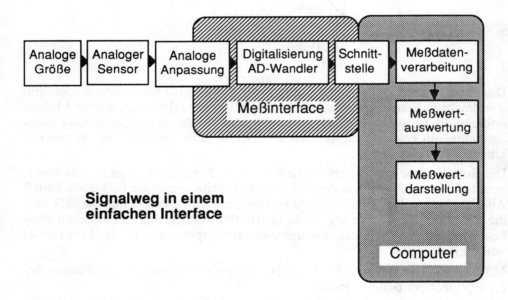

Die zu messende analoge physikalische Meßgröße wird von einem Sensor auf-
genommen. Er wandelt diese Größe, bzw. deren Änderung unter Einsatz eines
physikalischen Prinzips (Meßprinzip) in eine leichter verarbeitbare Größe um.
Am günstigsten sind Sensoren, die Spannungen als Ausgangswerte liefern. In
Abhängigkeit von diesen Spannungspegeln am Ausgang des Meßfühlers ist eine
Signalanpassung an den Umsetzbereich des AD-Wandlers erforderlich. Der
dabei eingesetzte Verstärker kann auch zur galvanischen Trennung zwischen
Eingang und Ausgang verwendet werden. Die Digitalisierung ist ein wichtiges
Element der ganzen Meßkette, da dadurch erst eine Weiterverarbeitung im
Computer ermöglicht wird. Für die Umsetzung von analog nach digital
werden viele unterschiedliche Verfahren eingesetzt. Die wesentlichen sind:

A/D-Umsetzung durch Wägeverfahren, A/D-Umsetzung mit schrittweiser Annäherung, A/D-Umsetzung mit integrierenden Verfahren und Spannungs-Frequenz-Umsetzung (siehe Projekt IIIe). Die digitalisierten Werte werden in einem Register gespeichert und bei Bedarf vom Computer ausgelesen. Dabei liegen die Werte als Bit-Werte, bei einem 8-Bit-Wandler im Zahlenbereich 0...255, vor. In einem Programm wird daraus, durch Umrechnung aufgrund des bekannten Meßbereichs und der Eigenschaften der Meßanordnung, der eigentliche Meßwert gebildet. Die diversen Darstellungsmöglichkeiten von der Tabelle bis zu den verschiedensten graphischen Formen wird man mit Hilfe von vorhandenen Anwenderprogrammen zum Interface besprechen. Ein Vergleich mit den klassischen Darstellungsmöglichkeiten physikalischer Meßwerte mittels x-y-Schreiber und Oszilloskop liegt nahe.

Zu einer gegebenen Meßgröße können mehrere Meßprinzipien und adäquate Meßmethoden diskutiert werden. Besonderer Wert soll dabei im Unterricht auf das physikalische Prinzip des Sensors gelegt werden.

3 Elemente einer Meßeinrichtung

Die einzelnen Funktionsblöcke der Meßeinrichtung werden im folgenden kurz besprochen. Ein genaueres Eingehen auf die Komponenten ist im Projekt IIIe vorgesehen.

3.1 Sensor

Sensoren sind Meßfühler, die in der Lage sind, eine physikalische Meßgröße in eine günstig erfaßbare Größe, meist ein elektrisches Signal, umzusetzen. Das der Umwandlung zugrundeliegende physikalische Phänomen wird als Sensoreffekt oder Meßprinzip bezeichnet. Für eine Meßgröße können je nach Bedarf unterschiedliche, bewährte Meßprinzipien zum Einsatz kommen.

Meßgröße	Meßprinzip
Kraft/Druck/Dehnung	Widerstandsänderung,
	Kontaktwiderstand,
	Piezoeffekt,
	Änderung der Permeabilität,
	Änderung der Kapazität,
	Preßduktor

Weg/Winkel	Lichtschranke, Interferenz und Reflexion, Induktion
Beschleunigung	Induktion, Wirbelstrom
Temperatur	Temperaturabhängigkeit des Widerstands von Thermistoren (NTC, PTC) Kontaktspannung eines Thermoelements, Strahlungsthermometer, Volumenänderung
Licht	Fotostrom eines Fotoelements, Widerstand eines Fotowiderstands
Elektrostatisches Feld	Polarisation, Influenz
Magnetfeld	Induktion, Halleffekt
Feuchte	Kapazität
Durchflußmenge	Induktion

Zwei Beispiele für Sensoren:

Beim *induktiven Mikrometer* wird die Längenänderung mit einem Taststift aufgenommen. Dieser steckt als Tauchkern in einem Transformator, der mit Wechselspannung von einigen kHz gespeist wird. Die Empfindlichkeit liegt zwischen 3 bis 100 µm.

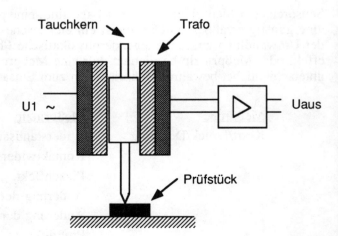

Beim Preßduktor nutzt man zur Erzeugung einer Spannung die Verzerrung des magnetischen Flusses in einem Blechpaket aus, auf das eine Druckkraft wirkt. Diese Spannung nimmt fast linear mit der Druckkraft auf das Blechpaket zu.

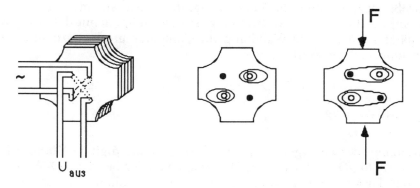

Eine Einteilung der Sensoren ist nicht nur nach dem Sensoreffekt sinnvoll, sondern auch nach anderen Kriterien. Man unterscheidet etwa aktive und passive Sensoren. Bei den aktiven Meßumformern (z.B. bei Fotozellen) wird die gesamte am Ausgang zur Verfügung stehende Energie aus der physikalischen Meßgröße gewonnen. Bei den passiven Sensoren dagegen (z.B. bei Fotowiderständen) regelt das physikalische Eingangssignal (hier die Beleuchtungsstärke) die Stromstärke in einem Stromkreis mit externer Stromquelle.

Diverse Eigenschaften der Sensoren ermöglichen weitere Einteilungen und bestimmen wesentlich die Auswahl. Einige Gesichtspunkte seien hier aufgeführt und am Beispiel Thermoelement dargestellt:

allgemein	*Thermoelement*
erfaßte physikalische Eingangsgröße	Temperaturdifferenzen
Form und Art des Ausgangssignals	Spannung
Meßprinzip	Thermospannung
Meßbereich	großer Temperaturbereich (-270°C bis 1800°C)
Linearität	in kleinen Bereichen gut
Genauigkeit	gering
Nullpunktabgleich	durch Vergleichsspannung
Meßempfindlichkeit	gering
Anbringbarkeit an der Meßstelle	bedingt durch Bauart
Anschaffungskosten	niedrig
Haltbarkeit	lang

Zwischen der ursprünglichen Meßgröße und der vom Sensor gelieferten Größe muß nicht immer ein linearer Zusammenhang bestehen. Im allgemeinen wird das Meßsignal zuerst analog-analog gewandelt, um es damit an das Eingangsspannungsintervall des AD-Wandlers anzupassen. Ein komplettes Sensorbauelement enthält daher zusätzlich eine Einheit zur Aufbereitung der elektrischen Größe, dazu gehören die Verstärkung, die Linearisierung und die Temperaturkompensation. Diese Aufbereitung ist notwendig, damit das Ausgangssignal später nach der AD-Wandlung im Computer in einen zuverlässigen Meßwert umgerechnet werden kann.

3.2 Digitalisierung

Die Umsetzung der analogen Werte in entsprechende digitale Werte erfolgt mit einem Analog/Digital-Wandler. Das Phänomen der bei der AD-Wandlung auftretenden Diskretisierung wurde schon bei den einführenden Versuchen in Kap. 1.1 dieses Abschnitts untersucht. Auf das Prinzip der AD-Wandlung kann im Fundamentum nur kurz eingegangen werden; eine Vertiefung ist in Projekt IIIe möglich.

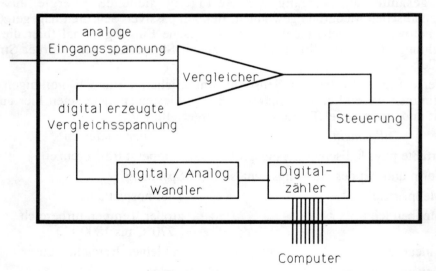

Einen erster Einstieg für das Verständnis einer Wandlung kann das Verfahren der schrittweisen Annäherung darstellen. Ein Zähler erzeugt unter Verwendung eines D/A-Wandlers stufenweise Spannungen von 0V bis zum Höchstwert (z.B. 0V bis 5V in Stufen von 0,02V). Diese digital erzeugten Spannungen werden mit der angelegten analogen Eingangsspannung verglichen. Wird die Eingangsspannung überschritten, so wird der Zähler gestoppt und sein Bitwert ausgegeben. Ein A/D-Wandler nach diesem Rampenverfahren hat den

Nachteil, daß die Wandlung von hohen Spannungswerten viele Wandelschritte benötigt (bei einem 8-Bit Wandler bis zu 255).

Wesentlich schneller erfolgt die Wandlung nach dem Wägeprinzip. Statt alle Werte stufenweise durchzuprobieren, bereitet man einige "Spezialwerte" entsprechend der dualen Stufung vor und verwendet sie als eine Art Wägesatz. Bei einem 8-Bit-Wandler hätte man die "Wägestücke" 128-, 64-, 32-, 16-, 8-, 4-, 2- und 1-Einheit(en) zur Verfügung. An einem Beispiel zur Bestimmung einer unbekannten Masse (im Beispiel wird m=45,6g gewählt) wird das Verfahren dargestellt. Man beginnt mit dem größten Wägestück (z.B. 128-Einheiten gleich 128g) und prüft, ob die rechte Seite "schwerer" wird als die linke. Trifft dies zu, so wird das Wägestück wieder entfernt, ansonsten bleibt es auf der Waagschale. In der gleichen Weise verfährt man mit den weiteren, jeweils kleineren Wägestücken, bis man das kleinste (1-Einheit) bearbeitet hat.

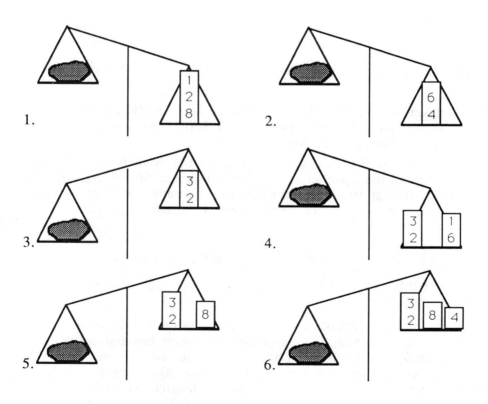

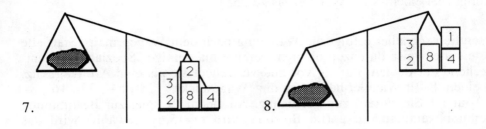

7.   8.

Nach 8 Wägeschritten ergibt sich :

$0 \cdot 128g + 0 \cdot 64g + 1 \cdot 32g + 0 \cdot 16g + 1 \cdot 8g + 1 \cdot 4g + 0 \cdot 2g + 1 \cdot 1g =$
$32g + 8g + 4g + 1g = 45g$

bzw. in "dualer Schreibweise" :

0 0 1 0 1 1 0 1

Folglich gilt :   45g < m < 46g

Die Genauigkeit der Werte ist durch die kleinste Stufe (in diesem Beispiel 1g) gegeben. Werte unterhalb dieses Bereiches (z.B. 0,5g) können ebensowenig gemessen werden wie zu große Werte (z.B. 270g).

In einem realen A/D-Wandler nach dem Wägeprinzip werden durch eine geeignete Schaltung die Spannungen in den benötigten Stufen erzeugt. Die "Wägeeinheit" beträgt dabei 1/255 der Höchstmeßspannung. Beträgt der Spannungsbereich des Wandlers ±10V, so ergeben sich als Spannungsstufen:

$$\frac{128}{255} \cdot 20V; \quad \frac{64}{255} \cdot 20V; \quad \frac{32}{255} \cdot 20V \quad ; \ldots\ldots; \quad \frac{1}{255} \cdot 20V =$$
$$10,039V; \qquad 5,019V; \qquad 2,509V \qquad ;\ldots\ldots; \qquad 0,078V$$

Nach genau 8 Vergleichen ist der 8-Bit Wandler fertig, und das duale Ergebnis kann ausgelesen werden. Für diesen Umsetzvorgang benötigt der Wandler eine bestimmte Zeit (z.B ≈ 10μs). Dadurch ergibt sich eine gewisse Totzeit, in der keine weiteren Wandlungen möglich sind. Die Abtastung der analogen Spannung kann also nur mit einer maximalen Abtastfrequenz (z.B. 100 kHz) erfolgen, die produkt- und verfahrensabhängig ist. Durch geeignete Schaltungen ("Sample and Hold") wird erreicht, daß der Spannungspegel am Eingang des Wandlers während der Wandelzeit stabil bleibt.

Digitalisierung einer analogen Spannungsschwankung

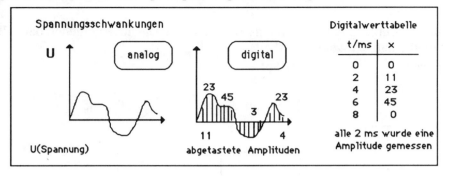

Schnell veränderbare Spannungen können daher nur bis zu einer bestimmten Frequenz ausreichend genau digitalisiert werden.

3.3 Meßdatenverarbeitung

Das Meßprogramm bestimmt durch eine Umrechnungsvorschrift aus dem vom Interface gelieferten Bitwert den Meßwert in der gewählten Einheit.

Die folgende Abbildung zeigt den Übergang von der Meßgröße zum Meßwert.

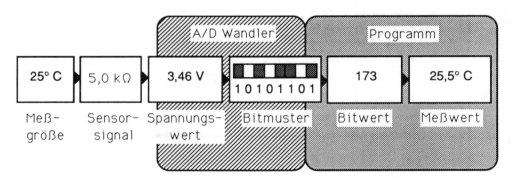

Bei nichtlinearisierten Sensoren müssen die Digitalwerte über eine kalibrierende Funktion auf die Meßwerte umgerechnet werden. Beim Tausch der Sensoren wird daher auch eine andere Kalibrier- bzw. Eichfunktion notwendig (siehe Projekt IIIe).

3.4 Meßwertauswertung

Je nach Zielsetzung der Anwendung wird man die Daten verschieden darstellen oder mathematisch weiterverarbeiten.

Beispiele :

Meßsäule   Digitalanzeige   Tabelle

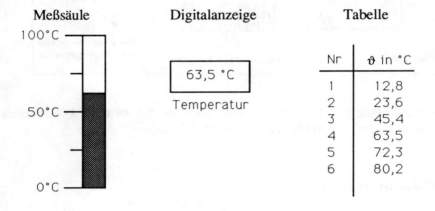

Zeit-Meßwert-Diagramm

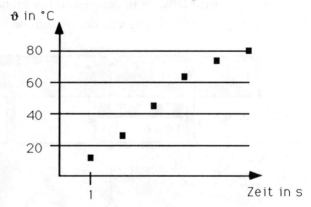

4 Beispiele

4.1 Dehnungsmeßstreifen

Meßprinzip:
Dünner Konstantandraht
oder Halbleiter mäander-
artig auf einem Träger
aufgeklebt; Dehnung oder
Stauchung ändert Länge
des Meßdrahtes.

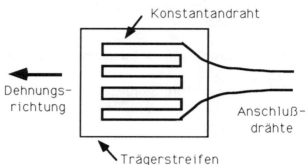

Meßkette:
Kraft F → Länge l → Widerstand R → Spannung U → Bitwert → Meßwert
    Hooke   Dehnungs-   Widerstands-   A/D-   Programm
              meßstreifen   brücke   Wandler

Im praktischen Einsatz
werden häufig zwei
Dehnungsmeßstreifen
eingesetzt und deren
Widerstandsänderungen
in einer Brückenschal-
tung gegeneinander ge-
messen.

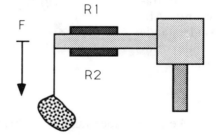

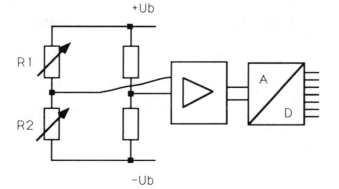

Widerstandsbrücke   Verstärker   A/D-Wandler

In jedem Glied der Meßkette können Fehler auftreten :

- Dehnungsmeßstreifen
  mechanische Unregelmäßigkeiten; nichtlineares Kraftgesetz; Hysterese;
  Temperatureinflüsse
- Widerstandsbrücke
  Ohmsche Erwärmung; Schwankung der Versorgungsspannung
- Verstärker
  Nichtlinearität; Drift; Störungen
- A/D-Wandler
  Digitalisierung

4.2 Fotowiderstand - LDR

Meßprinzip:
Dünne Halbleiterschicht
aus Cadmium- bzw.
Bleisulfid mäanderartig
auf einem Keramikträger aufgebracht; Abnahme des Widerstands
mit zunehmender Beleuchtungsstärke.

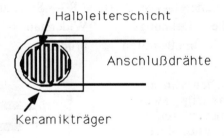

Meßkette:

Beleuchtungsstärke E → Widerstand R → Spannung U → Bitwert → Meßwert

                  Photo-   Widerstands-   A/D-   Programm
                  leitfähigkeit   brücke   Wandler

Im praktischen Ein-
satz wird die Wider-
standsänderung in
einer Brückenschal-
tung gemessen.

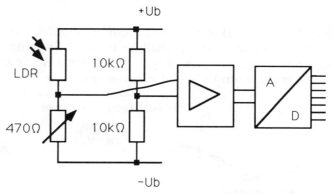

Widerstandsbrücke   Verstärker A/DWandler

In jedem Glied der Meßkette können Fehler auftreten :

- Fotowiderstand
  Temperatureinflüsse; starke spektrale Empfindlichkeit
- Widerstandsbrücke
  Ohmsche Erwärmung; Schwankung der Versorgungsspannung
- Verstärker
  Nichtlinearität; Drift; Störungen
- A/D-Wandler
  Digitalisierung

5 Literatur

Zander, H. : Datenwandler, Vogel-Buchverlag, Würzburg 1985

Scheffel, D.: Automatische Steuerungen, VEB Verlag Technik, Berlin 1987

Profos, P.: Messfehler, Teubner Studienbücher, Stuttgart 1984

Krahmer, Kühlewind : Messen mit CAP-CS-2 C64 Meßbasic, Nr.534 051,
        Leybold Didactic, Köln 1987

6 Messen innerhalb der Prozeßdatenverarbeitung

Die Meßdatenerfassung mit dem Computer ist ein Teil der Prozeßdatenverarbeitung, die innerhalb technischer Systeme einen großen Stellenwert
hat. Durch Steuerung und Regelung werden z.B. die automatischen Abläufe in
einer Fabrik kontrolliert und in Gang gehalten.

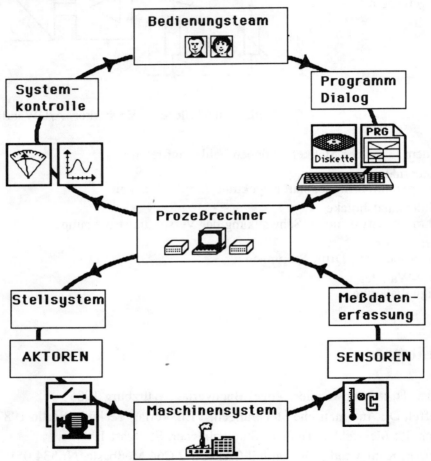

Ein automatisiertes System wird letztlich vom Menschen geregelt, wobei das
Computersystem teilweise nach Programmdaten, teilweise nach Meßdaten
einen Teil der Regelung selbst übernimmt. Sensoren erfassen laufend den
Zustand des Systems. Zusammen mit direkten manuellen Eingriffen durch den
Menschen verarbeitet ein Prozeßrechner diese Zustandsdaten, macht sie an
Kontrolltafeln sichtbar und greift über Aktoren direkt regelnd auf den Prozeß
zurück. Dabei arbeitet der Rechner nach einem von Spezialisten erstellten
Programm, das genau auf diesen Prozeß zugeschnitten ist.

Lernziel I.3 Anhang

1. Einfaches Spannungsmeßprogramm

Beispielprogramm mit LH-MESSBASIC und CAP-CS-2:

```
10    channel b(0),0
20    iread x
30    print x;"      ";      : rem anzeige bitwert
40    let t=128
50    if x and t = 0  then print "0" : goto 60
55    print "1"
60    if t>0 then t=t/2 : goto 50
```

Beispielprogramm mit Pascal:

```
program MESS_U;
{ $I  SCHNITT.POS }
{    $I  SCHNITT.MSI }
{    $I  SCHNITT.LH }

var    U   : real;
       Bit : integer;
       t   : integer;
begin
InitInterface;
ADEinstellung( 1 , unipolar , 10 );
repeat
    U := ADSpannung(1);
    Bit := round ( U / ADStep(1) );
    write ( U : 5 : 2 , '   ' , Bit : 4 , '   ' );
    t := 128;
    repeat
        if ( Bit and t ) = 0 then write( '0' ) else write( '1' );
        t := t div 2;
    until  t = 0 ;
    writeln;
until keypressed;
end.
```

2. Lichtgriffel - Übungsprogramm

Programm für das CAP-CS-2 und C64 mit LH-MESSBASIC :

```
10 REM  LICHTGRIFFEL
20 GOTO 1000 : REM HAUPTPROGRAMM
30:
100 REM  INITIALISIEREN
110 CHANNEL B(0),1
120 NORMAL : ADISP 7,7
130 PRINT CHR$(147) : REM CLS
140 RETURN
150:
200 REM MESSEN
210 IREAD U
220 RETURN
230:
300 REM CURSORBEWEGUNG
310 FOR Z=0 TO 24
320:    FOR S=0 TO 39
330:    LOCATE S, Z, CHR$(113)
340:    GOSUB 200 : REM MESSEN
350:    IF U < 10 THEN GOTO 390
360:    LOCATE S, Z, CHR$(32)
370:    NEXT S
380 NEXT Z
390 RETURN
400:
500 REM POSITIONSANGABE
510 LOCATE 0,0
520 PRINT "Z="Z", S="S
530 RETURN
540:
1000 REM HAUPTPROGRAMM
1010 GOSUB 100 : REM INITIALISIEREN
1020 GOSUB 300 : REM CURSORBEWEGUNG
1030 GOSUB 500 : REM POSITIONSANGABE
1040 END
```

Struktur des Atoms
Diskrete Energiestufen im Atom

Im Abschnitt I.4 des Lehrplans werden Experimente zur diskreten Energieverteilung im Inneren der atomaren Bausteine der Materie durchgeführt und ausgewertet. Es beginnt mit einem Experiment zur Untersuchung der Verteilung
der Wellenlängen bei der Emission von Strahlungsenergie, also der meßtechni-
schen Erfassung eines Linienspektrums. Die quantitative Auswertung solcher
Emissionsspektren geschieht anhand der exakt vermessenen Linien der
Balmerserie.

Durch die Untersuchung der entsprechenden Frage bei der Absorption von
Energie durch Atome wird die Erkenntnis von der Diskontinuität bei der
Wechselwirkung von Materie und Energie im atomaren Bereich erhärtet.

In jedem Fall soll deutlich gemacht werden, daß statt der erwarteten kontinuierlichen Energieverteilung deutlich Maxima und Minima erkennbar werden.
Diese qualitative Aussage wird dann durch die quantitative Analyse exakter
Messungen präzisiert und führt so zu den bekannten Gesetzmäßigkeiten wie
Serienformel und Energieniveauschema. Die Informatik wird in diesem Abschnitt hauptsächlich bei zwei Bereichen zur Anwendung kommen. Zum einen
in der Durchführung von physikalischen Messungen mit dem Computer und
zum anderen in der Auswertung von Meßergebnissen mit Hilfe geeigneter
Software.

1 Aufnahme eines Linienspektrums

Bei der Beobachtung einer Gasentladungslampe (z.B. Hg-Dampflampe) mit
einem Taschenspektroskop beobachtet man statt einer kontinuierlichen Farb-
verteilung (wie beim Glühlicht) einzelne Linien. Das kann als Motivation zur
näheren Untersuchung dieses Phänomes dienen.

Eine Diskussion wird folgende Fragen klären müssen:

- Wie funktioniert ein Taschenspektroskop ?
- Was bedeutet das Auftreten von einzelnen Linien ?
- Wie müßte eine Apparatur aussehen, mit der man quantitative Unter-
  suchungen durchführen kann ?
- Welche physikalischen Größen müssen dabei gemessen werden ?

Will man bei den Messungen und ihrer Darstellung den Computer verwenden, muß man klarstellen :

- Wie muß die einschlägige physikalische Größe umgewandelt werden und welche Sensoren können verwendet werden ?
- Welche Kalibrierungen sind nötig ?
- Wie sollen die Meßergebnisse dargestellt werden ?
- Wie sieht das Programm aus, das weitgehend automatisch eine solche Meßreihe ermöglicht ?

Die Antworten gerade auf die letzten vier Fragen hängen stark von den vorhandenen Geräten an jeder Schule ab. Die nachfolgenden Ausführungen können deshalb nur beispielhaft verstanden werden. Trotzdem soll versucht werden, mit Hilfe der an der Zentralstelle für Computer im Unterricht entwickelten Normierung für die physikalische Meßwerterfassung eine weitgehend verständliche und übertragbare Lösung anzugeben.

1.1 Experimentieranordnung

Zunächst legt man die Experimentieranordnung fest.

Beispiel : Das Licht einer Gasentladungslampe (Phywe Experimetalleuchte 3 mit Quecksilberhöchstdrucklampe CS 150 W und Kondensorlinse f=100 mm) fällt auf einen 5 cm entfernten Spalt. Mit einer Abbildungslinse von 150 mm Brennweite wird der Spalt auf einen Lichtsensor abgebildet. Ein dazwischen gestelltes hochauflösendes Gitter (Rowland Gitter mit 590 Striche/mm, Gitterkonstante b = $1{,}7 \cdot 10^{-6}$ m) erzeugt das Spektrum. Der Abstand zwischen Gitter und Lichtsensor auf der optischen Achse beträgt d = 0,25 m.

Die Lichtintensität I soll in Abhängigkeit vom Ablenkwinkel α gemessen werden (siehe Skizze).

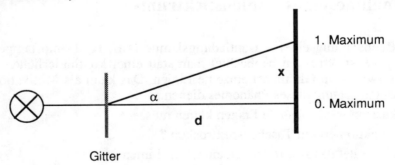

Aus dem Winkel α und der Gitterkonstanten b berechnet man die Wellenlänge L für das Maximum 1. Ordnung: $L = b \cdot \sin(\alpha)$

1.2 Sensoren

Als Sensoren für die *Lichtintensität* verwendet man Photowiderstände, Photodioden oder Phototransistoren.

a) Photowiderstand

Wenn das zu Verfügung stehende Meßinterface eine direkte Messung von Widerständen erlaubt, kann man einen lichtempfindlichen Widerstand verwenden.

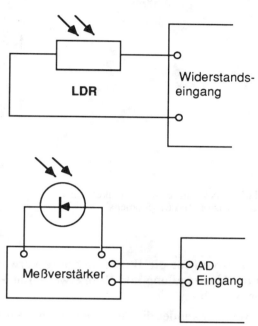

b) Photodiode

Die Photodiode kann bei Beleuchtung als aktive Stromquelle angesehen werden. Man schließt die Diode an einen Meßverstärker (Stromstärkeeingang) an, dessen Ausgang direkt an den Spannungseingang des Interfaces gelegt wird.

c) Phototransistor

Unter Verwendung einer externen Spannungsquelle kann man die durch das Licht verursachte Stromstärkeänderung in eine Spannungsänderung umwandeln, und diese mit dem AD-Wandler des Interfaces erfassen. Um eine gute Auflösung zu bekommen, wird man die Schaltung so dimensionieren, daß die maximale Änderung der Intensität den Bereich des AD-Wandlers (meist 0 - 10 Volt) optimal ausnutzt.

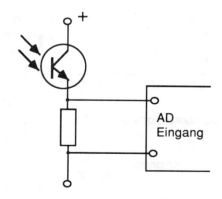

Für alle drei Sensortypen gilt, daß
der Zusammenhang zwischen
Lichtintensität und Photostrom
bzw. Photowiderstand stark von
der Wellenlänge abhängt.

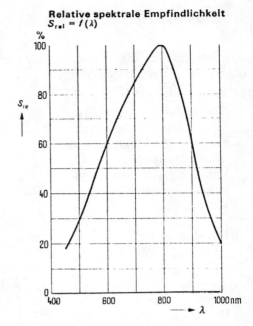

Relative spektrale Empfindlichkeit
$S_{rel} = f(\lambda)$

(Relative spektrale Empfindlichkeit für den
Phototransistor BPY61 (Siemens))

Als Sensoren für die *Winkelmessung* verwendet man ebenfalls Widerstände.
Für die Umwandlung von Winkelwerten in Widerstandswerten gibt es verschiedene Verfahren.

a) Man verwendet die Achse eines linearen Drehpotentiometers als Drehachse
für einen längeren Hebelarm, an dessen Ende der Sensor für die
Lichtintensität sitzt. Das Gitter befindet sich direkt über der Drehachse
(siehe Skizze).

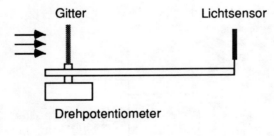

Gitter   Lichtsensor

Drehpotentiometer

Seitenansicht

Drehwinkel und Widerstand
stehen zueinander in linearer
Beziehung.

Für $\alpha = 0°$ ist $R = R0$

$\alpha = 90°$ ist $R = R90$

daraus folgt:

$$\alpha = 90° \cdot \frac{R - R0}{R90 - R0}$$

b) Man bewegt den Lichtsensor linear und berechnet den Winkel α aus der linearen Größe x und einem festen Abstand d (siehe Skizze).

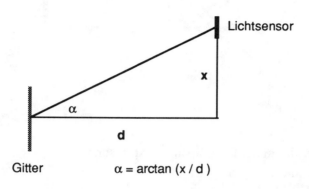

Gitter $\alpha = \text{arctan} (x / d)$

Draufsicht

Zur Bestimmung der Strecke x braucht man einen "Wegsensor". Da in der Physik häufig *Wegstrecken* eine Rolle spielen, wurden hierfür die unterschiedlichsten Meßmethoden entwickelt. Einige davon sollen ohne Anspruch auf Vollständigkeit angedeutet werden. Es empfiehlt sich, wenn möglich, mehrere Schülervorschläge durchzudiskutieren. Bei der Realisierung wird man sich natürlich an den Gegebenheiten der Sammlung und den eigenen bastlerischen Fähigkeiten orientieren müssen. Andererseits soll die Vielfalt der Möglichkeiten auch zur selbständigen Entwicklung neuer Verfahren anregen.

a) Abstandsmessung mit dem Meterstab.

Falls das Interface nur einen Meßkanal hat, der dann für die Intensitätsmessung gebraucht wird, muß man die Abstandsmessung mit dem Auge vornehmen und die Werte über die Tastatur eingeben.

b) Abstandsbestimmung durch Widerstandsmessung.

- Es wird ein linearer Schiebewiderstand verwendet, auf dessen Abgriff der Lichtsensor direkt befestigt ist.

- Auf die Achse eines linearen Wendelpotentiometers (10-Gang-Potentiometer) wird eine Rolle mit Schnurrille befestigt. Mit einem dünnen Faden wird die lineare Bewegung über die Rolle in eine Widerstandsänderung umgewandelt (siehe Skizze).

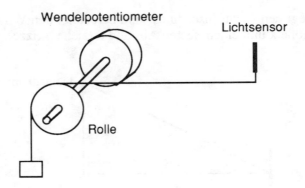

c) Abstandsbestimmung durch Spannungsmessung.

In einem Gefäß, das mit einem Elektrolyten gefüllt ist, befinden sich am Boden und am oberen Rand Elektroden, die mit einer Spannungsquelle (z.B. 10 Volt) verbunden sind. Eine Sonde (isolierter Draht mit blanker Spitze) wird unterschiedlich tief eingetaucht. Mit der Eintauchtiefe ändert sich proportional die Spannung zwischen Sonde und einer Elektrode.

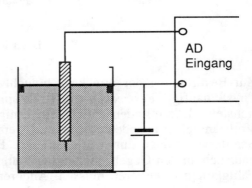

d) Abstandsbestimmung durch Zählen von Markierungen.

Beim Bewegungsmeßwandler der Firma Leybold wird die lineare Bewegung mit einem dünnen Faden auf eine kleine Lochscheibe übertragen. Mit Hilfe von Lichtschranken wird die Zahl der vorbeilaufenden Löcher gezählt. Dieses Prinzip läßt sich auch direkt, ähnlich wie beim Markierungsleser für Preisetiketten, mit einer Reflexionslichtschranke und einem Strichstreifen realisieren.

(Anmerkung: Die Richtung der Bewegung kann man mit einer zweiten Lichtschranke ermitteln, die ein klein wenig gegenüber dem Rasterabstand verschoben justiert ist.)

e) Abstandsbestimmung mit Ultraschall.

Unter Verwendung des Sensors einer Autofocus-Kamera läßt sich relativ einfach der Abstand eines reflektierenden Gegenstands bestimmen (z.B. System PAKMA, Prof. Heuer, Universität Würzburg).

f) Abstandsbestimmung mit der Fernsehkamera.

Der Ort (x,y) eines hellen Punktes auf dem Bildschirm wird elektronisch gemessen. Dieses Prinzip verwendet das System ORVICO (entwickelt am Lehrstuhl für Didaktik der Physik an der Universität München, erhältlich bei der Firma ISK, Kaufering) oder ein ähnliches System der Firma PHYWE. Mit diesem Verfahren kann man sehr gut eine zweidimensionale Bewegung registrieren.

Beispiel :

Lichtsensor: Die Photodiode aus dem Schülerübungskasten der Firma Leybold wird an den Neva-Meßverstärker (Einstellung 10^{-8} A/Volt) angeschlossen. Der Ausgang des Meßverstärkers kommt direkt an den ersten Spannungseingang des Physikinterfaces POS. Parallel dazu kann man noch ein Voltmeter (Meßbereich 10 Volt) schalten.

Wegmessung: Der Lichtsensor wird linear verschoben und die Wegstrecke mit einem linearen Wendelpotentiometer gemessen, das an den zweiten Widerstandseingang des POS angeschlossen ist.

1.3 Kalibrierung

Für die Lichtintensität ist eine Kalibrierung nicht sinnvoll, da es bei diesem Versuch nur auf die Lage der relativen Extrema ankommt, und außerdem die Berücksichtigung der spektralen Empfindlichkeit des Sensors zu aufwendig wäre. Bei der Abstandsmessung dagegen ist eine genaue Kalibrierung nötig.

Beispiel:

In der Mitte der Anordung (optische Achse) bei x=0 ist der Widerstand des Wendelpotentiometers gleich R1, nach einer Verschiebung um a (z.B. 0,1 m) ist der Widerstand des Potentiometers gleich R2. Im übrigen ist der Zusammenhang zwischen x und R linear, d.h. $x = a \cdot \dfrac{R - R1}{R2 - R1}$

Damit errechnet sich die Wellenlänge L aus dem aktuellen Widerstand R des Wendelpotentiometers folgendermaßen:

$$L = b \cdot \sin\left(\arctan\left(\frac{a \cdot (R - R1)}{d \cdot (R2 - R1)} \right) \right)$$

b   Gitterkonstante

d   Abstand des Sensors vom Gitter auf der optischen Achse

a   Grundstrecke der Längenkalibrierung

R1   Widerstand des Wendelpotentiometers, wenn Lichtsensor auf der optischen Achse

R2   Widerstand des Wendelpotentiometers, nach Verschiebung um die Strecke a

1.4 Darstellung der Meßergebnisse

Der Bildschirm des Computers erlaubt ohne weiteres eine graphische Darstellung der Meßergebnisse. Bei Anschluß eines Fernsehgerätes oder eines Displays für den Tageslichtschreiber kann der Meßvorgang für alle gut sichtbar gezeigt werden, vor allem dann, wenn nach jeder einzelnen Messung sofort ein Punkt in die Graphik eingezeichnet wird.

Als vertikale Achse wählt man die Lichtintensität. Zur Absteckung des Bereiches stellt man fest, welche Spannung an der dunkelsten Stelle (Udunkel) bzw. an der hellsten Stelle (Uhell) im Spektrum vorliegt. Als horizontale Achse nimmt man die Wellenlänge L, wobei durch einen Vorversuch die beiden Ränder Lblau und Lrot des Darstellungsbereiches festgelegt werden.

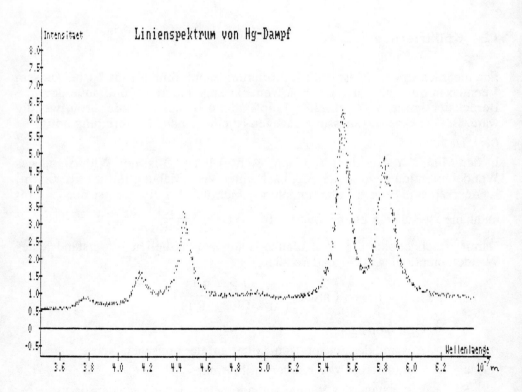

1.5 Meßprogramm

Die folgende strukturierte Darstellung legt das Meßprogramm ohne Verwendung einer speziellen Programmiersprache fest.

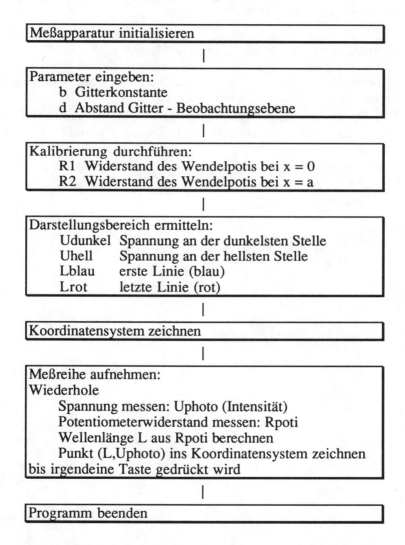

Die Erarbeitung der Programmstruktur sollte im Unterricht erfolgen. Ebenso wird man das Hauptprogramm gemeinsam anfertigen. Die einzelnen aus der Struktur erkennbaren Programmteile können von Schülergruppen erstellt oder vom Lehrer vorgegeben werden.

Die Durchführung des Experimentes und die automatische Aufnahme der Meßreihe hat dann drei Ziele:

- Gewinn einer physikalischen Erkenntnis
- Verständnis für den Ablauf einer computerunterstützten Messung
- Freude über die gelungene Problemlösung

Im Anhang findet man eine Realisierung des Meßprogramms in Turbo Pascal 3.0 für IBM-kompatible Rechner unter Verwendung der an der Zentralstelle für Computer im Unterricht entwickelten und von dort kostenlos beziehbaren Grundsoftware für physikalische Schnittstellen.

Danach ist noch eine zweites Programm in der Programmiersprache Basic für den C-64 Computer unter Verwendung der Basicerweiterung LH-Meßbasic angegeben.

Außerdem gibt es eine Lösung ohne Programmierung mit Hilfe fertiger Software (UNILAB).[1]

---

[1]   Universelles Meßprogramm. Für bayerische Schulen kostenlos von der Zentralstelle für Computer im Unterricht erhältlich.

2 Die Balmerserie

Bei diesem Lerninhalt soll die Serienformel von Balmer für das Wasserstoff-spektrum mit Hilfe geeigneter Software ermittelt werden. Dafür eignet sich im Prinzip jede Tabellenkalkulation. Es kommt darauf an, die Schüler mit dem elektronischen Rechenblatt als vielseitigem Werkzeug für Problemlösungen im numerischen Bereich bekannt zu machen.

Im folgenden wird die unter dem Betriebssystem MS-DOS laufende Tabel-lenkalkulation VIVITAB verwendet, die von der Zentralstelle für Computer im Unterricht in Augsburg den Schulen zusammen mit einem Handbuch kostenlos zur Verfügung gestellt wird. Diese Tabellenkalkulation hat zwar nicht die volle Anwendungsbreite wie kommerzielle Tabellenkalkulationen (MULTIPLAN, LOTUS 1-2-3, FRAMEWORK, ENABLE, EXCEL, usw.), ist aber für die Behandlung von Wertetabellen besser geeignet und besticht vor allem durch die rasche Verfügbarkeit aller rechnerischen und graphischen Möglichkeiten.

Einige historische Anmerkungen dieses Kapitels basieren auf Originalarbeiten von J.J. Balmer aus den Jahren 1885 und 1897. Sie sollen den Schülern ver-deutlichen, zu welchen Überlegungen die geheimnisvolle Regelmäßigkeit der Spektrallinien damals die Physiker angeregt haben.

Die Herleitung der Serienformel des Wasserstoffspektrums bietet beispielhaft die Möglichkeit, ausgehend von Meßwerten durch logisches Schließen ein komplexes Naturgesetz abzuleiten.

Grundlage der Auswertung sind die Wellenlängen der Wasserstofflinien, von denen allerdings im Unterricht auch im günstigsten Fall nur einige wenige im sichtbaren und angrenzenden UV-Bereich meßtechnisch erfaßbar sind. (J.J. Balmer waren 1885 nur die ersten vier, von Angström sehr genau vermes-senen Linien bekannt.) Heute findet man in der Literatur die Werte von 37 Einzellinien der Balmerserie, die mit hochauflösenden Interferometern äußerst exakt bestimmt werden konnten.

Da die Verwendung der Tabellenkalkulation VIVITAB sehr einfach ist, er-übrigt sich eine eigenständige Erläuterung. Die notwendigen Bedienungshin-weise und Erklärungen werden im folgenden zusammen mit der Herleitung der Serienformel gegeben. Im übrigen sei auf das ausführliche Handbuch von VIVITAB verwiesen.

In der mit VIVITAB angelegten Tabelle stehen in der Spalte n die Linien-nummern (Laufzahl) und in Spalte lg ("Länge gemessen") die Wellenlängen der ersten 15 Linien, die "von Hand" in die Tabelle eingetragen wurden. VIVITAB erlaubt jederzeit die Einblendung eines Fensters zur graphischen Darstellung zweier frei wählbarer Spalten der Tabelle. Diese Eigenschaft wird verwendet, um die Wellenlänge lg gegen die Laufzahl n graphisch darzustel-len, so daß sich unschwer erkennen läßt, daß die Folge der Wellenlängen einem Grenzwert, der sog. Grenzwellenlänge lgr zustrebt.

Die Grenzwellenlänge lgr = 364.5981 nm wird als Konstante in die Tabelle eingetragen und zusätzlich wird die Gerade lg=lgr in das Schaubild eingezeichnet (siehe Abbildung).

Name der Tabelle: Balmerl.tab

Formel: lnor = lg/lgr

n	lg	lnor	la	x
15		lg/lgr	lnor-1	1/la
1	656.27			
2	486.13			
3	434.04			
4	410.17			
5	397.00			
6	388.90			
7	383.53			
8	379.79			
9	377.06			
10	375.01			
11	373.43			
12	372.19			
13	371.19			
14	370.38			
15	369.71			

lgr = 364.5981

Bedeutung der verwendeten Variablen:

n   Laufzahl

lg   Wellenlänge gemessen   (Grenzwert lgr)

lnor Wellenlänge normiert   (Grenzwert 1)

la   Verschiebung von lnor   (Grenzwert 0)

x   Kehrwert von la   (Grenzwert unendlich)

Bedienungshinweise:
Mit dem Aufruf >VIVITAB startet man vom Betriebssystem aus das Programm. Als nächstes geht man in die Dateibearbeitung und holt sich die vorbereitete Tabelle mit dem Namen Balmer1.tab. Dann verläßt man mit "Return" diesen Menüpunkt und befindet sich bereits in der Tabellenbearbeitung. Die ersten 15 Linien der Balmerserie sind bereits in der Spalte lg eingetragen, die Tabellenkonstante lgr ist auch schon definiert. Nun drückt man die Taste g ("Graphik") und bekommt dadurch das Graphikfenster mit dem vorbereiteten Koordinatensystem. Mit der Taste p ("Punkte") zeichnet man die Wellenlängen lg als Punkte ein. Durch Drücken der Taste f ("Funktion") bekommt man die Möglichkeit, einen Funktionsterm unten rechts einzugeben. Man schreibt lg = lgr. Nun drückt man die beiden Tasten Ctrl und v ("Verbindungslinie") und erhält damit die gewünschte Parallele zur n-Achse.

Um vom speziellen physikalischen Maßsystem unabhängig zu werden, berechnet man in einer weiteren Spalte der Tabelle eine sog. normierte Wellenlänge lnor = lg/lgr.

Im Spaltenkopf steht der Variablenname lnor, in der Zelle darunter die Berechnungsformel lg/lgr. Durch Auslösen der Rechenfunktion von VIVITAB mit der Taste r ("Rechnen") erhält man sofort die gewünschten Zahlenwerte.

Für die weitere Untersuchung stehen nun zwei grundsätzlich verschiedene Wege offen, der Polynomansatz und der Bruchansatz.

2.1 Der Polynomansatz

Es soll versucht werden, lnor als Funktion der Liniennummern n darzustellen. Auf Grund des Bildungsgesetzes lg/lgr konvergiert die Folge der Zahlen lnor gegen 1. Daraus folgt, daß la = lnor-1 gegen Null konvergiert.

Für la als Funktion von n bietet sich als ein einfacher Ansatz der Quotient zweier Polynome an.

$$la = \frac{p(n)}{q(n)}$$

Da la den Grenzwert 0 hat, muß gelten:

$$\text{Grad}(q) > \text{Grad}(p)$$

Nun betrachtet man noch den Kehrwert

$$x = \frac{q(n)}{p(n)}$$

Man schreibt in die Formelzeile der Spalte la den Term lnor-1 und berechnet diese Werte (Taste r). Dann schreibt man in die Spalte x die Formel 1/la an und berechnet auch deren Werte.

Eine graphische Darstellung von x in Abhängigkeit von n zeigt, daß es sich *nicht* um eine Gerade handelt (siehe Abbildung). Somit gilt:

$$\text{Grad}(q) > \text{Grad}(p)+ 1.$$

Zunächst wird das Koordinatensystem umdefiniert. Dazu geht man mit Taste d ("Definition") in den Definitionsteil für ein neues Koordinatenfenster. Die ersten beiden Schritte (Fenstergröße und Fensterposition auf dem Bildschirm festlegen) übergeht man durch zweimaliges Drücken der Taste Return. Dann gibt man bei der Festlegung der vertikalen Achse den Variablennamen "x" ein. Die Randwerte x-min und x-max legt man mit 0 und 80 fest. Nach Abschluß mit der Taste Return kommt man wieder in die Tabellenbearbeitung und sieht sogleich das neue Koordinatenfenster. Taste p zeichnet die gewünschten Punkte ein.

n	lg	lnor	la	x
15		lg/lgr	lnor-1	1/la
1	656.27	1.8	0.8	1.25
2	486.13	1.3333	0.3333	3
3	434.04	1.1905	0.1905	5.25
4	410.17	1.125	0.125	8
5	397.00	1.0889	0.0889	11.25
6	388.90	1.0667	0.0667	15
7	383.53	1.0519	0.0519	19.25
8	379.79	1.0417	0.0417	24
9	377.06	1.0342	0.0342	29.25
10	375.01	1.0286	0.0286	35
11	373.43	1.0242	0.0242	41.25
12	372.19	1.0208	0.0208	48
13	371.19	1.0181	0.0181	55.25
14	370.38	1.0159	0.0159	63
15	369.71	1.014	0.014	71.25

lgr = 364.5981

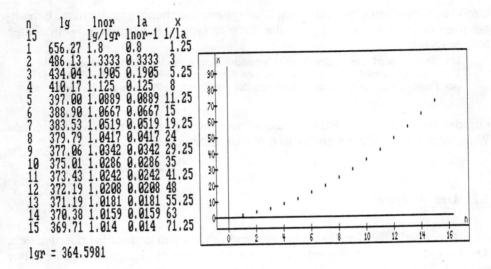

Der einfachste Fall für Nichtlinearität ist :

$$\mathrm{Grad}(p) = 0 \text{ und } \mathrm{Grad}(q) = 2$$

Man macht also für x einen Polynomansatz:

$$x = a \cdot n^2 + b \cdot n + c.$$

Dabei wird für n^2 in der Tabellenkalkulation VIVITAB die Schreibweise n^2 verwendet. Zur Berechnung der Koeffizienten a, b und c benutzt man die Theorie der Differenzengleichungen. Mit Hilfe des in VIVITAB implementierten Differenzoperators d ("Spalte") bildet man die ersten und zweiten Differenzen der Werte in der Spalte x.

In eine Spalte y wird die Formel d(x), in eine Spalte z die Formel d(y) eingetragen. Nach dem Durchrechnen (Taste r) stehen in diesen Spalten die ersten bzw. zweiten Differenzen der Spalte x (siehe Abbildung).

Formel: y = d(x)

n	lg	lnor	la	x	y	z
15		lg/lgr	lnor-1	1/la	d(x)	d(y)
1	656.27	1.8	0.8	1.25		
2	486.13	1.3333	0.3333	3	1.75	
3	434.04	1.1905	0.1905	5.25	2.25	0.5
4	410.17	1.125	0.125	8	2.75	0.5
5	397.00	1.0889	0.0889	11.25	3.25	0.5
6	388.90	1.0667	0.0667	15	3.75	0.5
7	383.53	1.0519	0.0519	19.25	4.25	0.5
8	379.79	1.0417	0.0417	24	4.75	0.5
9	377.06	1.0342	0.0342	29.25	5.25	0.5
10	375.01	1.0286	0.0286	35	5.75	0.5
11	373.43	1.0242	0.0242	41.25	6.25	0.5
12	372.19	1.0208	0.0208	48	6.75	0.5
13	371.19	1.0181	0.0181	55.25	7.25	0.5
14	370.38	1.0159	0.0159	63	7.75	0.5
15	369.71	1.014	0.014	71.25	8.25	0.5

Da die zweiten Differenzen konstant gleich 0,5 sind, war der Ansatz mit einem quadratischen Polynom richtig. Außerdem erhält man die Bedingung $2 \cdot a = 0,5$ (Zweite Ableitung des Polynoms!). Somit ist der Koeffizient des quadratischen Gliedes $a = 0,25$ bestimmt. Nun subtrahiert man von der Spalte x diesen quadratischen Anteil.

Man schreibt in die Formelzelle der Spalte x den Term $x - 0.25*n^2$ und löst mit Taste r die Rechenfunktion für die Tabelle aus (siehe Abbildung).

```
Formel:  x = x-0.25*n^2

n     lg      lnor    la      x      y     z
15            lg/lgr  lnor-1  Formel d(x)  d(y)
1    656.27  1.8     0.8     1
2    486.13  1.3333  0.3333  2      1
3    434.04  1.1905  0.1905  3      1     -0
4    410.17  1.125   0.125   4      1     -0
5    397.00  1.0889  0.0889  5      1     -0
6    388.90  1.0667  0.0667  6      1     -0
7    383.53  1.0519  0.0519  7      1      0
8    379.79  1.0417  0.0417  8      1      0
9    377.06  1.0342  0.0342  9      1     -0
10   375.01  1.0286  0.0286  10     1      0
11   373.43  1.0242  0.0242  11     1     -0
12   372.19  1.0208  0.0208  12     1      0
13   371.19  1.0181  0.0181  13     1      0
14   370.38  1.0159  0.0159  14     1     -0
15   369.71  1.014   0.014   15     1     -0

         lgr = 364.5981
```

In Spalte x stehen nun die natürlichen Zahlen, d.h.

$$x - 0,25 \cdot n^2 = n$$

oder

$$x = 0,25 \cdot n^2 + n$$

Damit ergibt sich:

$$\text{lnor} - 1 = \frac{1}{x}$$

$$\text{lnor} - 1 = \frac{1}{0,25 \cdot n^2 + n}$$

$$\frac{\text{lg}}{\text{lgr}} = 1 + \frac{4}{n^2 + 4 \cdot n}$$

$$\text{lg} = \frac{\text{lgr} \cdot (n+2)^2}{(n+2)^2 - 2^2}$$

oder

$$\frac{1}{\text{lg}} = \frac{4}{\text{lgr}} \cdot \left(\frac{1}{2^2} - \frac{1}{(n+2)^2} \right)$$

Das ist aber nicht anderes als die Balmersche Serienformel.

2.2 Der Bruchansatz

In seiner "Notiz über die Spectrallinien des Wasserstoffs" schreibt J.J. Balmer im Jahre 1885:

> *Die Wellenlängen der vier ersten Wasserstofflinien ergeben sich nun dadurch, dass die Grundzahl h = 3645,6 mm/10⁷ der Reihe nach mit den Coëfficienten 9/5; 4/3; 25/21 und 9/8 multiplicirt wird. Scheinbar bilden diese vier Coëfficienten keine gesetzmässige Reihe; sobald man aber den zweiten und den vierten durch vier erweitert, stellt sich die Gesetzmässigkeit her,...*

Diese Notiz legt einen sehr schönen zweiten Weg nahe, auf dem man die Serienformel ermitteln kann. Er ist in gewissem Sinn noch elementarer, da er auf keinerlei Kenntnisse von Polynomen oder Differenzengleichungen zurückgreift. Die von Balmer angegebene "Grundzahl des Wasserstoffs" h ist natürlich die Grenzwellenlänge lgr.

Es soll versucht werden, lnor = lg/lgr als Funktion der Liniennummern n darzustellen. Eine erste Annahme, es könnte sich wegen des Verhaltens für wachsende n um eine geometrische Folge handeln, läßt sich durch Quotientenbildung aufeinanderfolgender Werte in der Tabelle widerlegen.

Bedienungshinweis: Mit dem Aufruf >VIVITAB startet man vom Betriebssystem aus das Programm. Als nächstes geht man in die Dateibearbeitung und holt sich die vorbereitete Tabelle mit dem Namen Balmer2.tab. Dann verläßt man mit "Return" diesen Menüpunkt und befindet sich bereits in der Tabellenbearbeitung. Die ersten 15 Linien der Balmerserie sind bereits in der Spalte lg eingetragen, die Tabellenkonstante lgr ist auch schon definiert. Im Spaltenkopf der nächsten Spalte steht der Variablenname lnor, in der Zelle darunter die Berechnungsformel lg/lgr. Durch Auslösen der Rechenfunktion von VIVITAB mit der Taste r ("Rechnen") erhält man sofort die gewünschten Zahlenwerte. Nun legt man noch eine Spalte q mit der Formel lnor/:lnor an, die mit der Funktionstaste F4 (Rechnen mit Berücksichtigung von Referenzen!) durchgerechnet wird. Man sieht sofort, daß die Spalte q keine konstanten Werte enthält und wird sie daraufhin gleich wieder löschen.

Wenn lnor sich mit Hilfe der vier Grundrechenarten aus der Liniennummer n berechnen läßt, dann müßten die Werte in der Spalte lnor als Quotienten Z/N ganzer Zahlen dargestellt werden können.

Man versucht also für lnor die Darstellung

$$\text{lnor} = \frac{\text{lnor} \cdot N}{N} \quad \text{mit } N = 1,2,3,....,$$

indem man N solange um 1 erhöht, bis der Zähler

$$Z = \text{lnor} \cdot N$$

ganzzahlig wird. Dieses Ziel betrachtet man als erreicht, wenn der relative Fehler

$$Rf = \frac{abs(Z - int(Z + 0,5))}{Z}$$

kleiner als 0,000005 wird. Die Erhöhung des Nenners N um 1 wird dann eingestellt. Als Kriterium dafür dient das Vorzeichen des Terms

Rf - 0,000005 .

Man könnte nun die Suche nach dem geeigneten Nenner N und damit nach der Darstellung von lnor als Bruch Z/N auf ziemlich mühsame Weise mit einem einfachen Taschenrechner durchführen. Wesentlich eleganter ist auch hierbei der Einsatz der Rechenmöglichkeiten einer Tabellenkalkulation.

Die Tabelle bekommt folgende Spalten :
Spalte N mit der Formel N + w
Spalte Z mit der Formel lnor * N
Spalte Rf mit der Formel abs(Z - int(Z + 0.5)) / Z
Spalte w mit der Formel bool(Rf - 0.000005)

Die in VIVITAB implementierte Funktion bool(x) hat für positive x-Werte den Wert 1, sonst stets den Wert 0. In Spalte N und Spalte w kommt als Startwert durchweg die Zahl 1 (siehe Abbildung).

Formel: Rf = (Z-int(Z))/Z

n	lg	lnor	N	Z	Rf	w
15			N+w	N*lnor	Formel	bool(R
1	656.27	1.8	1			1
2	486.13	1.3333	1			1
3	434.04	1.1905	1			1
4	410.17	1.125	1			1
5	397.00	1.0889	1			1
6	388.90	1.0667	1			1
7	383.53	1.0519	1			1
8	379.79	1.0417	1			1
9	377.06	1.0342	1			1
10	375.01	1.0286	1			1
11	373.43	1.0242	1			1
12	372.19	1.0208	1			1
13	371.19	1.0181	1			1
14	370.38	1.0159	1			1
15	369.71	1.014	1			1

lgr = 364.5981

Mit der Taste w startet man das wiederholte Durchrechnen der Tabelle. Als Abbruchbedingung wird N = 285 eingegeben. Schon während des Durchrechnens läßt sich eindrucksvoll verfolgen, wie alle Zeilen der Tabelle solange immer wieder neu berechnet werden, bis Z in der jeweiligen Zeile ganzzahlig geworden ist (Kriterium in Spalte w!).

Man erhält schließlich folgende Quotienten (siehe Abbildung auf S.96)

$$\frac{9}{5} \qquad \frac{4}{3} \qquad \frac{25}{21} \qquad \frac{9}{8} \qquad \frac{49}{45} \qquad \frac{16}{15} \qquad \frac{81}{77} \qquad \cdots$$

erweitert man jeden zweiten Bruch mit 4 so ergibt sich

$$\frac{9}{5} \qquad \frac{16}{12} \qquad \frac{25}{21} \qquad \frac{36}{32} \qquad \frac{49}{45} \qquad \frac{64}{60} \qquad \frac{81}{77} \qquad \cdots$$

Die Zähler sind die Quadratzahlen ab 3, und die Nenner sind stets um vier kleiner als die Zähler. Daraus folgt

$$\text{lnor} \quad = \frac{(n+2)^2}{(n+2)^2 - 2^2}$$

und wegen $\text{lnor} = \dfrac{\lg}{\lg r}$ folgt hieraus sofort die Balmersche Serienformel in der heute üblichen Form

$$\frac{1}{\lg} \quad = \frac{4}{\lg r} \cdot \left(\frac{1}{2^2} - \frac{1}{(n+2)^2} \right) .$$

Dabei ist $\dfrac{4}{\lg r}$ die sogenannte Rydberg-Konstante R, d.h.

$$\boxed{\frac{1}{\lg} \quad = \quad R \cdot \left(\frac{1}{2^2} - \frac{1}{(n+2)^2} \right)}$$

```
Formel:  Rf = (Z-int(Z))/Z

n    lg     lnor   N      Z       Rf      w
15                 N+w    N*lnor  (Z-int  bool(R
1   656.27 1.8     5      9       4.E-06  0
2   486.13 1.3333  3      4       3.E-06  0
3   434.04 1.1905  21     25.000  2.E-06  0
4   410.17 1.125   8      9       2.E-06  0
5   397.00 1.0889  45     49.000  1.E-06  0
6   388.90 1.0667  15     16      1.E-06  0
7   383.53 1.0519  77     81.000  1.E-06  0
8   379.79 1.0417  24     25      8.E-07  0
9   377.06 1.0342  117    121.00  8.E-07  0
10  375.01 1.0286  35     36      5.E-07  0
11  373.43 1.0242  165    169.00  6.E-07  0
12  372.19 1.0208  48     49      5.E-07  0
13  371.19 1.0181  221    225.00  3.E-07  0
14  370.38 1.0159  63     64      3.E-07  0
15  369.71 1.014   285    289.00  3.E-07  0

lgr = 364.5981
```

Der algebraische Aufbau der Formel läßt auf eine mögliche Verallgemeinerung schließen, indem man mit m=2 schreibt

$$\frac{1}{\lg} \quad = R \cdot \left(\frac{1}{m^2} - \frac{1}{(n+m)^2} \right)$$

Diese Verallgemeinerung liefert dann für m=1,3,4.. die anderen Serien des Wasserstoffspektrums mit den Grenzwellenlängen

$$\lg r \quad = \frac{m^2}{R}$$

Balmers Hauptarbeit bestand, da er die Grenzwellenlänge nicht kannte, im Herausrechnen der von ihm so genannten "Grundzahl h des Wasserstoffs". Er schreibt:

Die sehr genauen Messungen Angström's der vier Wasserstofflinien ermöglichten es, für deren Wellenlängen einen gemeinschaftlichen Factor aufzusuchen, der zu den Wellenlängen in möglichst einfachen Zahlenverhältnissen stand. So gelangte ich denn allmählich zu einer Formel, welche wenigstens für diese vier Linien als Ausdruck eines Gesetzes gelten kann, durch welches deren Wellenlängen mit einer überraschenden Genauigkeit dargestellt werden. Der gemeinschaftliche Factor für diese Formel ist, wie er sich aus den Angström'schen Bestimmungen ableitet: h = 3645,6 mm/10^7 *Man könnte diese Zahl die Grundzahl des Wasserstoffes nennen; ...*

und weiter

und so komme ich dazu, die Formel für die Coëfficienten allgemeiner

so darzustellen: $\dfrac{m^2}{m^2 - n^2}$ *, wobei m und n stets ganze Zahlen sind.*

für n = 2 erhält man die Reihe $\dfrac{9}{5}$; $\dfrac{16}{12}$; $\dfrac{25}{21}$; $\dfrac{36}{32}$; .... *etc.*

Balmers Formel lautete also $\lambda = h \cdot \dfrac{m^2}{m^2 - n^2}$.

Dabei ist im heutigen Sprachgebrauch h die Grenzwellenlänge, m (=3,4,5,6) die Laufzahl und n (=2) die Charakteristik für die Balmerserie.

Auf Grund der Formel schloß Balmer, daß noch weitere Linien (m=7,8..) vorkommen müßten. Er schreibt:

Von einer solchen fünften Linie, die noch innerhalb des sichtbaren Theiles des Spectrums liegen müsste, war mir nichts bekannt; ich musste entweder annehmen, dass die Temperaturverhältnisse zur Entwicklung dieser Linie nicht günstig genug seien, oder dass dennoch die Formel keine allgemeine Geltung besitze.

Glücklicherweise konnte ihm Professor Hagenbach mitteilen,

es existire noch eine grössere Anzahl, namentlich von den Herrn Vogel und Huggins gemessener Wasserstofflinien im violetten und ultravioletten Theile des Wasserstoffspectrums und des Spectrums weisser Sterne...

Diese Linien stimmten dann genau mit den von Balmer vorhergesagten Linien überein.

Balmer selbst stellt auch schon in seiner ersten Veröffentlichung Vermutungen über Linien "höherer Ordnung" an:

Von Wasserstofflinien, welche der Formel für n=3,4 etc. (das wären die 1908 entdeckte Paschenserie und die 1922 gefundene Brackettserie) entsprächen, und welche man als Linien dritter, vierter Ordnung u.s.w.

bezeichnen könnte, finden sich in den bis jetzt bekannt gewordenen Spectren keine vor; sie müssten sich etwa unter ganz neuen Temperatur- und Druckverhältnissen entwickeln, um wahrnehmbar zu werden.

In einer weiteren Arbeit, die Balmer 1897 veröffentlichte, beschäftigt er sich mit Serienformeln für Lithium, Thallium und Helium. Er erkennt dort eine universelle Konstante (heute Rydberg-Konstante R genannt) :

So gelangte ich zu dem Schluss, dass in der geschlossenen Wasserstofformel statt des ganzzahligen n die gemischte Zahl n+c einzuführen sei, um für andere Elemente die zutreffende Formel zu erhalten; und damit erhielt ich die Formel

$$\lambda = a \cdot \frac{(n+c)^2}{(n+c)^2 - b}$$

.....

Was die Bedeutung der drei Constanten betrifft, so ist diejenige der Constanten a ganz klar: sie bezeichnet den Grenzwerth, in welchen die Reihe der Wellenlängen ausläuft. Die Constante c dagegen bezeichnet eine Verschiebung, durch welche die ganzzahligen Werthe von n um einen für ein und dieselbe Serie constanten Bruchtheil vergrössert oder verkleinert werden. Die räthselhafteste Bedeutung kommt der Constante b zu. Diese scheint den Charakter einer quadratischen Größe zu haben.

.....

Bei der Constanten b zeigt sich ein ganz merkwürdiges Verhältniss zur Constanten a. Wenn man nämlich bei irgend einer Linienserie a durch b dividirt, so erhält man eine Zahl, welche dem entsprechenden Quotienten des einfachen Wasserstoffspectrums bis auf 1/2 Proc. nahe kommt. Letzterer ist gleich 3645,6 : 4 = 911,4.

Diese Zahl ist der Kehrwert der Rydberg-Konstanten!

In einem Nachtrag zu seiner Arbeit schreibt Balmer dann:

Durch die Güte des Hrn. Prof. Hagenbach habe ich Gelegenheit erhalten, die höchst interessanten Mittheilungen über eine Formel kennen zu lernen, welche der schwedische Gelehrte Rydberg schon vor einigen Jahren aufgestellt hat.

$$\frac{1}{\lambda} = A - \frac{B}{(n+c)^2}$$

Mit Rydberg's Formel stimmt die oben besprochene Formel fast ganz überein, mit dem einzigen Unterschied, dass er die Constante B=b : a, statt bei jedem besonderen Element einen besonderen Werth derselben vorauszusetzen, für alle Elemente gleich groß annimmt:= 109721,6 (Reciproke von 911,4 des Wasserstoffs).

Balmer erkennt also neidlos die Urheberschaft Rydbergs für die Constante

109721,6 an, obwohl er sie unabhängig von dessen Veröffentlichung auch gefunden hat. Die Einstellung der Naturforscher jener Zeit erhellt sicher auch
der Schlußsatz Balmers:

*Der schliessliche Eindruck, der in diesen urelementaren Verhältnissen
sich unserm betrachtenden Geiste unwillkürlich aufdrängt, ist der einer
unerschöpflich weisheitsvollen Einrichtung der Natur, die mit nie fehl-
barer Sicherheit Functionen vollzieht, denen der denkende Geist nur
mühsam und in demüthigender Unvollkommenheit nachzufolgen ver-
mag.*

3 Franck-Hertz-Versuch

Mit dem Versuch zur Absorption von Energie konnten Franck und Hertz zeigen, daß Gasatome stets ihren Energiestufen entsprechende Anregungsenergien
aufnehmen. Zum Nachweis dieses Effekts mit der bekannten Versuchsanordnung wird eine veränderliche Spannung U (Beschleunigungsspannung) und die sich dabei ändernde Stromstärke I (Gitterstrom) gemessen.

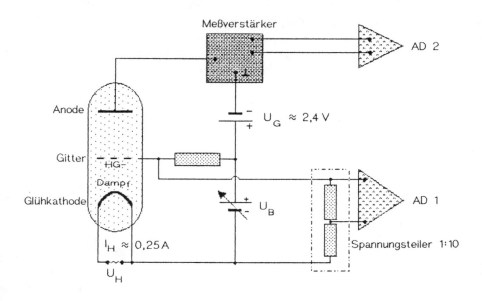

Zur Messung[1] werden die beiden Spannungseingänge des Interfaces verwendet. Da sich U_B im Bereich 0 - 50 V bewegt, die Meßbereiche der AD-Wandler jedoch meist auf 10 Volt begrenzt sind, wird U_B über einen Spannungsteiler dem ersten Spannungseingang des Interfaces zugeführt.

Die Stromstärke I ist äußerst gering (Größenordnung nA). Man muß den Anodenstrom deshalb mit einem Meßverstärker, dessen Ausgang direkt an den zweiten Spannungseingang des Interfaces angeschlossen wird, in eine proportionale Spannung umwandeln.

Eine Kalibrierung ist bei richtiger Dimensionierung des Spannungsteilers (mit Meßgerät testen) nicht nötig, denn die gemessene Spannung braucht dann nur mit dem Spannungsteilerfaktor multipliziert zu werden, um die Beschleunigungsspannung U_B zu erhalten.

Falls der Zusammenhang zwischen Eingangsstrom und Ausgangsspannung beim Meßverstärker der Bedienungsanleitung entnommen werden kann, erübrigt sich auch da eine Kalibrierung. Andernfalls wird für eine bestimmte Gitterstromstärke I_0, die in herkömmlicher Weise gemessen wird, die zugehörige Ausgangsspannung U_0 mit dem AD-Wandler bestimmt. Dann bekommt man die Stromstärke I aus der Beziehung

$$I = \frac{I_0}{U_0} \cdot U$$

Die Darstellung der Meßwerte erfolgt in einem U-I-Koordinatensystem , wobei durch einen Vorversuch für U der Bereich 0-Umax in Volt und für I der Bereich 0-Imax in Nanoampere ermittelt wird.

---

[1] Der Versuch kann auch durch den Einsatz eines x-y-Schreibers durchgeführt werden. Er eignet sich jedoch gut als Einführung in die Problematik der Meßwerterfassung mit einem Computer.

Meßprogramm

```
┌─────────────────────────────────────────────────────────────┐
│ Meßapparatur initialisieren                                  │
└─────────────────────────────────────────────────────────────┘
                              │
┌─────────────────────────────────────────────────────────────┐
│ Kalibrierung durchführen:                                    │
│    Spannungsteilerfaktor eingeben                            │
│    Erfassung der Spannung U₀ am AD-Eingang 2                 │
│       und der zugehörigen Stromstärke I₀ am                  │
│       Meßverstärkereingang                                   │
└─────────────────────────────────────────────────────────────┘
                              │
┌─────────────────────────────────────────────────────────────┐
│ Darstellungsbereich ermitteln:                               │
│    Umax = maximale Beschleunigungsspannung                   │
│    Imax  = maximaler Gitterstrom                             │
└─────────────────────────────────────────────────────────────┘
                              │
┌─────────────────────────────────────────────────────────────┐
│ Koordinatensystem zeichnen                                   │
└─────────────────────────────────────────────────────────────┘
                              │
┌─────────────────────────────────────────────────────────────┐
│ Meßreihe aufnehmen:                                          │
│    Wiederhole                                                │
│       Spannung am Eingang 1 messen                           │
│       Beschleunigungsspannung U berechnen                    │
│       Spannung am Eingang 2 messen                           │
│       Gitterstrom I berechnen                                │
│       Punkt (U,I) ins Koordinatensystem zeichnen             │
│    bis irgendeine Taste gedrückt wird                        │
└─────────────────────────────────────────────────────────────┘
                              │
┌─────────────────────────────────────────────────────────────┐
│ Programm beenden                                             │
└─────────────────────────────────────────────────────────────┘
```

Die Kodierung des Programms in Turbo-Pascal steht im Anhang zu diesem Abschnitt. Falls die Meßwerte wegen unvermeidbaren Rauschens zu stark streuen, muß man eine Glättung vornehmen. Dazu bieten sich zwei grundsätzlich verschiedene Wege an:

a) Hardware-Glättung
   Mittels eines R-C Gliedes, das am Meßverstärkereingang angekoppelt wird, können Schwankungen der Meßwerte aufgefangen werden.

b) Software-Glättung
   Durch mehrmaliges Messen und anschließende Mittelwertbildung können Streuungen der Meßwerte eliminiert werden.

Bemerkung: Beim bisher üblichen Schulversuch wurde die Glättung automatisch durch die Trägheit der Zeigerinstrumente vollzogen.

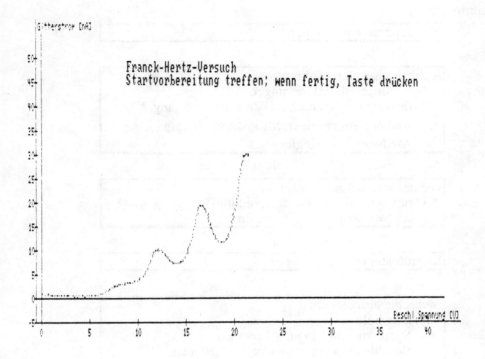

An die Messung schließt sich in herkömmlicher Weise die Interpretation der Meßergebnisse an. Eine theoretische Weiterführung der Fragen, die mit der diskreten Energieverteilung im Atom zusammenhängen, bietet das Projekt IIIa "Quantenmechanisches Atommodell".

Eine Animation zum Frank-Hertz-Versuch, die die Bewegung der Elektronen, ihre Stöße auf die Quecksilberatome und die Einflüsse von Spannung und Dampfdruck verdeutlicht, findet man in Bader-Sexl, Computerprogramme zur Physik, Schroedel-Schulbuchverlag, Hannover 1983.

Lernziel I.4 Anhang

1 Programm Linienspektrum

1.1 Version in Turbo-Pascal 3.0

```
PROGRAM Linienspektrum;
(*$I Graphik.lib *)
(*$I Axis.lib *)
(*$I Schnitt.lib *)

VAR  b,d                      : REAL;
     Uphoto, Udunkel, Uhell   : REAL;
     Rpoti, R1, R2            : REAL;
     Lblau, Lrot, L           : REAL;
     i                        : INTEGER;
CONST  a = 0.1;

(*$I Spektrum.hpr *)

BEGIN
Initinterface;
CLRSCR;
Ueberschrift;
Parametereingabe(b,d);
Kalibrierung(R1,R2);
Darstellungsbereich(Udunkel,Uhell,Lblau,Lrot);
Koordinatensystem(Lblau,Lrot,Udunkel,Uhell);
REPEAT
   Uphoto := 0;
   Rpoti  := 0;
   FOR i:=1 TO 10 DO
      BEGIN
      Uphoto := Uphoto + ADSpannung(1);
      Rpoti  := Rpoti + Widerstand(2);
      END;
   Uphoto := Uphoto/10;
   Rpoti  := Rpoti/10;
   L := Wellenlaenge(Rpoti);
   drawpoint(L,Uphoto);
UNTIL KEYPRESSED;
Beendigung;
END.
```

Am Anfang werden aus der Datei "Graphik.lib" und "Axis.lib" die Prozeduren für die Graphik und aus der Datei "Schnitt.lib" die Prozeduren für das Interface in das Programm eingebunden. Die Datei "Spektrum.hpr" enthält alle Unterprogramme (Hilfsprozeduren und Funktionen) für das Programm.

Das Hauptprogramm wird man gemeinsam im Unterricht anfertigen. Außerdem wird man die Anforderungen an die Unterprogramme festlegen.

Die Hilfsprozeduren könnten dann von 4 Kleingruppen innerhalb einer Stunde
erstellt werden.

1. Gruppe : Ueberschrift, Parametereingabe

2. Gruppe : Warten, Kalibrierung

3. Gruppe : Wellenlaenge, Darstellungsbereich

4. Gruppe : Koordinatensystem, Beendigung

Im folgenden werden die Unterprogramme angegeben.

```
PROCEDURE Ueberschrift;
  BEGIN
  WRITE('Linienspektrum von Hg-Dampf');
  END;

PROCEDURE Parametereingabe(VAR b,d : REAL);
  VAR   bstring, dstring  : STRING[20];
        errorpos          : INTEGER;
  BEGIN
  GOTOXY(1,4);
  WRITELN('Parametereingabe: ');
  WRITELN;
  REPEAT
    GOTOXY(1,5);
    WRITE('Gitterkonstante b = ');
    READLN(bstring);
    VAL(bstring,b,errorpos);
    IF errorpos>0 THEN WRITE('Nur reelle Zahl eingeben');
  UNTIL errorpos = 0;
  REPEAT
    GOTOXY(1,6);
    WRITE('Abstand Gitter/Photowiderstand d = ');
    READLN(dstring);
    VAL(dstring,d,errorpos);
    IF errorpos>0 THEN WRITE('Nur reelle Zahl eingeben');
  UNTIL errorpos = 0;
  END;

PROCEDURE warten;
  VAR   Taste : CHAR;
  BEGIN
  WRITELN('Wenn fertig, Taste drücken');
  READ(KBD,Taste);
  END;

PROCEDURE Kalibrierung(VAR R1,R2 : REAL);
  VAR   Rand:REAL;
  BEGIN
  GOTOXY(1,8);
  WRITELN('Kalibrierung der Wegmessung: ');
  WRITELN('Bitte Wendelpotentiometer an Widerstandseingang 2');
```

```
WRITELN('anschließen und Photowiderstand in die optische');
WRITELN('Achse stellen.');
warten;
Rand := 10000;
WEinstellung(2,Rand);
R1 := Widerstand(2);
WRITELN('Jetzt Photowiderstand ',a,' m senkrecht zur');
WRITELN('optischen Achse bewegen');
warten;
R2 := Widerstand(2);
END;

FUNCTION Wellenlaenge(R : REAL) : REAL;
BEGIN
Wellenlaenge:=b*SIN(ARCTAN(a/d*(R-R1)/(R2-R1)));
END;

PROCEDURE Darstellungsbereich(VAR Udunkel,Uhell,Lblau,Lrot : REAL);
   VAR   Rand : REAL;
         polar   Polaritaeten;
BEGIN
GOTOXY(1,17); WRITELN('Darstellungsbereich festlegen');
WRITELN('Bitte Photowiderstand an Widerstandseingang 1');
WRITELN('anschließen und an die dunkelste Stelle bringen');
warten;
Rand := 10;
polar := unipolar;
ADEinstellung(1,polar,Rand);
Udunkel := ADSpannung(1);
WRITELN('Jetzt Lichtsensor an die hellste Stelle bringen');
warten;
Uhell := ADSpannung(1);
WRITELN('Lichtsensor an den "blauen Rand" bringen');
warten;
Lblau := Wellenlaenge(Widerstand(2));
WRITELN('Lichtsensor an den "roten Rand" bringen');
warten;
Lrot := Wellenlaenge(Widerstand(2));
END;

PROCEDURE Koordinatensystem(xmin,xmax,ymin,ymax : REAL);
   BEGIN
   Initgraphic;
   Definewindow(1,0,0,xpmaxgl,ymaxgl,false,true);
   Defineworld(1,xmin,ymin,xmax,ymax);
   Selectwithaxis(1,1,'t',10,'t',8,'Wellenlänge','Intensität',true,false);
   Showwindow(1,0,0);
   goxy(20,1);
   Ueberschrift;
   goxy(20,2);
   warten;
   END;
```

```
PROCEDURE Beendigung;
  BEGIN
  goxy(20,3);
  warten;
  Leavegraphic;
  END;
```

Die Includefiles "Graphik.lib" und "Axis.lib" gehören zu dem Graphikpaket "GRAPHLIB" und müssen zusätzlich bei der Zentralstelle für Computer im Unterricht angefordert werden. In dem Handbuch zu "GRAPHLIB" sind die oben benutzten Prozeduren genau beschrieben. Deswegen hier nur eine kurze Zusammenstellung :

Initgraphic
    initialisiert die Graphikbibliothek und den Graphikmodus.

Definewindow(windnr,x1,y1,x2,y2 : integer; Ra,Kos : boolean)
    definiert das Graphikfenster windnr mit Hilfe von Bildschirm-
    koordinaten und legt fest, ob das Fenster einen Rahmen und ein Koor-
    dinatensystem erhält.

Defineworld(worldnr : integer; xmin,ymin,xmax,ymax : real)
    definiert abstrakt die Welt worldnr (das ist ein Teil eines Koordinaten-
    systems) durch Angabe von Minimal- und Maximalwerten für x und y.

Selectwithaxis(.....)
    ordnet einem Fenster eine Welt zu und legt darin ein Achsenkreuz mit
    Skalierung und Beschriftung fest.

Showwindow(windnr,0,0)
    bringt das Graphikfenster windnr auf den Bildschirm.

goxy(spalte,zeile : integer)
    entspricht GOTOXY(spalte,zeile) im Graphikmodus.

drawpoint(x,y : real)
    setzt einen Punkt an die durch (x,y) gegebene Stelle in Weltkoor-
    dinaten.

Leavegraphic
    setzt auf Textmodus zurück und löscht den Bildschirm.

Mit diesen kurzen Hinweisen sollte es möglich sein, das Programm auch mit einem anderen Graphiktool oder mit selbsterstellten Graphikroutinen zu schreiben.

Das Includefile Schnitt.lib enthält die an der Zentralstelle entwickelte nor-mierte Software für Physikschnittstellen. Man bekommt es entweder beim Kauf des Physikinterfaces oder für einige Physikschnittstellen (MicroSystem-

Interface, Leybold CAP-CS-2, ISK POS) auf Rückfrage bei der Zentralstelle[1].

Auch hierfür wird nachfolgend eine kurze Beschreibung gegeben, damit man sich notfalls für andere Interfaces die notwendigen Routinen selbst erstellen kann.

> Initinterface
> > Die Schnittstelle wird initialisiert.
>
> WEinstellung(nr : integer; Rand : real);
> > Der Widerstandseingang nr wird auf den Bereich von 0..Rand eingestellt.
>
> Widerstand(nr : integer) : real;
> > Diese Funktion liefert den Wert des an den Widerstandseingang nr angeschlossenen Widerstandes in Ohm.
>
> ADEinstellung(nr:integer; polar:Polaritaeten; Rand:real);
> > Der Spannungseingang nr wird auf den Bereich von 0..Rand und auf die Polarität polar eingestellt. Die Variable polar kann nur die beiden Werte "unipolar" oder "bipolar" annehmen.
>
> ADSpannung(nr : integer) : real;
> > Diese Funktion liefert den Wert der Spannung am Spannungseingang nr in Volt.

1.2 Version in BASIC

Dieses Programm läuft auf dem C64-Computer mit dem Leybold-Interface CAP-CS-2 unter Verwendung von LH-MESSBASIC. Die Programmstruktur ähnelt der oben beschriebenen; Details können dem Programmlisting entnommen werden.

Das verwendete Interface besitzt keinen Widerstandseingang. Deshalb ist zur Ortsbestimmung eine Spannungsteilerschaltung an den 2. AD-Wandler angeschlossen.

```
10     rem linienspektrum von hg-dampf
20     rem ***************************
30     :
40     rem gosub 63000: rem messbasic laden und aktivieren
60     :
100    rem weltkoordinaten
110    xl=0: xr=1000:  rem wellenlaenge in nm
120    yu=0: yo=10:    rem photostrom in 1e-9 ampere
130    gosub 60000:    rem koordinatensystem initialisieren
```

---

[1] Die Datei Schnitt.lib befindet sich für das jeweilige Interface auf der Begleitdiskette im Verzeichnis "LZI3"

```
140   :
150   b=0.0254/15000: rem 15000 linien/inch
200   rem beginn des anwenderprogramms
205   pattern "***.**"
210   channel c(0),1: rem +/- 10 v -> intensitaet
220   channel b(2),1: rem +/- 1 v -> ort
240   gosub 50150:    rem clear screen
250   print "   Spektrum einer Hg-Dampf-Lampe"
260   print "   ****************************"
280   locate 0,3,"Abstand des Gitters von der"
290   input "Beobachtungsebene (in cm)    : ";d
295   if d<1 then 280
300   d=d/100:      rem cm -> m
310   locate 0,6,"Bewegen Sie die Fotozelle an die Stelle"
320   print "x=0 cm und bestaetigen Sie mit RETURN!"
330   gosub 6000: u1=u
350   :
360   locate 0,9,"Bewegen Sie die Fotozelle an die Stelle"
370   print "x=5 cm und bestaetigen Sie mit RETURN!"
380   gosub 6000: u2=u
400   m=0.05/(u2-u1): t=-m*u1
420   locate 0,12,"Bewegen Sie die Fotozelle wieder an die"
430   print "Stelle x=0 cm und starten Sie die Mes-
440   print "sung mit RETURN!"
450   gosub 6000
460   :
500   gosub 50100:    rem graphik clear
510   gosub 50000:    rem graphik ein
520   xw$="lambda in nm": yw$="I in nA"
530   gosub 51000:    rem koordinatenachsen
540   :
550   gosub 5000:     rem messen
560   gosub 50200:    rem 1.punkt zeichnen
570   :
580   gosub 5000:     rem messen
590   gosub 50300:    rem linie zum naechsten punkt
600   get a$: if a$="" then 580
610   :
620   gosub 50400:    rem warten auf taste
630   gosub 50050:    rem graphik aus
640   end
650   :
5000  rem messwertaufnahme
5010  channel b: iread u:  rem ort
5020  channel c: iread i:  rem intensitaet
5030  x=m*u+t
5040  lambda=b*x/sqr(x*x+d*d)
5050  xw=lambda*1e9: yw=i
5060  return
5070  :
6000  rem spannungswert erfassen und anzeigen
6005  locate 35,23,"Volt"
```

```
6010   iread u: locate 28,23,usr(u)
6020   get a$: if a$<>chr$(13) then 6010
6030   return
```

1.3 Verwendung von UNILAB

An der Zentralstelle wurde ein universelles Meßprogramm mit dem Namen
UNILAB erstellt, das mit mehreren käuflichen Interfaces betrieben werden
kann. Bei Verwendung dieses Programms erspart man sich die Programmierung in einer der herkömmlichen Programmiersprachen. Dafür muß man
über Parametereinstellungen die im Meßprogramm vorgegebenen Schritte
vollziehen. Für die Messung werden dieselben Sensoren wie bei Beispiel 1
(Programm in Turbopascal 3.0) verwendet.

a) Kalibrierung der Wegmessung

Es wird ein Sensor "Wegpoti" definiert und eine Kalibrierungstabelle
eingegeben, in der verschiedenen Widerstandswerten die zugehörigen
Wellenlängen zugeordnet werden.

b) Wahl für die vertikale Achse (y-Achse)

Spannungseingang 1, kein Sensor, Polarität unipolar, Rand 10 [Volt],
Umrechnung: Glättung, Darstellungsbereich von 0 bis 10 [Volt].

c) Wahl für die horizontale Achse (x-Achse)

Widerstandseingang 2, Sensor "Wegpoti", Umrechnung keine,
Darstellungsbereich von 400 bis 700 [nm].

d) Startbedingung : sofort

e) Auslösebedingung: $\Delta t = 0.3$ s

f) Stoppbedingung : Taste

2 Programm Frank-Hertz-Versuch (in Turbo-Pascal 3.0)

Meßprogramm in Turbo-Pascal 3.0 unter Verwendung von "GRAPHLIB" und
normierten Treiberroutinen für Physikschnittstellen (Siehe 1.1).

```
PROGRAM FranckHertz;
(*$I Graphik.lib *)
(*$I Axis.lib    *)
(*$I Schnitt.lib *)

VAR   Spateil,U0,I0,Umax,Imax,U,I  : REAL;
          n : INTEGER;

(*$I FraHer.hpr *)
```

```
BEGIN
Initinterface;
CLRSCR;
GOTOXY(20,1);
Ueberschrift;
Kalibrierung(Spateil,U0,I0);
Darstellungsbereich(Umax,Imax);
Koordinatensystem(0,Umax,0,Imax);
REPEAT
   U:=0; I:=0;
   FOR n:=1 TO 10 DO
      BEGIN
      U  :=  U + ADSpannung(1) * Spateil ;
      I  :=  I + ADSpannung(2) * I0/U0 ;
      END;
   U := U / 10;
   I := I / 10;
   drawpoint(U,I);
UNTIL KEYPRESSED;
Beendigung;
END.
```

Das zehnmalige Messen von U und I und die anschließende Mittelwertbildung dient zur Glättung.

Die Unterprogramme Ueberschrift, Kalibrierung, Darstellungsbereich und Koordinatensystem werden in Analogie zum Programm Linienspektrum erstellt und in der Datei Fraher.hpr abgespeichert. Die Meßbereichseinstellung für die AD-Wandler findet in den Unterprogrammen statt.

```
PROCEDURE Ueberschrift;
   BEGIN
   WRITE('Franck Hertz Versuch');
   END;

PROCEDURE warten;
   VAR   Taste : CHAR;
   BEGIN
   WRITELN('Wenn fertig, Taste drücken');
   REPEAT READ(KBD,Taste) UNTIL NOT KEYPRESSED;
   END;

PROCEDURE Kalibrierung(VAR Spateil,U0,I0 : REAL);
   VAR   Rand  :REAL;
         polar  :Polaritaeten;
   BEGIN
   GOTOXY(1,4);
   WRITELN('Kalibrierung der Beschleunigungsspannung:');
   WRITE('Faktor für Spannungsteiler eingeben: ');
   READLN(Spateil);
```

```
WRITELN;
WRITELN('Kalibrierung des Gitterstroms: ');
WRITELN('Bitte Meßverstärkerausgang an Spannungseingang 2 an-
schließen');
WRITELN('Maximale Beschleunigungsspannung einstellen:');
warten;
Rand:=5;
polar:=unipolar;
ADEinstellung(2,polar,Rand);
U0 := ADSpannung(2);
U0 := ADSpannung(2);
WRITELN('U0 = ',U0:5:2,' [V]');
WRITE('Jetzt aktuellen Wert des Gitterstroms in nA eingeben: I0 = ');
READLN( I0 );
WRITELN;
END;

PROCEDURE Darstellungsbereich(VAR Umax,Imax: REAL);
  VAR   Rand :REAL;
        polar :Polaritaeten;
  BEGIN
  WRITELN('Darstellungsbereich festlegen: ');
  WRITELN('Maximale Beschleunigungsspannung einstellen');
  warten;
  Rand:=10;
  polar:=unipolar;
  ADEinstellung(1,polar,Rand);
  Umax := ADSpannung(1)*Spateil;
  Umax := ADSpannung(1)*Spateil;
  Imax := I0/U0 * ADSpannung(2);
  WRITELN('Umax = ',Umax:5:2,' [V]');
  WRITELN('Imax = ',Imax:5:2,' [nA]');
  END;

PROCEDURE Koordinatensystem(xmin,xmax,ymin,ymax: REAL);
  BEGIN
  Initgraphic;
  Definewindow(1,0,0,xpmaxgl,ymaxgl,false,true);
  Defineworld(1,xmin,ymin,xmax,ymax);
  Selectwithaxis(1,1,'t',10,'t',8,'Beschl.Spannung [V]','Gitterstrom
  [nA]',true,false);
  Showwindow(1,0,0);
  goxy(20,1);
  Ueberschrift;
  goxy(20,2);
  WRITE('Startvorbereitung treffen; ');
  warten;
  END;
```

```
PROCEDURE Beendigung;
  BEGIN
  Leavegraphic;
  END;
```

Kenntnis der Zusammensetzung der natürlichen radioaktiven Strahlung und einer Nachweismethode

Die Lernziele und Lerninhalte dieses Abschnittes stimmen weitgehend mit denen des Grundkurses Physik überein. Aus diesem Grunde hat sich wohl jeder Physiklehrer an Hand der reichhaltigen Schulbuchliteratur bereits ein sinnvolles Konzept zu diesem Themenbereich erarbeitet, so daß sich detaillierte Ausführungen im Rahmen dieser Handreichung erübrigen. Allerdings bietet es sich speziell in einem Grundkurs Physik mit Ausrichtung auf Informatik an, den für Zähl- und Auswertvorgänge besonders geeigneten Computer einzusetzen.

Im folgenden soll deshalb kurz dargelegt werden, wie gering der experimentelle und der programmtechnische Aufwand für einen solchen Rechnereinsatz gehalten werden können und welche zusätzlichen Möglichkeiten der Rechnereinsatz zur Verfügung stellt.

1 Versuchsanordnung

Eine herkömmliche Meßeinrichtung zur Registrierung radioaktiver Strahlung mit Hilfe eines Zählrohres besteht aus dem Zählrohr selbst, dem zugehörigen Betriebsgerät, das die notwendige Zählrohrbetriebsspannung bereitstellt, die auftretenden Impulse verstärkt und auf einen bequem weiterverarbeitbaren Pegel (z. B. TTL-Pegel) wandelt, sowie einem Digitalzähler, der die Anzahl der auftretenden Impulse während einer wählbaren Meßdauer (= Torzeit) registriert.[1]

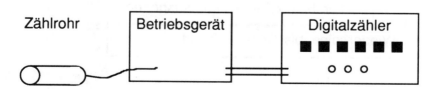

Zählrohr   Betriebsgerät   Digitalzähler

---

[1] Manche Lehrmittelfirmen bieten auch Meßeinrichtungen an, bei denen mehrere der oben erwähnten Funktionsblöcke in einem gemeinsamen Gehäuse vereinigt sind.

Möchte man die auftretenden Zählraten mit dem Rechner erfassen, so ist der
Funktionsblock "Digitalzähler" durch einen Rechner mit vorgeschaltetem
Physik-Interface zu ersetzen, wobei die elektrische Verbindung zum Zählrohr-
betriebsgerät über einen geeigneten Digital- bzw. Zählereingang vorzunehmen
ist.

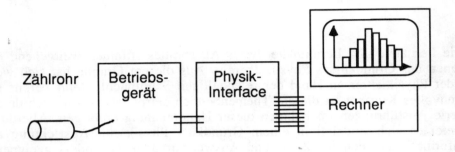

2 Programm

Zur Auswertung der durchgeführten Experimente wird zu Beginn ein einfaches und auf das Wesentliche beschränkt gehaltenes Meßprogramm zum Einsatz gelangen. Mit diesem werden die Schüler sozusagen nebenbei auch in die
zur Impulszählung notwendigen Meßprozeduren (oder Meßbefehle) eingeführt[1] .

Meßprogramm:

Torzeit dt eingeben
Zähler starten
Ende der Torzeit abwarten
Zählerstand ZZ lesen und ausgeben
Wiederholen, bis Taste gedrückt

---

1   Die Codierung eines solchen Programmes ist in starkem Maße von der mit dem Interface
    mitgelieferten Grundsoftware abhängig. Bei der Anschaffung ist deshalb nicht nur auf
    ausreichende technische Daten des Interfaces zu achten, sondern aus didaktischen Gründen
    auch besonderer Wert auf komfortable und mnemotechnisch günstig gewählte Prozedur-
    bzw. Befehlsnamen zu legen.

Der Einsatz eines Rechners ermöglicht die Durchführung ausführlicher Meßreihen sowie deren Auswertung nach den verschiedensten Gesichtspunkten in kürzester Zeit, er erlaubt aber auch die automatisierte Aufnahme von sehr lange dauernden Meßreihen. Erst die Verwendung eines Rechners in Verbindung mit einem Physikinterface erlaubt die statistischen Untersuchungen einer Vielzahl von Meßreihen innerhalb einer Schulstunde.

Während aufwendigere Auswertungsverfahren dem Projekt IIIb vorbehalten bleiben müssen, sollen an dieser Stelle zwei kleinere Erweiterungen des oben dargestellten Meßprogramms skizziert werden:

- Zur eindrucksvollen Demonstration des statistischen Charakters der radioaktiven Strahlung bietet sich z. B. die Darstellung der jeweils ermittelten Zählraten in Form von (waagrechten) Sternchen-Reihen an:

  " Für i=1 bis Zählerstand ZZ schreibe '*' "

Ergebnis:

```
18      ******************
13      *************
28      ****************************
15      ***************
27      *************************
21      *********************
14      **************
```

- Nahezu genauso einfach läßt sich (bei der Nullrate bzw. bei Präparaten mit sehr langer Halbwertszeit) das Stabilisieren der mittleren Zählrate gegen einen festen Mittelwert nachweisen:

  Zu Programmbeginn: Setze Summe   = 0

  Setze MeßNummer = 0

  Nach Ermittlung des Zählerstandes:

  Erhöhe Summe um Zählerstand ZZ

  Erhöhe MeßNummer um 1

  Schreibe Summe / MeßNummer

3 Weitere Lerninhalte

Auf die bisher skizzierten Einführungsversuche zur Radioaktivität, bei denen
natürlich auch die physikalischen Grundlagen einer Nachweiseinrichtung besprochen werden müssen, folgen Experimente, in denen die verschiedenen
Strahlenarten getrennt werden können (einfache Absorptionsexperimente,
Verhalten im Magnetfeld). Ausgehend von der Art der Strahlung kann man
dann auf die Vorgänge schließen, die bei Emission der jeweiligen Strahlung im
Kerninneren stattfinden (Kernumwandlungen, Verschiebungssätze).

Eine Vertiefung der Problematik dieses Lernzieles kann im oben schon erwähnten Projekt IIIb ("Erstellung eines Modelles vom radioaktiven Zerfall")
erfolgen. Eine völlig neue, andersgeartete Beschäftigung mit diesem Themen-
kreis bietet das Projekt IIIc ("Datenverarbeitung anhand einer Nuklidkarte").

Überblick über die Möglichkeiten des Schutzes vor radioaktiver Strahlung

1 Grundlagen

Mit den meisten Meßinterfaces werden Programme mitgeliefert, die es sehr leichtmachen, die quadratische Abnahme der Zählrate mit dem Abstand, die exponentielle Abnahme mit der Dicke des Absorbers ("Halbwertsdicke") sowie die kurze Reichweite von α-Strahlung nachzuweisen. Man sollte solche fertigen oder halbfertigen Anwendungen unbedingt benutzen und keinen Ehrgeiz daran legen, nur selbsterzeugte Programme zu verwenden.

Im Anschluß bespricht man die elementaren Schutzvorkehrungen, die man als 3A-K-Regel zusammenfassen kann:
- Außen: Keine Inkorporation radioaktiver Stoffe!
- Abstand: Keine Kontamination und möglichst große Entfernung!
- Abschirmung: Geeignete Abschirmung!
- Kurzzeitig: Möglichst nur kurzzeitige Experimente!

Für Experimente mit radioaktiven Elementen im Rahmen der Schulphysik heißt das: Während des Experiments nicht essen, die strahlenden Stoffe nicht anfassen, die Strahlerstifte möglichst immer in der Umhüllung lassen und nur für die eigentliche Meßzeit soweit nötig offen einbauen.

Die SI-Einheiten, die in Dosimetrie und Strahlenschutz heute verwendet werden, sind inzwischen wohl allgemein bekannt:

Name	Zeichen	Einheit	noch im Gebrauch (nicht mehr zugelassen)
Energiedosis	D	$1\,\text{Gray} = 1\,\text{Gy} = 1\,\text{Jkg}^{-1}$	$1\,\text{rad} = 10^{-2}\,\text{Gy}$
Äquivalentdosis	H	$1\,\text{Sievert} = 1\,\text{Sv} = 1\,\text{Jkg}^{-1}$	$1\,\text{rem} = 10^{-2}\,\text{Sv}$
Aktivität	A	$1\,\text{Becquerel} = 1\,\text{Bq} = 1\,\text{s}^{-1}$	$1\,\text{Ci} = 37\,\text{GBq}$

Dabei ist die Energiedosis $D = \Delta W/\Delta m$ (eingestrahlte Energie durch absorbierende Masse) und die Äquivalentdosis $H = q \cdot D$, wobei q, der "Bewertungsfaktor", die biologische Wirksamkeit und die Absorptionsbedingungen berücksichtigen soll.

Als grobe Näherung dienen folgende Werte[1]:

für α -Teilchen und schwere Ionen: q = 20

für Neutronen: q = 10

für β^-- und β^+-Teilchen sowie Photonen: q = 1

In Wirklichkeit hängt der Bewertungsfaktor von einigen zusätzlichen Parametern ab. Genaueres findet sich z.B. in [1] (siehe Literaturliste zu Lernziel II.6).

2 Vorschriften

Die Grundlagen zum Verständnis der *Strahlenschutzverordnung* (StrlSchV) sind damit gelegt. Nun sollen die für die Schüler wichtigsten Vorschriften vorgestellt werden:

a) *Strahlenschutzgrundsätze*
Jeder, der eine der Strahlenschutzverordnung unterliegende Tätigkeit ausübt oder plant, ist verpflichtet,

- jede unnötige Strahlenexposition oder Kontamination von Personen, Sachgütern oder der Umwelt zu vermeiden,

- jede Strahlenexposition oder Kontamination von Personen, Sachgütern oder der Umwelt unter Beachtung des Standes von Wissenschaft und Technik und unter Berücksichtigung aller Umstände des Einzelfalles, auch unterhalb der in dieser Verordnung festgelegten Grenzwerte, so gering wie möglich zu halten.

b) *Strahlenschutzgrenzwerte* (effektive Äquivalentdosis)[2]

Für die Gesamtbevölkerung pro Person und Jahr : 0,3 mSv·a^{-1} über die Luft und 0,3 mSv·a^{-1} über den Wasserpfad aus kerntechnischen oder sonstigen Anlagen (z.B. im Bereich Nuklearmedizin).[3]

Für den außerbetrieblichen Überwachungsbereich : 1,5 mSv·a^{-1}. [4]

Für beruflich strahlenexponierte Personen : 15-50 mSv·a^{-1}.

Weitere Werte der Körperdosis für beruflich strahlenexponierte Personen können der folgenden Tabelle entnommen werden. So dürfen z.B. Fingerspitzen mit bis zu 500 mSv·a^{-1} belastet werden.

---

[1] Siehe auch Anlage VII, Tabelle VII 2, StrlSchV in der Fassung vom 30. Juni 1989 (BGBl I vom 12.Juli 1989, S.1321, 1926)

[2] Die effektive Äquivalentdosis (Kurzbezeichnung : effektive Dosis) berücksichtigt die unterschiedliche Strahlungsempfindlichkeit der einzelnen Gewebe bzw. Organe. Sie ist definiert durch die Summe der gewichteten Äquivalentdosen der einzelnen Gewebe und Organe (siehe auch Anlage I StrlSchV in der Fassung vom 30.Juni 1989).

[3] § 45 StrlSchV in der Fassung vom 30. Juni 1989 (BGBl I vom 12.Juli 1989, S.1321)

[4] § 44 StrlSchV in der Fassung vom 30. Juni 1989 (BGBl I vom 12.Juli 1989, S.1321)

**Grenzwerte ¹) der Körperdosen im Kalenderjahr
für beruflich strahlenexponierte Personen und Bruchteile dieser Grenzwerte in mSv**

Tabelle X 1

Körperdosis	Grenzwerte der Körperdosis für beruflich strahlenexponierte Personen im Kalenderjahr		
	Kategorie A	Kategorie B	¹⁄₁₀ Kategorie A
1	2	3	4
1. Effektive Dosis, Teilkörperdosis: Keimdrüsen, Gebärmutter, rotes Knochenmark	50	15	5
2. Teilkörperdosis: Alle Organe und Gewebe, soweit nicht unter 1., 3. oder 4. genannt	150	45	15
3. Teilkörperdosis: Schilddrüse, Knochenoberfläche, Haut, soweit nicht unter 4 genannt	300	90	30
4. Teilkörperdosis: Hände, Unterarme, Füße, Unter- schenkel, Knöchel, einschließlich der dazugehörigen Haut	500	150	50

¹) Zur Berechnung der effektiven Dosis bei einer Ganz- oder Teilkörperexposition werden die Äquivalentdosen der in Tabelle X 2 genannten Organe und Gewebe mit den Wichtungsfaktoren der Tabelle X 2 multipliziert und die so erhaltenen Produkte addiert.
Die Summe der aus Ganzkörper- und Teilkörperexpositionen bei äußerer und innerer Strahlenexposition errechneten Beiträge zur effektiven Dosis darf den Grenzwert der effektiven Dosis nicht überschreiten. Daneben darf die Summe der durch Ganz- und Teilkörperexpositionen bei äußerer und innerer Strahlenexposition erhaltenen Teilkörperdosen eines Körperteils den zugehörigen Grenzwert der Teilkörperdosis nicht überschreiten.

Quelle: BGBl I vom 12. Juli 1989, Anlage X zu §§45, 49, 50 und 51 StrlSchV [1]

3 Abschätzungen

Den Schülern fehlt in den meisten Fällen eine Vorstellung von der Strahlenbelastung und insbesondere der Äquivalentdosis. Da die Einheit Becquerel
(Zerfälle · s⁻¹) aber recht leicht verständlich und auch aus den Medien bekannt
ist, bietet es sich an, z.B. folgende Abschätzungen durchzuführen.

3.1 Beispiel: Schulpräparat

Welche Bestrahlungsdauer mit dem in der Schule verwendeten Ameri-
cium 241-Präparat würde für einen Normalbürger (70kg) zu einer

---

1 Siehe Berichtigung der zweiten Verordnung zur Änderung der Strahlenschutzverordnung
   und der Neufassung der Strahlenschutzverordnung vom 16.10.1989 (BGBl I , S.1926)
   (siehe dort Nr.3)

Überschreitung der Grenzwerte der Strahlenschutzverordnung führen?

1. Lösungsansatz:

Das Präparat ist ein α-Strahler und hat eine Aktivität von 3,7 kBq. Die Zerfallsenergie beträgt 5,4 MeV (Formelsammlung).

$$H = q \cdot \frac{E \cdot A \cdot t}{m}$$

(H = Äquivalentdosis; q = Bewertungsfaktor; E = Zerfallsenergie; A = Aktivität; t = Zeit; m = bestrahlte Masse)

$$t = \frac{H \cdot m}{q \cdot E \cdot A} = \frac{3 \cdot 10^{-4} \text{ Sv} \cdot 70 \text{ kg}}{20 \cdot 5,4 \cdot 10^6 \cdot 1,6 \cdot 10^{-19} \text{ J} \cdot 3,7 \cdot 10^3 \text{ s}^{-1}}$$

$t \approx 91$ h

An diesem Ansatz ist fast nichts richtig:

Die nur kurzreichweitigen α-Strahlen können niemals den ganzen Körper bestrahlen. Ferner wird mit 0,3 mSv ein Dosisgrenzwert verwendet, bei dem auch Inkorporationen berücksichtigt werden. Für die Finger ist die α-Strahlung aber nicht ungefährlich! Außerhalb der Reichweite der α-Strahlung wirken aber nur noch die wesentlich energieärmeren γ-Strahlen (E = 0,06 MeV).

2. Lösungsansatz (α-Strahlung mit Grenzwert für Fingerspitzen)

Als Masse werden hier 0,1g für die obersten Hautschichten der Finger angenommen. Ferner wird berücksichtigt, daß nur in ca. 30% des Raumwinkels abgestrahlt wird (daher der Faktor 0,3):

$$t = \frac{H \cdot m}{q \cdot E \cdot A} = \frac{0,5 \text{ Sv} \cdot 1 \cdot 10^{-4} \text{ kg}}{20 \cdot 5,4 \cdot 10^6 \cdot 1,6 \cdot 10^{-19} \text{ J} \cdot 0,3 \cdot 3,7 \cdot 10^3 \text{ s}^{-1}}$$

$t \approx 2,6 \cdot 10^3$ s

Das bedeutet, daß man nach dieser Rechnung die höchstzulässige Dosis für ein Jahr bereits überschritten hat, wenn man die Öffnung des Strahlerstiftes etwa 43 Minuten lang berührt. Man müßte zusätzlich die Abschirmung der α-Strahlung durch die biologisch nicht mehr aktive Hautschicht berücksichtigen. Anderseits ist für beruflich nicht strahlenexponierte Personen anstelle von 500 mSv ein Hautdosis-Grenzwert von 50 mSv für den Verwender von radioaktiven Stoffen (Lehrer) anzusetzen[1].

3. Lösungsansatz (γ-Strahlung)

Hier wird die ganze Masse des Körpers berücksichtigt. Man geht von einer Entfernung von etwa 1m aus und berücksichtigt die Abschirmwirkung des Gehäuses nicht. Der Grenzwert für externe Strahlung für nicht am Experiment beteiligte Personen (Schüler) beträgt 1,5 mSv (siehe §44 StrlSchV).

Anteil des Körpers am bestrahlten Raumwinkel:

$$\frac{A_{Mensch}}{\text{Kugeloberfläche bei r=1m}} = \frac{0{,}6 \text{ m}^2}{4 \cdot r^2 \cdot \pi} = 0{,}0477$$

$$t = \frac{1{,}5 \cdot 10^{-3} \text{ Sv} \cdot 70 \text{ kg}}{1 \cdot 6 \cdot 10^4 \cdot 1{,}6 \cdot 10^{-19} \text{ J} \cdot 3{,}7 \cdot 10^3 \text{ s}^{-1} \cdot 0{,}0477}$$

$$t \approx 6{,}2 \cdot 10^{10} \text{s} \approx 2 \cdot 10^3 \text{ a}$$

Das heißt, der Strahlenschutzgrenzwert kann nicht erreicht werden. Deshalb sind diese Strahler auch zur Verwendung im Unterricht in der Schule zugelassen.

3.2 Beispiel: Milch

Eine Molkerei stellt auf Grund von Messungen fest, daß die von ihr gelieferte Milch eine Aktivität von weniger als 10 Bq·kg^{-1} (Cs137) hat. Wie groß ist die Äquivalentdosis, die ein Erwachsener von 70 kg im Jahr maximal erhält, wenn er täglich einen Liter trinkt ?

Lösungsansatz:

Cs137 zerfällt unter Abgabe von 1,18 MeV (Beta- bzw. Beta- und Gammastrahlung - aus der Nuklidkarte zu entnehmen). Da die physikalische Halbwertszeit 30 Jahre beträgt, kann man davon ausgehen, daß der Zerfall für die Abnahme der Aktivität kaum eine Rolle spielt. Nach einer

---

[1]   § 51 StrlSchV in der Fassung vom 30. Juni 1989

gewissen Zeit wird sich ein Gleichgewicht zwischen der täglich aufgenommenen und der ausgeschiedenen Cäsiummenge ergeben.

Die "biologische Halbwertszeit" $T_{1/2}$ von Cäsium beträgt ca. 100 Tage. Daraus folgt eine mittlere Aufenthaltsdauer τ im Körper von $\tau = T_{1/2}/\ln 2$, also von 144 Tagen[1] .

Unter dieser vereinfachenden Annahme von maximal 1440 Zerfällen je Sekunde beträgt dann die in einem Jahr aufgenommene Energie höchstens:

$\Delta W = 1440 s^{-1} \cdot 3600 \cdot 24 \cdot 365 s \cdot a^{-1} \cdot 1,18 \cdot 10^6 eV \cdot 1,6 \cdot 10^{-19} J \cdot eV^{-1} \cdot 1a = 8,6 \cdot 10^{-3} J$

Damit ergibt sich:

$$D = \frac{\Delta W}{\Delta m} = \frac{8,6 \cdot 10^{-3} \, J}{70 \, kg} = 1,2 \cdot 10^{-4} \, Gy$$

Da der Bewertungsfaktor q = 1 ist, gilt:

$$H = q \cdot D = 1,2 \cdot 10^{-4} \, Sv$$

Dies sind ca. 6% der effektiven Äquivalentdosis von ungefähr 2 mSv a^{-1} infolge natürlicher Strahlung[2].

Eine genauere Rechnung[3] führt zu einem Wert von etwa $4,7 \cdot 10^{-5} Sv$; dabei wird berücksichtigt, daß beim β^--Zerfall ca. 60% der Energie an die biologisch wirkungslosen Antineutrinos abgegeben wird, γ-Strahlung den Körper zum großen Teil ohne Wirkung verläßt, nur etwa 90% des Cäsiums in der Milch in das Körpergewebe gelangen und der biologische Bewertungsfaktor nicht genau 1 ist.

Wenn man diese Rechnung durchführt, sollte man auf jeden Fall darauf hinweisen, daß sich in der Milch noch andere radioaktive Stoffe befinden. Vor allem ist mit 40 - 60 Bq·kg^{-1} [4] von natürlichem Kalium 40 zu rechnen, das auch in praktisch allen anderen Nahrungsmitteln in gleicher Größenordnung vorhanden ist.[4]

---

1   Siehe Literaturliste zu Lernziel II.6 in [3]; dort Seite 232
2   Siehe Literaturliste zu Lernziel II.6 in [3]; dort Seite 228
3   Wird Cs137 der Aktivität 1 Bq aufgenommen, so hat das eine Äquivalentdosis von $1,24 \cdot 10^{-8}$ Sv zur Folge (siehe Literaturliste [2]).
4   Zusätzliche, z.T. wesentlich ausführlichere Modellrechnungen zu C12 und K40 findet man in der Literaturliste in [1] dort Seite 205ff.

4 Biologische Strahlenwirkung

Die biologische Strahlenwirkung wird in allen Lehrbüchern neueren Datums ausführlich behandelt, deshalb folgt hier nur eine kurze Zusammenfassung.

Die Ursache der biologischen Schäden ist die *ionisierende Wirkung* der radioaktiven Strahlung. Auf der Erde herrschte immer ein gewisses Maß an ionisierender Strahlung. Im Laufe der Evolution haben sich Abwehrmechanismen gebildet, die in der Lage sind, Defekte, die durch solche Strahlung verursacht werden (Zerlegung von Molekülbindungen), zu beheben. Nur wenn diese Abwehrmechanismen überlastet werden oder nicht richtig arbeiten, kann eine Schädigung entstehen. Je nachdem, wie stark die Strahlung ist, können *akute* oder *latente* Schädigungen auftreten.

Akute Schäden (Strahlenkrankheit) treten nur bei sehr hohen Strahlungsintensitäten auf (siehe Abbildung auf der Seite 126 aus [6], dort Seite 41). Lokale Strahlenschäden (z.B. hohe Hautdosen bei Röntgenbestrahlung) lassen sich am ehesten mit Verbrennungen vergleichen, auch wenn sie in den Symptomen nicht übereinstimmen. Die Problematik besteht darin, daß der Mensch zwar Sensoren für Temperaturen, aber keine für ionisierende Strahlung hat.

Latente Schäden (Spätfolgen) treten *stochastisch* auf. Man unterscheidet zwischen *somatischer* und *genetischer* Schädigung.

Somatische Schädigung entsteht, wenn ein Zellkern so geschädigt wird, daß die Reparatur nicht mehr gelingt, und die Zelle z.B. zu unkontrollierter Zellteilung übergeht. Diese Schädigung tritt in Form verschiedener Krebsarten in Erscheinung.

Genetische Schäden entstehen durch Zerstörung von Erbinformation in der Ei- oder Samenzelle. Sie können möglicherweise erst nach einer oder mehreren Generationen in Erscheinung treten.

Die Diskussion, die in unserer Gesellschaft über Strahlenschäden geführt wird, betrifft vor allem die latenten Schädigungen, weil sich durch ihr stochastisches Auftreten eine Kausalkette nicht direkt konstruieren oder leicht überprüfen läßt.

Gerade der Zusammenhang zwischen sehr schwacher Strahlung und Folgeschäden ist nicht erfaßbar.

Ein streng wissenschaftlicher Nachweis für einen linearen, über- oder unterlinearen Zusammenhang ist, gerade bei geringen Strahlenbelastungen, derzeit nicht führbar.

Das folgende fiktive Beispiel soll dies verdeutlichen.

Man geht davon aus, daß von einer Million Menschen ohne zusätzliche Strahlenbelastung jedes Jahr 300 ($\pm 10\%$) an Leukämie sterben. Aus den Untersuchungen der Bevölkerung von Hiroshima und Nagasaki, die einer Belastung von ca. 1 bis über 2 Sv ausgesetzt war, stellte man fest, daß die Rate auf 7,5 bis

14,5 von Tausend stieg, also auf das 20 bis 40-fache, wobei die Steigerung stark von der Belastung abhing (quasi lineare Korrelation).[1]

Die natürliche bzw. unvermeidbare Strahlenbelastung liegt bei unserer Lebensweise in Häusern bei ca. $2mSv \cdot a^{-1}$. Nimmt man an, daß von dieser Dosis ca. 50% auf das Rückenmark einwirken und geht man von einem linearen Zusammenhang aus, dann entstehen ca. 7,5 der 300 Fälle durch die natürliche Strahlenbelastung. Der Entstehungsmechanismus der anderen Fälle ist weitgehend unklar (spontan?). Eine Erhöhung um $1mSv \cdot a^{-1}$ (wie sie durch die medizinische Strahlenbelastung angenommen werden kann) bedeutet weitere 7, die Erhöhung durch kerntechnische Anlagen, Atombomben-Versuche und den Tschernobyl-Unfall (maximal ca. 1mSv im ersten Jahr [2]) weitere 7 Fälle je Million.

Nun zwei mögliche Darstellungsweisen:

a) Die medizinische Belastung und Tschernobyl kosten allein durch Leukämie bei ca. 60 Millionen Deutschen $14 \cdot 60$ - also 840 - Menschen das Leben. Wenn man die anderen Krebsarten dazuzählt, ist mit weit über tausend Todesfällen zusätzlich zu rechnen. Dabei ist zu bedenken, daß ca. 25% aller Todesfälle in der Bundesrepublik Deutschland derzeit auf Krebserkrankungen zurückzuführen sind (d.h. ca. 150 000 im Jahr). Aufgrund der erheblichen Latenzzeit und der großen Streubreite der Strahlenexposition ergibt sich insgesamt infolge des Reaktorunfalls in Tschernobyl eine Erhöhung der Krebstodesrate für die Bundesrepublik von 0,01%.

b) Die natürliche Todesrate kann nur mit einer Genauigkeit von 10% angegeben werden, d.h. 7 zu 300 entspricht 2% und liegt unter der statistischen Nachweisgrenze.

Beide Darstellungen entbehren nicht einer gewissen Logik, beide werden gebracht, und doch stützen sie sich auf die unbewiesene Behauptung, daß auch für kleine Strahlungsintensitäten der Zusammenhang zwischen Dosis und Wirkung linear ist.

Es gibt Autoren, die kleine zusätzliche Strahlungsleistungen als besonders gefährlich, andere aber, die sie als geradezu vernachlässigbar oder gar nützlich darstellen[3]. Alle arbeiten mit dem leider noch sehr unvollkommenen Wissen über die Arbeitsweise der Reparatur- und Abwehrmechanismen[4] im menschlichen Körper.

So wenig wie möglich zusätzliche Strahlenbelastung zu erzeugen, ist auf jeden Fall richtig, und so besagen auch die international anerkannten Prinzipien des Strahlenschutzes, daß "alle Strahlenexpositionen so niedrig gehalten werden müssen, wie es unter Berücksichtigung wirtschaftlicher und sozialer Faktoren

---

1   Siehe Literaturliste in [3] ; dort Seite 244
2   Siehe Literaturliste in [3] ; dort Seite 237
3   Man denke an Radon-Heilstollen und Heilbäder ; siehe auch in [5]
4   Siehe Literaturliste in [5]

vernünftigerweise erreichbar ist"[1].

> Alle im vorliegenden Artikel verwendeten Werte wurden, soweit nicht anders gekennzeichnet, [3] entnommen, wobei Umrechnungen in andere Einheiten und Vergröberungen (z.B. willkürlicher Mittelwert statt Rechnung mit Fehlerabschätzung) notwendig waren, um eine schülergemäße Darstellung für den Unterricht zu erreichen.

5 Literatur

[1] Petzold/Krieger: Strahlenphysik, Dosimetrie und Strahlenschutz Bd.1 Grundlagen, Verlag Teubner, Stuttgart 1988

[2] D.Noske - B.Gerich - S.Langner: Dosisfaktoren für Inhalation und Ingestion von Radionuklidverbindungen (Erwachsene), Bundesgesundheitsamt, Institut für Strahlenhygiene, ISH-Heft 63, Neuherberg 1985

[3] Umwelt und Energie - Handreichungen für Lehrer an bayerischen Schulen, Band I, Staatsinstitut für Schulpädagogik und Bildungsforschung, München 1987

[4] Heinrich Brockmeyer: Die natürliche Radioaktivität des Kaliums in : MNU 40/2 S. 90/91, Dümmler Verlag, Bonn 1987

[5] Dr. Alfred Feldmann : Schadensindukation und Schadensabwehr bei schwachen Dosen ionisierender Strahlung in : MNU 42/3 S. 131 - 143, Dümmler Verlag, Bonn 1989

[6] Strahlenschutz - Radioaktivität und Gesundheit (3.Auflage), Bayerisches Staatsministerium für Landesentwicklung und Umweltfragen, München 1986

---

[1] Siehe Literaturliste in [3] ; dort Seite 245

Tab. 4.1 Frühschadenssymptome bei charakteristischen Dosiswerten nach akuter Ganzkörperbestrahlung /RAJ-56/DRS-80/

Dosis	Symptome
SCHWELLENDOSIS 0,25 Sv (25 rem)	**ERSTE KLINISCH FASSBARE BESTRAHLUNGSEFFEKTE (0,20 – 0,30 Sv/20 – 30 rem):** Kurzzeitige quantitative Veränderungen im Blutbild, insbesondere Absinken der Lymphozytenzahl.
SUBLETALE DOSIS 1,00 Sv (100 rem)	**VORÜBERGEHENDE STRAHLENKRANKHEIT (0,75 – 1,50 Sv/75 – 150 rem):** Unwohlsein (Strahlenkater) am ersten Tag möglich. Absinken der Lymphozytenzahl im Verlauf von zwei Tagen auf Werte von ca. 1500/mm³. Nach einer Latenzzeit von zwei bis drei Wochen treten Haarausfall, wunder Rachen, Appetitmangel, Diarrhöe, Unwohlsein, Mattigkeit, stecknadelkopfgroße purpurfarbene Hautflecken (Petechien) auf. Bei Männern vorübergehendes Absinken der Spermienproduktion. Meist baldige Erholung.
MITTELLETALE DOSIS 4,00 Sv (400 rem)	**SCHWERE STRAHLENKRANKHEIT (3,00 – 6,00 Sv/300 – 600 rem):** Übelkeit und Erbrechen am ersten Tag. Absinken der Lymphozytenzahl bei Dosen um ca. 3,00 Sv (300 rem) auf Werte um 1000/mm³, bei Dosen über 5,00 Sv (500 rem) fast vollkommenes Verschwinden aus der Blutbahn. Bei Granulozyten zunächst steiler Anstieg, ab zweite Woche Abfall der Werte auf etwa 2000/mm³. Hauptursache für große Infektionsneigung. Nach 10 bis 14 Tagen zeigen sich Haarausfall, Appetitmangel, allgemeines Unwohlsein, Diarrhöe, schwere Entzündungen im Mund- und Rachenraum, innere Blutungen (Hämorraghie), Fieber, Petechien, Purpura (größere purpurfarbene Hautflecken). Bei Männern je nach Dosis vorübergehende bis lebenslange Sterilität, bei Frauen Zyklusstörungen. Bei fehlenden Therapiemaßnahmen ist bei Dosen über 5,00 Sv (500 rem) mit etwa 50 % Todesfällen zu rechnen.
LETALE DOSIS 7,00 Sv (700 rem)	**TÖDLICHE STRAHLENKRANKHEIT (6,00 – 10,00 Sv/600 – 1000 rem):** Übelkeit und Erbrechen nach 1 – 2 Stunden. Nach drei bis vier Tagen: Diarrhöe, Erbrechen, Entzündungen in Mund und Rachen sowie im Magen-Darmtrakt (Hämorraghie), Fieber, schneller Kräfteverfall. Bei fehlenden Therapiemaßnahmen Mortalität fast 100 %.

Quelle: Strahlenschutz - Radioaktivität und Gesundheit (3.Auflage), Bayerisches Staatsministerium für Landesentwicklung und Umweltfragen, München 1986

Projektarbeit[1]

1 Lehrplanbezug

Einerseits ist die Projektarbeit laut Lehrplan *Lerngegenstand*: Die Schüler sollen sie als Methode zur Bewältigung inhaltlich und organisatorisch komplexer Probleme kennenlernen. Andererseits ist sie *Arbeitsform*: Die Schüler sollen die Methode an zwei geeigneten Beispielen selbst erfahren und anwenden lernen.

Der Lehrplan enthält Hinweise auf didaktisch-methodische Varianten zur Behandlung der Projektarbeit. Demnach kann das Phasenmodell in Verflechtung mit dem ausgewählten Projekt oder vorweg unabhängig von einer Anwendung behandelt werden. Welche Variante im Unterricht auch gewählt wird, in jedem Fall ist eine abstrahierende Zusammenfassung des Phasenmodells erforderlich. Daher wird in diesem Beitrag die Methode der Projektarbeit unabhängig von der Anwendung dargestellt. Im Unterricht stehen trotzdem alle anderen Varianten ohne Einschränkung offen.

Bei der Projektarbeit sollen die Schüler

- Teamfähigkeit entwickeln
- Planungskompetenzen erwerben
- komplexe DV-Anwendungen und deren Umfeld kennenlernen
- Methoden der Software-Herstellung bzw. Bereitstellung erfahren
- DV-Anwendungen in ihrem Umfeld beurteilen lernen

Darüber hinaus sollen sich die Schüler in ein neues Stoffgebiet einarbeiten, wobei der Selbstorganisation durch die Schüler eine große Bedeutung zukommt.

Die arbeitsteilige Unterrichtsform mit oft offenen Aufgabenstellungen sind Lehrer und Schüler in der Regel nicht gewohnt. Vom Lehrer wird im Unterricht ein hohes Maß an Übersicht und Flexibilität gefordert. Es besteht die Gefahr, daß er durch einengende Vorgaben für die Eigentätigkeit der Schüler keinen Spielraum läßt.

Gegenüber der normalen, lehrerzentrierten Unterrichtsform ist hier die Motivation der Schüler besonders wichtig.

---

[1] Abschnitt 1 mit 3 aus BUS Thema, Grundkurs Wirtschafts- und Rechtslehre (Informatik) Gymnasium Jahrgangsstufe 13, bsv, München 1989

2 Begriffsklärung

Unter einem *Projekt* versteht man allgemein ein Vorhaben, das im wesentlichen durch folgende Merkmale gekennzeichnet ist:

- Es wird ein *einmaliges Problem* gelöst. Kennzeichnend ist ein einmaliges Ziel, das nicht mit Routineverfahren erreicht werden kann.
- Umfang und Komplexität sind so beträchtlich, daß es *arbeitsteilig* durchgeführt werden muß.
- Es ist *interdisziplinär*, d.h. verschiedene Aufgabenbereiche werden berührt.
- Die *Problemstellung* ist relativ *offen*. Wegen der offenen Ausgangssituation sind verschiedene Lösungsvarianten möglich und müssen geprüft werden.
- Ein *fester Zeitrahmen* für die Durchführung ist gegeben.

Ein Projekt ist somit ein "zeitlich begrenztes Vorhaben zum Lösen von Problemen innerhalb eines vorgegebenen Zielsystems" [1].

> Unter einem *Informatik-Projekt* versteht man einengend die Bereitstellung einer neuen DV-Lösung in irgendeinem Bereich, z.B. in der betrieblichen Praxis. Hardware- und Softwarekomponenten sind hierbei mit eingeschlossen. Dabei geht es immer um die Bereitstellung einer Anwendung, nicht um die Anwendung einer DV-Lösung.

> Im Rahmen dieses Grundkurses wird die Projektarbeit nicht in diesem einengenden Sinn verstanden zu werden. Es sollen vor allem Projekte durchgeführt werden, bei denen die Computeranwendung im Vordergrund steht.

> Mit der Projektarbeit darf der *"projektorientierte Unterricht"* nicht verwechselt werden. Unter diesem versteht man i. a. eine Unterrichtsform, in der ein Unterrichtsthema über einen längeren Zeitraum fächerübergreifend behandelt wird, wobei der Selbsttätigkeit der Schüler und der eigenständigen Organisation des Unterrichts durch die Schüler eine wesentliche Bedeutung zukommen. Im Lehrplan ist diese Unterrichtsform nicht vorgesehen. Es wird vielmehr die Methode der Projektarbeit innerhalb eines Unterrichtsfaches und im normalen Stundenraster als Lerngegenstand behandelt und angewandt. Das bedeutet jedoch nicht, daß - sofern der organisatorische Rahmen an der Schule dies zuläßt- die Einbeziehung anderer Fächer bei bestimmten Problemstellungen nicht sinnvoll und wünschenswert wäre.

Damit ein Projekt nicht außer Kontrolle gerät, ist ein *Projektmanagement* erforderlich. Die *Projektleitung* ist für Planung, Koordination, Terminüberwachung und Qualitätskontrolle verantwortlich. Das *Projektteam* besteht aus Mitarbeitern, die auf verschiedenen Arbeitsgebieten (z.B. Computeranwendung, Organisation, Dokumentation) spezialisiert sind. Die *Projektorganisation* erfolgt in folgenden Schritten:

- Projektleiter benennen
- Projektteam bilden
- Kompetenzen innerhalb des Projektteams verteilen
- Kommunikationswege und Hilfsmittel festlegen

---

[1]   Lehman, Eberhard: Projektarbeit im Informatikunterricht, Entwicklung und Realisierung von Softwarepaketen und Realisierung in Pascal, Teubner, Stuttgart 1985

3 Das Phasenmodell

Um die Zielsetzung eines Projekts zu erreichen, muß das Projekt systematisch und planmäßig durchgeführt werden. Man kann das Vorgehen in drei Hauptphasen einteilen, die ihrerseits wieder in Teilphasen untergliedert werden können.

Die drei Hauptphasen sind:

- *die Planungsphase*
- *die Durchführungsphase*
- *die Kontrollphase*

Im folgenden werden die Phasen eines Projekts genauer behandelt. Anzumerken ist, daß in der Literatur keine einheitlichen Bezeichnungen für die Projektphasen zu finden sind.

Die Planungsphase

Hauptaufgabe hierbei ist es, in einer *Problemanalyse* das zu lösende Problem und seine Randbedingungen vollständig zu erfassen, wobei den *Durchführbarkeitsuntersuchungen* eine besondere Bedeutung zukommt. Die Entwurfsphase gliedert sich in folgende vier Teilphasen, die zum Teil nebeneinander ablaufen können:

- Ist-Analyse
  Hierbei wird die Ausgangssitution analysiert. Im Blickpunkt steht das bisherige System und das Zusammenwirken seiner Komponenten.

- Soll-Konzept
  Es beschreibt die Anforderungen an die Ergebnisse, die das Projektteam erbringen soll.

- Durchführbarkeitsuntersuchung
  Sie soll klären, ob das Problem prinzipiell lösbar ist und ob die Durchführung unter den gegebenen Rahmenbedingungen möglich bzw. ökonomisch vertretbar ist.

- Projektplanung
  Sie bildet den Abschluß der Entwurfsphase. Hierbei werden alle Anforderungen schriftlich festgehalten. Das Dokument, das die Ergebnisse enthält, heißt Pflichtenheft (Anforderungskatalog). Es ist in der Praxis die Grundlage für einen Vertrag zwischen Auftraggeber und Auftragnehmer.

Die Durchführungsphase

In der Planungsphase ging es noch nicht um das Finden von Lösungen, sondern nur um Anforderungen. In der Durchführungsphase geht es nun um die konkrete Lösung mit den vorhandenen Mitteln. Folgende Teilphasen können unterschieden werden:

– Zerlegung in Teilprobleme (Modularisierung)

Die Analyse des Gesamtproblems liefert i. a. eine Aufteilung in Teilprobleme. Das Ergebnis dieser Arbeitsphase ist die Beschreibung der Teilprobleme und ihrer Einbettung in das Gesamtproblem. Hier interessieren vor allem die Schnittstellen (Datenimport,- export).

Die Modularisierung ermöglicht es, daß die Einzelprobleme unabhängig voneinander gelöst werden können. Die Problemlösung wird dadurch übersichtlich. Eine Arbeitsteilung bietet sich an.

Das Ergebnis ist die Spezifikation, in der für jedes Teilproblem die Zielsetzung und die Abhängigkeit von anderen Teillösungen angegeben sind.

– Lösung von Teilproblemen

Hierbei geht es um die Bereitstellung von Teillösungen. Geeignete Datenstrukturen, Software-Werkzeuge zur Verarbeitung und Hardware-Mittel zur Realisierung müssen festgelegt werden.

Dabei ist zu prüfen, ob *fertige Module* (z.B. aus einer Programmbibliothek) zur Verfügung stehen. Oft können *Standardsoftware-Produkte* geeignete Werkzeuge für die Problemlösung sein. Es kann aber auch notwendig sein, daß Module in einer *Programmiersprache* realisiert werden müssen. Dabei sind die Grundsätze der *strukturierten Programmierung* zu beachten.

Eine Arbeitsteilung ist in dieser Phase gut möglich.

– Integration der Teillösungen

Hierbei geht es um das Zusammenfügen der einzelnen Teillösungen zu einer Gesamtlösung. Ziel ist die Gesamtlösung gemäß dem Pflichtenheft. Der Darstellung der Gesamtlösung in einer für den Adressaten (Auftraggeber) geeigneten Form kommt dabei besondere Bedeutung zu.

– Bereitstellung

Hierbei geht es um die Bereitstellung der Gesamtlösung für den Adressaten (Auftraggeber).

Das Ergebnis nach dieser Phase ist eine fertige Problemlösung einschließlich der Dokumentation.

Die Kontrollphase

In der Planungsphase kann oft noch wenig über die Brauchbarkeit der Lösung gesagt werden. Erst im Echteinsatz werden Mängel offenbar. Ziel ist die Prüfung der *Qualität* und der *Effizienz* der Gesamtlösung und ihrer Teile.

Die für die Nutzung von Datenverarbeitungs-Mitteln wichtigen Qualitätsmerkmale beschreibt die Vorschrift DIN 66 234 "Grundsätze der Dialoggestaltung", Teil 8. Qualitätskriterien und Hinweise zu Effizienzbetrachtungen sind auszugsweise auch in BUS Thema, Grundkurs Wirtschafts- und Rechtslehre (Informatik) Gymnasium Jahrgangsstufe 13, bsv, München 1989 abgedruckt.

4 Hinweise zum Unterricht

Projektarbeit ist keine einfache Unterrichtsform. Der Lehrer betritt hier meist methodisches und didaktisches Neuland. Das selbständige Arbeiten ist für die Schüler zunächst ungewohnt und erfordert anfangs eine besondere Motivation. Bei der Erprobung des Lehrplans für den Grundkurs Physik (Informatik) hat es sich bewährt, die Projektarbeit nicht in einem Block - wie notwendigerweise im Lehrplan formuliert - zu behandeln, sondern die Projekte zur Vertiefung im Anschluß an das jeweilige Lernziel zu beginnen. Dadurch wird die Arbeit am Computer für die Schüler gleichmäßiger über beide Ausbildungsabschnitte verteilt; auch kann der Lehrer Schulaufgaben bzw. Kurzarbeiten besser planen. Die Bildung mündlicher Noten im Rahmen der Projektarbeit wird erleichtert.

Die Projektarbeit verlangt von den Schülern viel Einsatzbereitschaft und oft zeitintensive Eigenarbeit; ferner verlaufen Projekte nicht unbedingt linear, da einzelne Phasen mehrfach durchlaufen werden. Darüber hinaus liegt es im Wesen eines Projektes, daß eine zeitliche Abfolge enthalten ist; man wird deshalb selten den ganzen Kurs gleichzeitig zur Projektarbeit heranziehen können, sondern auch wegen der notwendigen häuslichen Vorbereitung die Projekte modularisieren. Die Auswahl des ersten Projektthemas soll deshalb möglichst frühzeitig erfolgen.

Es bietet sich z.B. an, im Anschluß an die Behandlung der Bewegungen im homogenen und im radialsymmetrischen Feld (LZ I.1) mit dem gesamten Kurs eine kurze Einführung in die Projektarbeit durchzuführen, das erste Projektthema auszuwählen und ggf. anschließend mit einer Gruppe das Projekt III d "Simulation dynamischer Vorgänge" zu beginnen. Die anderen Gruppen üben während dieser Zeit; ein Teil der Wochenstunden wird auf die Weiterarbeit am folgenden Lernziel I.2 verwendet. Besondere Bedeutung erhält dieses zeitlich versetzte, arbeitsteilige Vorgehen beim Projekt III c "Datenverarbeitung anhand einer Nuklidkarte", da in diesem die einzelnen Gruppen auf die Vorarbeiten der anderen angewiesen sind.

Im Verlauf eines Projektes sollen nach Bedarf vom Lehrer "Fixpunkte"[1] eingeplant werden, zu denen die Gruppen kurz über ihre Arbeit berichten und im Kurs gemeinsam über anstehende Probleme nachgedacht wird. Gegenseitiges Miteinbeziehen aller Kursteilnehmer und knappe schriftliche Zusammenfassungen der Arbeitsergebnisse stellen sicher, daß alle Schüler beteiligt sind und sich neben der Arbeitsmethode auch Fachwissen aneignen und es einüben. "Fixpunkte" sind ein gutes Mittel gegen blinde Betriebsamkeit der "Freaks", Orientierungslosigkeit der "Anfänger" und fehlende Abstimmung zwischen den einzelnen Gruppen.

Besondere Sorgfalt verlangt die Zusammenstellung der einzelnen Arbeitsgrup-

---

[1]   Siehe auch Karl Frey: Die sieben Komponenten der Projektmethode mit Beispielen aus dem Schulfach Informatik, LOG IN 3 (1989) Heft 2, Oldenbourg Verlag, München

pen. Die Gruppe aus "Spezialisten" kann sowohl fördernd als selbst demotivierend für die anderen wirken, aber auch die gemischte Gruppe zeigt oft bald ihre Eigendynamik; dem pädagogischen Geschick des einzelnen Lehrers bleibt es überlassen, lenkend einzugreifen, damit arbeitsfähige Gruppen entstehen.

Infolge der begrenzten Zeit (10 Wochenstunden) für ein Projekt sind nur Kleinprojekte möglich. Je nach Projekt und Schwerpunktsetzung wird der Zeitaufwand für die einzelnen Phasen unterschiedlich sein. Notfalls kann auch eine Phase, auf der nicht der Schwerpunkt der Projektarbeit liegt, durch ein Schülerreferat oder durch einen Lehrervortrag zeitlich stark gestrafft werden. Jede Projektphase soll prinzipiell mit einem schriftlichen Dokument abgeschlossen werden; das können u.U. wenige Sätze sein, doch soll nach Abschluß eine Dokumentation des Projektverlaufs vorliegen.

Ein Projekt kann gelegentlich auch scheitern; für diesen Notfall sollte der Lehrer nach Möglichkeit eine fertige Lösung parat haben. Es ist jedoch wichtig, daß sich der Lehrer im Verlauf des Projektes zurückhält. Der Arbeitseinsatz und die Arbeitsfreude der Schüler steigen erheblich, wenn diese nicht wissen, daß der Lehrer bereits die fertige Lösung auf Diskette hat.

Auswahl des Projektthemas

Der Lehrer diskutiert zusammen mit den Schülern die vorgeschlagenen Themen. Das Ergebnis der Auswahl ist ein schriftlicher Projektauftrag. Die arbeitsteilige Vorgehensweise wird erläutert, das Projektmanagement, der Zeitrahmen, die Hilfsmittel und die Kommunikationswege werden festgelegt.

Planungsphase

Die Zielsetzung des Projektes wird diskutiert; zwar ist bereits hier eine arbeitsteilige Form möglich und wünschenswert, doch kann zur Verkürzung die Zielsetzung auch durch den Lehrer vorgegeben werden. Jeder Schüler soll bereits in dieser Phase lernen, zumindest seinen Teilbereich genau zu überblicken.

Ein besonderes Augenmerk ist auf die Durchführbarkeit zu legen. Im allgemeinen besteht eher die Gefahr, daß die Projektziele zu hoch angesetzt und diese unter den gegebenen Rahmenbedingungen nicht erreicht werden. Um eine Frustration der Schüler zu vermeiden, soll der Lehrer hier die oft von den Schülern selbst gesetzten Ansprüche mäßigend zurückschrauben.

Durchführungsphase

Der Zerlegung in Teilprobleme ist besondere Aufmerksamkeit zu schenken. Denn in dieser Phase wird das Gesamtvorhaben in Teilvorhaben zerlegt. Das schriftliche Ergebnis ist die Grundlage für die Aufträge an das Projektteam. Graphische Darstellungen sind hilfreich bei der Beschreibung des Zusammenwirkens der Teillösungen.

Bei der Lösung der Teilprobleme erarbeitet jede Arbeitsgruppe, die aus zwei bis vier Schülern bestehen kann, auf Grund einer Lösungsidee zunächst einen groben Lösungsvorschlag aus, der dann schrittweise verfeinert wird.

Die Integration wird schrittweise durch die einzelnen Arbeitsgruppen durchgeführt. Ein Kleinprojekt kann sich durchaus auf einen geringen Integrationsgrad beschränken. Z.B. kann der Datenaustausch zwischen einem Modul eines kommerziellen Kalkulationsprogramms und einem eigenen Auswertprogramm mit einem kleinen eigens entwickelten Hilfsprogramm oder gar per Hand (d.h. durch Neueingabe über die Tastatur) durchgeführt werden.

Das gesamte Lösungsverfahren wird abschließend durch den Lehrer mit allen Schülern besprochen. Er wird Mängel bei den einzelnen Teillösungen (besonders bei den Schnittstellen) deutlich werden lassen, die aus Zeitnot meist nicht beseitigt werden können. Höhepunkt ist das fertige Ergebnis. Möglicherweise kann das Projekt Anlaß für ein neues Projekt sein, das auf den Ergebnissen des alten Projekts aufbaut.

Die Bereitstellung (für den Auftraggeber) entfällt in der Regel. Für die Schüler ist es jedoch sehr motivierend, wenn die von ihnen erarbeiteten Ergebnisse an der Schule selbst, z.B. in einem Grund- oder Leistungskurs Physik, verwertet werden können oder im Rahmen von Ausstellungen, Projekt- oder Studientagen präsentiert werden.

Ergebnis dieser Phase ist die fertige Problemlösung einschließlich der Dokumentationsunterlagen. Vor allem sollte auf die Beschreibung der verwendeten Verfahren und Datenstrukturen Wert gelegt werden.

Kontrollphase

Es ist davon auszugehen, daß das in einem Kleinprojekt entwickelte System die üblichen *Qualitätsanforderungen* nicht erfüllt. Es muß jedoch das Bewußtsein geweckt werden, daß diese Anforderungen in der betrieblichen Praxis notwendig sind und der Aufwand, sie zu erfüllen, oft beträchtlich ist. Wegen des vorgegebenen Zeitrahmens ist es meist nur möglich, Wege aufzuzeigen, wie die Anforderungen erfüllt werden könnten. Die Demonstration einer professionellen Lösung kann hier hilfreich sein.

Den Schülern sollen die Möglichkeiten und Grenzen der Lösung bewußt werden. Sie sollen damit auch den Entwicklungsaufwand für die Lösung eines realen Problems schätzen lernen.

Abschlußdiskussion

Am Ende des Projekts sollte die Arbeitsform diskutiert werden, wobei vor allem die Beiträge der einzelnen Gruppen und die Zusammenarbeit im Team im Vordergrund stehen. Die "Zufriedenheit" der Schüler ist ein wesentliches Merkmal für ein gelungenes Projekt. Das kann auch dann der Fall sein, wenn ein Projekt abgebrochen wurde, falls hierfür die Gründe offenkundig sind.

Quantenmechanisches   Atommodell

Gar manches rechnet Erwin schon
mit seiner Wellenfunktion.
Doch wissen möcht man gerne wohl,
was man sich dabei vorstell'n soll.

Erich Häckel über Erwin Schrödingers Theorie

1   Grenzen klassischer Begriffe

Um einen Einstieg in die Gedankenwelt der Quantenphysik zu ermöglichen, ist es dringend geboten, die Vorkenntnisse über Lichtwellen bzw. Photonen aufzufrischen und zu ergänzen:

- Ein Objekt kann nur im Mikroskop erkannt werden, wenn seine Ausdehnung größer als die Wellenlänge des verwendeten Lichts ist.

- Die im Licht transportierte Energie wird nur in Form von ganzen Quanten, den Photonen, abgegeben. Für deren Energie gilt:

$$E = h \cdot f$$

- Durch die Beziehung $E = m \cdot c^2$ kann jeder Energie auch eine Masse zugeordnet werden. Damit entspricht der Energie eines Photons der Frequenz f und der Wellenlänge λ die Masse:

$$m_{ph} = \frac{h \cdot f}{c^2} = \frac{h}{\lambda \cdot c}$$

- Da sich Photonen in dieser Beziehung praktisch wie Teilchen verhalten, kann man ihnen einen Impuls zuschreiben:

$$p_{ph} = m_{ph} \cdot c = \frac{h}{\lambda}$$

Die letzten beiden Schritte wären rein formale Spielerei, wenn es nicht Experimente gäbe, deren Ergebnis sich nur mit einem realen Photonenimpuls deuten läßt. Die berühmtesten sind wohl der Compton-Effekt (die Streuung hochenergetischer Photonen an freien Elektronen) und der Nachweis des Lichtdrucks nach Maxwell.

Hat man diese Vorkenntnisse zur Verfügung, so kann man mit der folgenden Abschätzung die Heisenbergsche Unbestimmtheitsrelation leicht plausibel machen.

Gedankenversuch:

Um Ort x und Impuls p eines Teilchens zu messen, werde dieses unter einem Mikroskop mit Licht der Wellenlänge λ beleuchtet. Dabei ist das Auflösungsvermögen des Mikroskops durch die Wellenlänge λ begrenzt und damit Δx > λ festgelegt.

Diese Unschärfe bei der Ortsbestimmung kann durch Verwendung kürzerer Lichtwellenlängen verkleinert werden. Dabei zeigen aber die zur Beleuchtung benutzten Photonen den Charakter von Geschossen, die ihrerseits mit den Teilchen wechselwirken. Dies führt zu einer Impulsänderung in x-Richtung.

Mit folgenden Überlegungen wird die Heisenbergschen Unbestimmtheitsrelation plausibel gemacht:

Abschätzung für die Ortsunschärfe des untersuchten Teilchens

$\Delta x > \lambda$

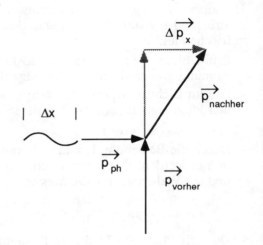

Photonenimpuls

$$p_{ph} = \frac{h}{\lambda}$$

Abschätzung für die Impulsunschärfe des untersuchten Teilchens

$\Delta p_x \approx p_{ph}$

=> $\Delta x \cdot \Delta p_x > h$

(Heisenbergsche Unbestimmtheitsrelation)

Diese recht unbedeutend aussehende Beziehung[1] hat eine herausragende Bedeutung in der modernen Physik. Es zeigte sich nämlich, daß sie nicht nur bei dem untersuchten Experiment gilt, sondern allgemeingültig und Ausdruck eines Grundprinzips der modernen Physik ist.

Je genauer man den Ort eines Teilchens bestimmt, desto unbestimmter ist sein Impuls. Diese Beziehung wurde erst im 20. Jahrhundert entdeckt, weil h, die Plancksche Konstante, so klein ist, daß für große Objekte die durch die Unbestimmtheit hervorgerufene prinzipielle Ungenauigkeit wesentlich kleiner ist als der Meßfehler.

Die Unbestimmtheitsrelation soll nun an einem weiteren Gedankenexperiment untersucht werden:

---

1   Es soll nochmals betont werden, daß es sich dabei nur um eine Plausibilitätsbetrachtung handelt; der Impuls des gestreuten Photons kann alle Richtungen annehmen und ist nicht eingezeichnet.

Durch einen engen Spalt der Breite Δx sollen Teilchen geschossen werden. Dabei wird die Aufweitung der Strahlen untersucht. Man kann z.B. an einem makroskopischen Körper die vernachlässigbare Aufweitung zeigen, um dann ein Beispiel mit nicht vernachlässigbarer Aufweitung zu rechnen.

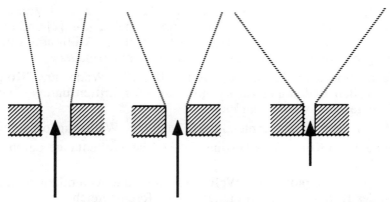

"Je enger der Spalt und je kleiner der Impuls, desto größer die Aufweitung"

Wenn man jetzt die Beugung am Spalt noch in einer Wellenwanne mit Wasserwellen zeigt oder den Schülern in Erinnerung ruft, liegt der Gedanke nahe, daß auch "Elektronenstrahlen" wie die "Lichtstrahlen" Welleneigenschaften haben.

Zur Demonstration dieser Eigenschaft kann der Versuch mit der Elektronenbeugungsröhre dienen. Den Nachteil, daß sehr viel Erklärung (Bragg-Reflexion, polykristalline Gitteranordnung, kreisförmige Interferenzmuster) notwendig ist, muß man wohl in Kauf nehmen, da dies in dem ganzen Projekt das einzige Real-Experiment ist. Die Verschiebung der Interferenzringe durch einen Magneten erzeugt einen Realitätseindruck von "Materiewellen", der erfahrungsgemäß gut im Gedächtnis der Schüler bleibt.

Natürlich ist auch ein theoretischer Einstieg über den Versuch von Jönsson (Beugung von Elektronen an Superfein-Doppelspalten) möglich.

Wichtig ist die Erkenntnis:

Jedem bewegten Objekt ist eine Materiewelle zugeordnet, für deren Wellenlänge gilt:

$$\lambda = \frac{h}{p} \quad \text{De-Broglie-Gleichung}$$

Damit sind die quantenphysikalischen Voraussetzungen des Projekts gegeben.

Die erkenntnistheoretischen Probleme, die sich aus der "Dualität" bei Quantenphänomenen ergeben, können wohl nur kurz angesprochen werden.

Der heute allgemein anerkannte Ansatz, der auch vom Schüler noch eingesehen werden kann, beruht auf der statistischen Deutung nach Born. Diese ging seinerzeit, nachdem sie bei anderen führenden Physikern (bei weitem nicht allen) Anerkennung gefunden hatte und durchdiskutiert worden war, als "Kopenhagener Deutung" der Phänomene der Quantenphysik in die Literatur ein.

Um die zentralen Aussagen grundkursgemäß darzustellen, sind Verkürzungen unumgänglich; ausführliche Darstellungen finden sich u.a. in [2] und [7] (siehe Literaturverzeichnis zu Projekt III a). Als absolutes Minimum sollten die Schüler folgende Merksätze in diesem Zusammenhang behalten:

- Die Quantenmechanik läßt die klassischen Begriffe "Welle" und "Korpuskel" in ihrer vollen Bedeutung zu; sie gibt nur Vorschriften darüber, wann sie jeweils angewandt werden dürfen[1].

- Jeder Schar identischer Quantenobjekte kann eine Welle zugeordnet werden.

- Der Impuls des Korpuskels bestimmt dabei die Wellenlänge durch die De-Broglie-Gleichung.

- Das Amplitudenquadrat der Welle bestimmt die Aufenthaltswahrscheinlichkeit des Korpuskels in dem untersuchten Raumbereich.

- Eine Messung ohne Beeinflussung des zu messenden Objekts ist nicht möglich[2]. Insbesondere können "komplementäre" Größen (z.B. Ort und Impuls, Frequenz und Zeit) nur mit der durch die Heisenbergsche Unbestimmtheitsrelation begrenzten Genauigkeit gemessen werden.

2 Grundlagen des quantenmechanischen Atommodells

Der grundlegende Gedanke dieses Abschnitts ist, die aus dem Fundamentum bekannten Energieniveaus des Atoms mit Hilfe der neu gefundenen Welleneigenschaften der Elektronen zu erklären. Das zugrundeliegende Gesetz ist die *Schrödinger-Gleichung*.

---

1   Nach C.F.v.Weizäcker : Zur Deutung der Quantenphysik, Z.Phys.118 (1941), S.493
2   Dies gilt auch für die klassische Physik; entscheidend ist, daß nach der Philosophie der klassischen Physik die durch diesen Einfluß verursachte Änderung prinzipiell korrigiert werden kann. Nach den Prinzipien der Quantenmechanik ist dies nicht möglich.

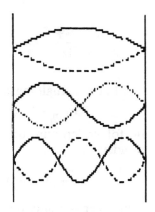

Der erste Ansatz liegt wohl darin, auf die stehenden Wellen, die ja auch verschiedene stabile Zustände desselben Systems sind, hinzuweisen und sie an einem einfachen Versuch (z.B. Seil mit Exzenter) noch einmal vorzuführen. Diese Idee wendet man auf Materiewellen an und kommt so direkt zum linearen Potentialtopf.

Man kann dessen Energieniveaus jetzt berechnen lassen oder damit warten, bis man mit den Ergebnissen die weiter unten zu entwickelnde Iteration überprüfen kann.

Die Methode, die zum linearen Potentialtopf führte, läßt sich verallgemeinern:

Grundüberlegungen zur Schrödinger-Gleichung

Die eindimensionale, zeitunabhängige Schrödinger-Gleichung kann mit Hilfe dreier einfacher Postulate und einer Grundannahme plausibel gemacht werden:

1. Die Gleichung muß eine Verallgemeinerung der De-Broglie-Beziehung sein:

   Dem Impuls mv eines Teilchens der Masse m wird eine Welle der Wellenlänge λ zugeordnet.

   $$m \cdot v = \frac{h}{\lambda}$$

2. Die einfachste Funktion, die den Verlauf einer stehenden Welle mit fester Wellenlänge längs der x-Achse beschreibt, ist eine Sinusfunktion, die man Wellenfunktion Ψ nennt.

$$\Psi = \sin\left(\frac{2 \cdot \pi \cdot x}{\lambda}\right)$$

Man sucht das dieser Gleichung zugrundeliegende Gesetz, um noch andere, mögliche Wellenfunktionen finden zu können. Dazu wird die erste und zweite Ableitung von Ψ gebildet:

$$\frac{d\Psi}{dx} = \frac{2 \cdot \pi}{\lambda} \cdot \cos\left(\frac{2 \cdot \pi \cdot x}{\lambda}\right)$$

$$\frac{d^2\Psi}{dx^2} = -\frac{4 \cdot \pi^2}{\lambda^2} \cdot \sin\left(\frac{2 \cdot \pi \cdot x}{\lambda}\right)$$

$$\frac{d^2\Psi}{dx^2} = -\frac{4 \cdot \pi^2}{\lambda^2} \cdot \Psi \qquad\qquad (*)$$

3. Der Energieerhaltungssatz muß auch in der Quantenmechanik gelten :

$$E_{kin} + E_{pot} = E_{ges} = const$$

Im folgenden wird die in der Quantenmechanik übliche Schreibweise verwendet:

$$\frac{m \cdot v^2}{2} + V = E \qquad bzw. \qquad \frac{p^2}{2 \cdot m} + V = E$$

Unter Verwendung der De-Broglie-Gleichung ergibt sich:

$$\frac{h^2}{2 \cdot m \cdot \lambda^2} = E - V$$

Multipliziert man diese Gleichung mit $\dfrac{8 \cdot \pi^2 \cdot m}{h^2}$, so erhält man die Koeffizienten von (*):

$$\frac{4 \cdot \pi^2}{\lambda^2} = \frac{8 \cdot \pi^2 \cdot m}{h^2} \cdot (E - V)$$

Setzt man diesen Ausdruck in (*), so erhält man folgende Differentialgleichung für Ψ:

$$\frac{d^2\Psi}{dx^2} = -\frac{8 \cdot \pi^2 \cdot m}{h^2} \cdot (E - V) \cdot \Psi$$

Dies ist bereits die zeitunabhängige Schrödinger-Gleichung für den Sonderfall des kräftefreien Teilchens. Mit der zusätzlichen Grundannahme, daß diese Gleichung auch für Teilchen in Kraftfeldern gilt (die potentielle Energie ist dann ortsabhängig), ist die Überlegung bereits am Ziel.

$$\boxed{\frac{d^2\Psi}{dx^2} = -\frac{8 \cdot \pi^2 \cdot m}{h^2} \cdot (E - V(x)) \cdot \Psi}$$

Dies ist die zeitunabhängige eindimensionale Schrödinger-Gleichung, wie sie seit mehr als 60 Jahren als einfachster Fall der wellenmechanischen Formulierung der Quantentheorie bekannt ist.

Damit ist die Vorbereitungsphase des Projekts (Ist-Analyse) abgeschlossen.

3 Iterative Lösung

In diesem Lernziel geht es in erster Linie darum, die schon aus dem Fundamentum bekannten Methoden zur Lösung von Differentialgleichungen auf ein anderes Problem anzuwenden.

Für Lernziel I.1. und I.2. wurden iterative Methoden eingesetzt, um Lösungen s(t) zu Gleichungen der Form

$$a = \frac{F(s)}{m}$$

zu finden. Diese wurden dort aus verschiedenen "Kraftgesetzen" hergeleitet. In der hier verwendeten Schreibweise würden sie so aussehen:

$$\frac{d^2s}{dt^2} = f\,(\,s(t)\,)$$

Ersetzt man s durch Ψ und t durch x, wird dem Schüler schnell klar, daß die Schrödinger-Gleichung fast die gleiche mathematische Struktur[1] hat, obwohl das behandelte physikalische Phänomen ein völlig neues ist.

Für die Bewegung eines Teilchens in einem ortsabhängigen Kraftfeld wurden Algorithmen entwickelt, die nun als fertige Prozeduren zur Verfügung stehen. Der prinzipielle Aufbau des Programms kann damit recht schnell erarbeitet werden. Nur das "Kraftgesetz" muß entsprechend geändert werden.

Die Kraft und damit der Funktionsterm auf der rechten Seite der Gleichung waren in I.1. und I.2. meist nicht von t abhängig. Hier muß es aber möglich sein, in die Iterationsprozedur bzw. die dem "Kraftgesetz" entsprechende Funktion auch x als Parameter zu übergeben.

> Ein Vorschlag für ein Programm ist "SCHROED0"[2]. Der Einsatz eines geeigneten Standard-Simulations-Programms ist ebenfalls denkbar.

Die Arbeit der Gruppen besteht dann darin, Lösungen der Wellenfunktion für verschiedene ortsabhängige Potentialformen zu finden. Dazu muß natürlich bekannt sein, woran man eine Lösung erkennt. Das ist nur möglich, wenn man sich über die Bedeutung der Wellenfunktion im klaren ist.

4 Deutung

Die Wellenfunktion ermöglicht, die Aufenthaltswahrscheinlichkeit eines Teilchens im vorgegebenen Potential (hier meist Elektron im elektrischen Feld) zu bestimmen. An jedem Ort ist die Wahrscheinlichkeit, bei einem geeigneten Versuch das Teilchen (Elektron) zu finden, proportional zum

---

[1]   "The same equations have the same solutions" (Feynman)
[2]   Siehe "Hinweise zu den Begleitdisketten"

Quadrat der Amplitude der Wellenfunktion an diesem Ort.

Daraus folgt unmittelbar:

Die Wellenfunktion für einen stabilen Zustand muß so gestaltet sein, daß das Integral ihres Quadrates über den ganzen Raum gleich Eins sein muß, oder, wenn man auf eine Normierung keinen Wert legt, auf jeden Fall endlich.

Eine Wellenfunktion muß also für große x-Werte gegen Null gehen. (Diese Bedingung ist eigentlich nicht hinreichend, man kann aber abschätzen (siehe Literaturverzeichnis in [3]), daß eine solche Lösung immer unter einer abnehmenden Exponentialfunktion liegt, deren Integral konvergiert.)

Einige Beispiele solcher Lösungen bzw. Nicht-Lösungen zeigen die Graphiken a) bis f) am Ende dieses Abschnitts.

Vergleicht man die gefundenen Lösungen für den linearen Potentialtopf mit "fast-unendlich" hohen Rändern mit den elementar-mathematisch gefundenen, so zeigt sich gute Übereinstimmung.

Auch auf die Heisenbergsche Unbestimmtheitsrelation kann man gut noch einmal zurückkommen: Je enger der Potentialtopf, desto höher ist das niedrigste Energieniveau.

Bei geeigneten Potentialen und Anfangswerten können aber auch instabile Lösungen auftreten. So kann der Tunneleffekt dargestellt werden: Außerhalb des Potentialwalls ergibt sich eine konstante Wellenlänge der Wellenfunktion, d.h. das durch sie vertretene Teilchen hat konstanten Impuls. Daß es sich nicht um eine stabile Lösung handeln kann, sieht man am unendlichen Integral des Quadrats der Wellenfunktion (Graphiken g) und h)).

Einschränkungen, bzw. Grenzen der verwendeten Schrödinger-Gleichung:

- Die zeitliche Änderung einer Wellenfunktion kann nicht untersucht werden.
- Es wird nur eine Dimension betrachtet. Dadurch stimmen die Energiewerte nicht mit den gemessenen überein. Auf Lösungen, die sich durch den dreidimensionalen Aufbau des Atoms ergeben, kann man nur kurz eingehen. Anregungen (2-dimensionales Analogon, graphische Darstellung, Cladnische Figuren, usw.) finden sich dazu in vielen Fachzeitschriften [4]. Insbesondere die "Orbitale", die den Schülern aus der Chemie bekannt sind, sollte man auf jeden Fall kurz ansprechen.
- Es werden nur Ein-Teilchen-Systeme betrachtet.

5 Erweiterung

Wenn im Kurs Mathematik-Leistungskurs-Schüler oder sonstige, in bezug auf Mathematik mutige Schüler überwiegen, bzw. wenn sich bei der Diskussion der Ergebnisse große Unzufriedenheit mit den erreichten Werten bzw. der eindimensionalen Vorgehensweise ergibt, bietet sich eine Erweiterung an.

Das im folgenden entwickelte Vorgehen führt zu den "richtigen" Werten und kann von einem geeigneten Team nachvollzogen und in Form eines Referats den übrigen Schülern vorgestellt werden.

Aus der Gleichung (*) von S. 140 folgt für alle drei Koordinaten das System :

$$\frac{d^2\Psi}{dx^2} = -\frac{4 \cdot \pi^2}{\lambda_x^2} \cdot \Psi \; ; \quad \frac{d^2\Psi}{dy^2} = -\frac{4 \cdot \pi^2}{\lambda_y^2} \cdot \Psi \; ; \quad \frac{d^2\Psi}{dz^2} = -\frac{4 \cdot \pi^2}{\lambda_z^2} \cdot \Psi \; ;$$

Wobei Ψ eine Funktion von allen drei Koordinaten, also $\Psi(x,y,z)$ ist.[1]

Zerlegt man wieder die Gesamtenergie in Komponenten, so erhält man:

$$\frac{m \cdot (v_x^2 + v_y^2 + v_z^2)}{2} + V = E$$

$$\frac{m \cdot v_x^2}{2} + \frac{m \cdot v_y^2}{2} + \frac{m \cdot v_z^2}{2} = E - V$$

Unter Verwendung der De-Broglie-Gleichung $\lambda_x = \frac{h}{m \cdot v_x}$ wird daraus

$$\frac{h^2}{2\,m \cdot \lambda_x^2} + \frac{h^2}{2\,m \cdot \lambda_y^2} + \frac{h^2}{2\,m \cdot \lambda_z^2} = E - V$$

$$\frac{4 \cdot \pi^2}{\lambda_x^2} + \frac{4 \cdot \pi^2}{\lambda_y^2} + \frac{4 \cdot \pi^2}{\lambda_z^2} = \frac{8 \cdot \pi^2 \cdot m}{h^2} \cdot (E - V)$$

Jetzt setzt man (**) ein:

$$\frac{d^2\Psi}{dx^2} + \frac{d^2\Psi}{dy^2} + \frac{d^2\Psi}{dz^2} = -\frac{8 \cdot \pi^2 \cdot m}{h^2} \cdot (E - V) \cdot \Psi$$

Mit der zusätzlichen Grundannahme (Gültigkeit auch für ortsabhängige Potentiale) ergibt sich:

$$\boxed{\frac{d^2\Psi}{dx^2} + \frac{d^2\Psi}{dy^2} + \frac{d^2\Psi}{dz^2} = -\frac{8 \cdot \pi^2 \cdot m}{h^2} \cdot (E - V(x,y,z)) \cdot \Psi}$$

Dies ist die dreidimensionale zeitunabhängige Schrödinger-Gleichung.

Man könnte nun versuchen, für diese allgemeine Formulierung eine dreidimensionale Iterationsmethode zu entwickeln, was aber zu Schwierigkeiten führt, da die gegenseitige Beeinflussung der verschiedenen Koordinaten in

---

[1]   Deshalb müßten hier eigentlich die partiellen Ableitungen stehen.
       Da es sich auch hier wieder nur um eine Plausibilitätsbetrachtung handelt, wird man bei der den Schülern bekannten (wenn auch nicht exakten) Schreibweise bleiben.

jedem Iterationsschritt berücksichtigt werden muß.

Eine sinnvolle Vereinfachung wird in mehreren Lehrbüchern und Beiträgen in Fachzeitschriften (siehe [5],[6] im Literaturverzeichnis) vorgeschlagen: Die Kugelsymmetrie des Coulomb-Potentials des Wasserstoffkerns legt den Gedanken nahe, daß auch zugehörige Wellenfunktionen kugelsymmetrisch und damit nur vom Radius r abhängig sein könnten.

Man sucht also eine nur vom Radius abhängige Form der dreidimensionalen zeitunabhängigen Schrödinger-Gleichung.

Diese erhält man mit $r^2 = x^2 + y^2 + z^2$ unter Anwendung der Kettenregel:

$$\frac{d\Psi}{dx} = \frac{d\Psi}{dr} \cdot \frac{dr}{dx}$$

Mit $r = \sqrt{x^2 + y^2 + z^2}$ ist:

$$\frac{dr}{dx} = \frac{x}{r} \quad \text{und} \quad \frac{dx}{dr} = \frac{r}{x}$$

und damit:

$$\frac{d\Psi}{dx} = \frac{d\Psi}{dr} \cdot \frac{x}{r}$$

Mit Produkt– und Quotientenregel folgt für die 2.Ableitung:

$$\frac{d^2\Psi}{dx^2} = \left[\frac{d^2\Psi}{dr^2} \cdot \frac{x}{r} + \frac{d\Psi}{dr} \cdot \frac{\frac{r}{x} \cdot r - x}{r^2} \right] \cdot \frac{x}{r}$$

$$= \frac{d^2\Psi}{dr^2} \cdot \frac{x^2}{r^2} + \frac{d\Psi}{dr} \cdot \frac{1}{r} - \frac{d\Psi}{dr} \cdot \frac{x^2}{r^3}$$

Entsprechendes gilt für die Ableitungen nach y und z.

Die Summe der drei zweiten Ableitungen (linke Seite der Schrödinger-Gleichung) führt damit zu dem Ausdruck:

$$\frac{d^2\Psi}{dr^2} \cdot \frac{x^2 + y^2 + z^2}{r^2} + \frac{d\Psi}{dr} \cdot \frac{3}{r} - \frac{d\Psi}{dr} \cdot \frac{x^2 + y^2 + z^2}{r^3}$$

Das ergibt vereinfacht:

$$\frac{d^2\Psi}{dr^2} + \frac{d\Psi}{dr} \cdot \frac{3}{r} - \frac{d\Psi}{dr} \cdot \frac{1}{r} = \frac{d^2\Psi}{dr^2} + \frac{d\Psi}{dr} \cdot \frac{2}{r}$$

Eingesetzt in die dreidimensionale Schrödinger-Gleichung ergibt sich:

$$\boxed{\frac{d^2\Psi}{dr^2} = -\frac{8 \cdot \pi^2 \cdot m}{h^2} \cdot (E - V(r)) \cdot \Psi - \frac{d\Psi}{dr} \cdot \frac{2}{r}}$$

Das ist die "radiale" Schrödinger-Gleichung.

Ihre iterative Lösung ist mit Einsatz des gleichen Programms möglich, mit dem auch die eindimensionale Gleichung gelöst wurde.

Die Iteration muß die Ableitung von Ψ berücksichtigen und den zur Coulomb-Energie beim Wasserstoffkern gehörigen Potentialtopf verwenden.

$$V(r) \; = \; - \; \frac{e^2}{4 \cdot \pi \cdot \varepsilon_0 \cdot r}$$

Bei der Durchführung der Iteration ergeben sich dann tatsächlich Energie-eigenwerte von etwa -13,6eV, -3,4eV, -1,54eV usw., die auch im Experiment gemessen werden.

6 Erläuterungen zu SCHROEDM.EXE[1]

Nach dem Programmstart erscheint das Hauptmenü. Der gewünschte Punkt kann mit den Zifferntasten oder mit den Pfeiltasten und RETURN ausgewählt werden. Die Unterauswahl erfolgt mit den Pfeiltasten, wobei der ausgewählte Punkt invertiert wird. Die RETURN-Taste bestätigt die Auswahl. Drückt man dagegen die ESC-Taste, so wird das Turbo-Pascal-Programmlisting des Auswahlpunkts auf dem Bildschirm gezeigt. Damit kann SCHROEDM.EXE nicht nur als fertiges Anwenderprogramm, sondern auch zur Anregung bei der Durchführung des Projekts verwendet werden.

Der Programmlauf beginnt damit, daß der Potentialverlauf dargestellt wird und dann wird nach Startwerten für die Iteration gefragt. Das Programm stellt jeweils ein Feld von Startwerten zur Verfügung, die in der Nähe stabiler Energieniveaus liegen bzw. eine übersichtliche Darstellung ermöglichen. Diese Werte können mit dem Aufwärts- bzw. Abwärtspfeil ausgewählt werden. An unterster Stelle steht dabei stets der zuletzt benutzte Startwert. Für den aktuell angezeigten Startwert ist unter Benutzung der Rechts- bzw. Linkspfeiltaste eine einfache Editiermöglichkeit gegeben. Auf die Auswahl- bzw. Editiermöglichkeit wird durch die Zeichen $\updownarrow \leftrightarrow$ hingewiesen.

Wegen der Symmetrie der betrachteten Potentialtöpfe werden die Anfangswerte der Wellenfunktion nur im Ursprung variiert; die Iteration wird für steigende x-Werte durchgeführt. Zur Darstellung der Funktionswerte für negative x wird nur die Symmetrie angewandt.

Da Lösungen entweder punkt- oder achsensymmetrisch sein müssen, muß am Ursprung entweder Psi gleich Null ($\Psi = 0$) oder Psi-Strich gleich Null ($d\Psi/dx = 0$) sein.

Hat man die Gesamtenergie sowie die Startwerte der Wellenfunktion und ihrer

---

1   Siehe "Hinweise zu den Begleitdisketten"

Ableitung eingegeben, so wird zuerst durch einen kurzen, waagrechten Strich das Niveau der Gesamtenergie im Bild des Potentialverlaufs gekennzeichnet und der Iterationslauf gestartet. Der Iterationslauf kann durch Tastendruck unterbrochen werden.

Die zu den Startwerten berechnete Wellenfunktion, deren Auslenkung dimensionslos ist, wird nun in dem Bild des Potentials dargestellt. Dabei wird als Ausgangsniveau die Gesamtenergie benutzt und die Auslenkung nach oben (ohne Einheit) angetragen. Die Schüler sind ausdrücklich darauf hinzuweisen, daß im selben Diagramm zwei Größen verschiedener Dimension dargestellt werden. Die Gefahr einer Verwechslung wird jedoch in Kauf genommen, da man durch diese Darstellung leicht den klassisch erlaubten Bereich mit dem Verlauf der Wellenfunktion vergleichen kann. Ferner wird die Besprechung der gemeinsamen Eigenschaften der Wellenfunktionen sehr erleichtert, da diese zu verschiedenen Energieniveaus gleichzeitig und unterscheidbar auf dem Bildschirm dargestellt werden können.

Die folgenden Abbildungen a) bis d) zeigen, wie für den eindimensionalen Coulomb-Potentialtopf ein stabiles Energieniveau gesucht werden kann: Das Programm schlägt die Startwerte -13.58 eV für die Energie, 0 für Psi und +20 für Psi-Strich vor. Natürlich kann man mit beliebigen selbstgewählten Werten ebenso beginnen, die Suche dauert dann meist etwas länger. Es wird eine Wellenfunktion mit den gegebenen Anfangswerten gezeichnet; sie hat ein Maximum und nähert sich anschließend an die Nullinie an, die durch das Energieniveau dargestellt wird. Doch etwa ab 4Å rechts vom Ausgangspunkt weicht der Graph nach unten ab und strebt schnell gegen minus Unendlich. Wegen der Punktsymmetrie geht der linke Funktionsast gegen plus Unendlich. Nachdem man die Energie auf -13.59 eV geändert hat, startet man den Iterationslauf von neuem. Es entsteht fast der gleiche Graph, der jedoch jetzt ab etwa 5 Å gegen plus Unendlich strebt (Bild b). Zwischen -13.58 eV und -13.59 eV ändert die Wellenfunktion für "große" x-Werte ihr Vorzeichen, hat dort also möglicherweise eine Stelle, an der ihr Wert auch für große x-Werte Null wird. Tatsächlich gelingt es mit dem Energieniveau -13,58707 eV die Wellenfunktion bis 8 Å auf dem Nullniveau zu halten (Bild c). Eine größere Genauigkeit ist mit diesem Programm nicht möglich. Läßt man nun mit diesem Wert statt der Wellenfunktion die Aufenthaltswahrscheinlichkeit darstellen, so erhält man Bild d). Man erkennt die prinzipiell endliche Fläche und die endliche Aufenthaltswahrscheinlichkeit im klassisch verbotenen Bereich ab ca. 1 Å.

Die Bilder e) und f) zeigen Wellenfunktionen und Aufenthaltswahrscheinlichkeiten zu verschiedenen Energieniveaus in einem Rechteckpotentialtopf der Breite 4 Å und der Tiefe 40 eV. Der Verlauf im klassisch verbotenen Bereich ist recht gut erkennbar.

Die Bilder g) und h) zeigen den Tunneleffekt, d.h. den verschiedenen Verlauf der Wellenfunktion an dicken bzw. dünnen Potentialwällen.

Die in der Erweiterung unter 5. angesprochenen radialen Wellenfunktionen des Wasserstoffatoms werden in Bild i) und j) dargestellt.

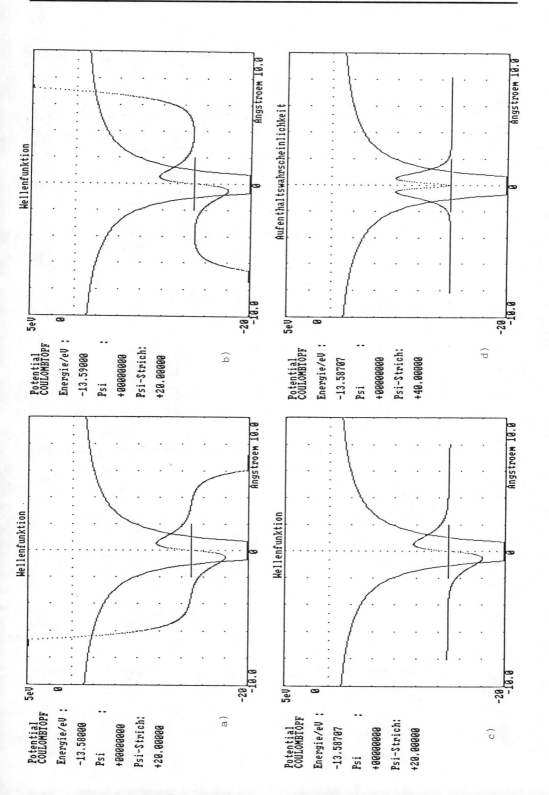

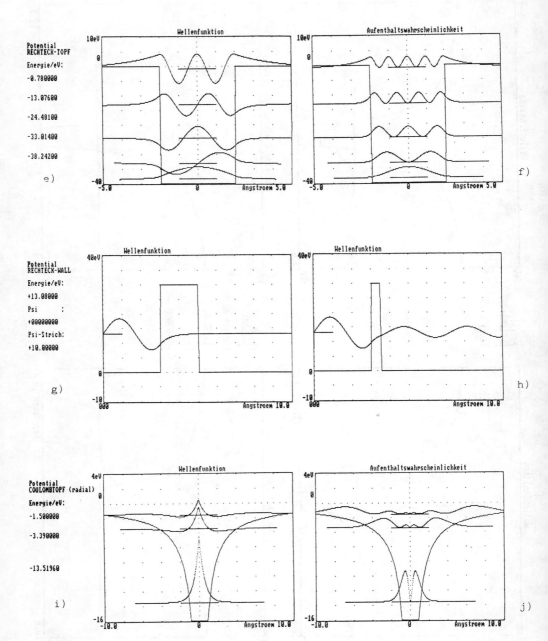

7 Literatur

[1] Schpolski, E.W. : Atomphysik - Teil 1, Deutscher Verlag der Wissenschaften, Berlin 1988

[2] Schmincke Bernhard und Wiesner Hartmut : Praxis der Naturwissenschaften Physik 9/82, Seite 257 ff.

[3] Wolf Hans-Joachim : Praxis der Naturwissenschaften Physik 4/87, Seite 11 ff.

[4] Schröder Klaus G. : Praxis der Naturwissenschaften Physik 4/87, Seite 17 ff.

[5] Schpolski, E.W. : Atomphysik, Teil 1, Deutscher Verlag der Wissenschaften, Berlin 1977 (In neueren Ausgaben ist dieser Teil nicht mehr enthalten)

[6] Wolf Hans-Joachim : Praxis der Naturwissenschaften Physik 4/87, Seite 14 ff.

[7] Brachner Alto und Fichtner Richard : Quantenmechanik, Schroedel Verlag, Hannover 1980

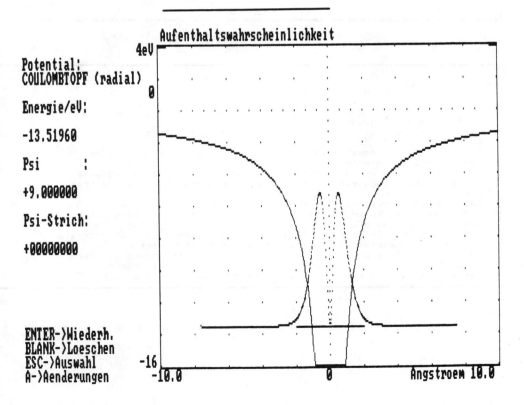

Bildschirausdruck: SCHROEDM.EXE (wie Abb. j auf Seite 148)

```
 ┌──────────────────────────────────────────────────────────────┐
 │                                                                │
 │    ┌─────────────────────────────────────────────┐            │
 │    │ Iterative Lösung von Schrödinger-Gleichungen │           │
 │    └─────────────────────────────────────────────┘            │
 │                                                                │
 │      O   ENDE                              UNENDLICH HOCH      │
 │                                            RECHTECK-TOPF       │
 │                                            RECHTECK MIT RAND   │
 │      1   PROGRAMMLAUF                       RECHTECK-WALL       │
 │                                            HARMONISCH          │
 │                                            COULOMBTOPF         │
 │      2   Auswahl Potential    (COULOMBTOPF) COULOMBTOPF (radial)│
 │                                                                │
 │                                                                │
 │      3   Auswahl Iteration    (Runge-Kutta-Verfahren)         │
 │                                                                │
 │                                                                │
 │      4   Auswahl Darstellung (Wellenfunktion)                 │
 │                                                                │
 │      5   Programmbeschreibung                                 │
 │                                                                │
 │  Auswahl --> Pfeiltaste   Bestätigung --> RETURN   Programmcode anzeigen --> ESC │
 │                                                                │
 └──────────────────────────────────────────────────────────────┘
```

```
 ┌──────────────────────────────────────────────────────────────┐
 │                                                                │
 │             B E D I E N U N G S A N L E I T U N G             │
 │                                                                │
 │ Beim Hauptmenu kann der gewunschte Punkt mit den Pfeil- oder den │
 │ Zifferntasten ausgewählt werden.                               │
 │ Die Unterauswahl erfolgt mit den Pfeiltasten, die Bestätigung mit der │
 │ ENTER-Taste.                                                   │
 │ Druckt man statt dessen die ESC-Taste, so wird der Programmcode │
 │ des Auswahlpunkts angezeigt.                                   │
 │ Während des Programmlaufs mussen Startwerte fur Energie, Wellenfunktion │
 │ und deren Ableitung eingegeben werden. Dies wird durch das Zeichen "" │
 │ angezeigt.                                                     │
 │ Das Programm stellt Startwerte zur Verfugung, die in der Nähe von │
 │ konvergierenden Wellenfunktionen liegen, bzw. eine günstige Bild- │
 │ schirmdarstellung ergeben.                                     │
 │ Die Auswahl erfolgt mit dem Aufwarts- bzw. Abwärtspfeil. An unterster │
 │ Stelle steht dabei stets der zuletzt benutzte Startwert.       │
 │ Fur den aktuell angezeigten Startwert ist unter Benutzung der rechten │
 │ bzw. linken Pfeiltaste eine einfache Ediermoglichkeit gegeben. │
 │ Der Iterationslauf kann durch Tastendruck unterbrochen werden. │
 │                                                                │
 └──────────────────────────────────────────────────────────────┘
```

Bildschirmausdruck von Auswahlmenue und Bedienungsanleitung zu

SCHROEDM.EXE (siehe auch Hinweise zu den Begleitdisketten)

Erstellung eines Modells vom radioaktiven Zerfall

Im Projekt III b sollen zuerst die Lerninhalte Nulleffekt, Zerfallsgesetz und Halbwertszeit arbeitsteilig erarbeitet werden. Zusätzlich ist noch die Beschäftigung mit der statistischen Beschreibung des radioaktiven Zerfalls vorgesehen. Den eigentlichen Schwerpunkt jedoch bildet die Erarbeitung und Verifizierung eines Modells, das auf Wahrscheinlichkeitsbetrachtungen zum Zerfall der einzelnen Atomkerne basiert, und mit dem sich die verschiedenen Aspekte der radioaktiven Strahlung erklären lassen.

Bei diesem Projekt wird vor allem die Phase der Realisierung, bei der die Schüler ein Programmpaket mit Programmen zur Meßwerterfassung, Simulation, Auswertung und graphischen Darstellung erstellen, ausführlich durchgeführt werden.

1 Vorschlag für die Konzeption des Projektes

- Darlegung der Ausgangslage (Nulleffekt, statistisches Schwanken der Zählraten, Abnahme der Zählraten mit der Zeit) - 1 Std.- Lehrervortrag
- Modularisierung - Aufteilung der Arbeit auf Teilgruppen - 1 Std.- Plenumsdiskussion
- Erstellung der Meß-, Simulations- und Auswertprogramme; Weitergabe der erarbeiteten Informationen in Kurzreferaten vor dem Plenum und in Handreichungen; Festlegung des Datenformats für den Datenaustausch; Dokumentation der erstellten Software-Produkte (Bedienungsanleitung, Programmstruktur, Listing) - 5 Std.- Gruppenarbeit
- Vorstellung und Bewertung der Produkte - 1 Std.- Plenumsdiskussion
- Zusammenfassung der gewonnenen physikalischen Erkenntnisse, Lösung von Übungsaufgaben - 2 Std.- Plenumsdiskussion

Nach Abschluß des Projektes sollen alle Schüler einen Überblick über das Gesamtprojekt haben. Dies beinhaltet u.a. Kenntnisse der Struktur der verschiedenen Teilprogramme, Kenntnis des erarbeiteten Modells für den radioaktiven Zerfall, des Zerfallsgesetzes (mit den Begriffen Halbwertszeit und Zerfallskonstante mit ihrer statistischen Deutung) und der Poisson-Verteilung.

2 Durchführung des Projektes

2.1 Die Planungsphase (Konzeptionsphase)
Darlegung der Ausgangslage (Ist-Analyse)

In dieser Phase werden als Ausgangspunkt für das Projekt die physikalischen Sachverhalte des radioaktiven Zerfalls dargelegt. Dazu werden wiederholt während einer festen Meßdauer (Torzeit) die auftretenden Impulszahlen eines Zählrohres mit einem herkömmlichen Zähler registriert. Man stellt dabei fest, daß die gemessenen Impulszahlen stark schwanken, und man höchstens statistische Aussagen über eine große Anzahl von Zählraten machen kann.

Wie schon bei Lernziel 5 führt auch hier der Computer zur Zeitersparnis und stellt neue Auswertungsmöglichkeiten zur Verfügung. Die dazu notwendige Schaltung und das grundsätzliche Meßprogramm sind bereits dort beschrieben.

Die eigentliche projektvorbereitende Messung wird in zwei Phasen durchgeführt:

a) ohne radioaktives Präparat mit relativ langer Torzeit (z.B. 20 s);

b) mit radioaktivem Präparat und mit deutlich kürzerer Torzeit (z.B. 1 s).

Aus den Messungen können dann (nach Festlegung der Begriffe Impulszahl und Impulsrate) die folgenden Erkenntnisse gewonnen werden:

Aus a): Auch ohne radioaktives Präparat stellt man eine von Null verschiedene Zählrate fest, die - gemittelt über einen längeren Zeitraum - einem festen Wert zustrebt. Dieser Wert wird als Nullrate bezeichnet.

Die Ursachen für das Auftreten der Nullrate und ihrer örtlichen und jahreszeitlichen Schwankungen werden den Schülern mitgeteilt. Außerdem ist erkennbar, daß bei der exakten Registrierung von Zählraten bei einem radioaktiven Präparat der Nulleffekt zu berücksichtigen ist.

Aus b): Die auftretenden Zählraten unterliegen auch mit radioaktivem Präparat starken zufälligen Schwankungen, deren Ursache wohl in atomaren, dem Zufall unterworfenen Prozessen zu suchen ist. Man wird sich also um eine von den einzelnen Atomkernen ausgehende, stochastische Hypothese bemühen müssen.

Da hier mehrere Ansätze denkbar sind, werden basierend auf den jeweiligen Hypothesen Rechnersimulationen durchgeführt, deren Ergebnisse anschließend mit denen des Realexperimentes verglichen werden. Eine Entscheidungshilfe, welche der möglichen Hypothesen den radioaktiven Zerfall am besten beschreibt, wird dann der Grad der Übereinstimmung mit dem Real-Experiment liefern.

Die weiteren Stadien der Planungsphase *Zielfestlegung* (Sollkonzept), *Durchführbarkeitsstudie* und *Projektplanung* werden bei diesem Projekt vermutlich nur kurz angesprochen, aber sonst nicht weiter ausführlich behandelt.

2.2 Phase der Produkterstellung (Realisierungsphase)

2.2.1 Modularisierung - Modulerstellung

Bei dem behandelten Projekt sollen die simulierten Zählraten in gleicher Weise wie die im Experiment ermittelten in der für statistische Zählraten üblichen Weise ausgewertet werden. Die Arbeit muß außerdem wegen des großen Umfanges auf Gruppen aufgeteilt werden. Durch diese beiden Forderungen ergibt sich zwangsläufig eine grobe Gliederung der Gesamtaufgabe

- in Module zur *Erzeugung* von Zählratendateien (Experiment und Simulation)
- und in Module zur *Auswertung* von Zählraten, die aus einer Zählratendatei gelesen werden

Bei letzteren Modulen ist noch zu unterscheiden, ob bei den Zählraten ein deutlich abnehmender Trend zu erkennen ist (Zerfallskurve bei Präparaten mit relativ kurzer Halbwertszeit) oder ob die Zählraten im Mittel gesehen konstant bleiben (statistische Analyse).

Es wird vorgeschlagen, die vier folgenden Programm-Module erstellen zu lassen, deren Zusammenwirken in der Abbildung auf der übernächsten Seite graphisch veranschaulicht ist:

Modul 1: Registrierung von Zählraten, die beim radioaktiven Zerfall auftreten, mit Physikinterface und Computer; Ablage der Meßwerte in einer Datei auf einem externen Speichermedium (z.B. Diskette).

Modul 2: Simulation einer entsprechend großen Zahl von Zählraten nach Gesetzmäßigkeiten der zu Grunde gelegten Hypothese; Ablage der Meßwerte in einer Datei auf einem externen Speichermedium (z.B. Diskette).

Modul 3: Lesen von Zählratendateien von einem externen Speichermedium und graphische Darstellung in Abhängigkeit von der Zeit, auch in halblogarithmischem Maßstab.

Modul 4: Lesen von Zählratendateien von einem externen Speichermedium und Auswertung nach statistischen Methoden:
- Darstellung der Zählratenhäufigkeiten als Histogramm
- Vergleich mit der zugehörigen Poisson-Verteilung

Ein optischer Vergleich der erhaltenen Ergebnisse kann z. B. durch die Ausgabe der entsprechenden Diagramme über einen Drucker unterstützt werden.

Besonderes Augenmerk ist bei diesem Projekt auf die gute Zusammenarbeit zwischen den Gruppen und auf die exakte Vereinbarung von Software-Schnittstellen zu legen:

Es muß genau festgelegt werden

- was,
- in welcher Form und
- in welcher Reihenfolge

abgespeichert wird.

2.2.2 Systemintegration

Je nachdem, ob nach der Modulerstellung und -austestung noch Zeit zur Verfügung steht, wird man die einzelnen Module entweder nur als separate, miteinander kommunizierende Programme einsetzen, sie von einem Menüprogramm aus in Overlaytechnik nachladen oder sie sogar in ein gemeinsames großes Programm mit Verteilermenü einbinden lassen.

2.3 Bewertungsphase

Einen nicht zu geringen Raum des Projektes sollte die Bewertungs- oder auch Auswertungsphase einnehmen, in der mit den Programmen physikalische Erkenntnisse gesammelt und gesichert werden. Meist wird hier der Lehrer den einzelnen Projektgruppen mit gezielten Hilfestellungen und Arbeitsblättern wieder stärker zur Seite stehen und den Projektverlauf insgesamt etwas dirigistischer leiten müssen.

Es empfiehlt sich an dieser Stelle, wenn irgend möglich, auch eine Unterrichtsphase mit der Bearbeitung von herkömmlichen Übungsaufgaben anzuschließen, die zur Lernzielkontrolle dienen, nicht zuletzt, um damit für Prüfungsaufgaben abfragbares Wissen bereitzustellen.

Erstellung eines Modells vom radioaktiven Zerfall

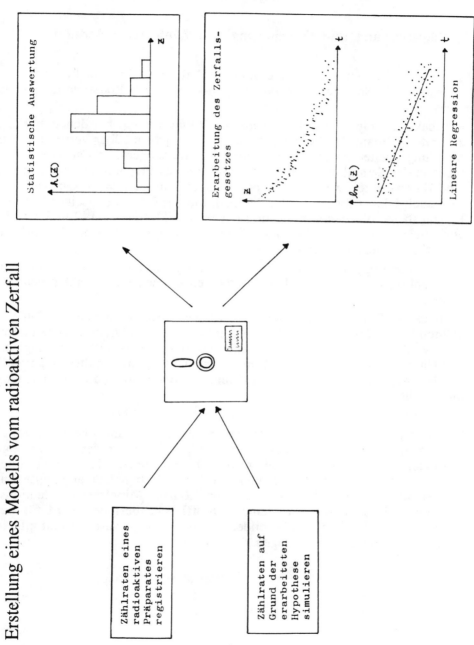

3 Realisierungsvorschläge zu den Modulen

3.1 Registrierung und Speicherung von Zählraten (Modul 1)

Wie im Lehrplan schon durch die optische Aufteilung in zwei Lernziele ge-
gliedert, soll die Strahlung von zwei Typen radioaktiver Präparate untersucht
werden:

- Radioaktive Präparate mit *sehr langer Halbwertszeit*, bei denen sich die
  Zählrate während der Versuchsdurchführung nicht meßbar verringert. Als
  Strahlungsquellen für die durchzuführenden Messungen bietet sich ein beliebiges in der Sammlung vorhandenes radioaktives Präparat an, das ja sicher
  eine Halbwertszeit weit jenseits der Versuchsdauer aufweist. Gut geeignet
  sind auch Glühstrümpfe für Gaslampen, die zur Erreichung einer höheren
  Lichtausbeute mit den natürlichen radioaktiven Stoffen Ce 142 und Th 232
  angereichert sind, deren Aktivität jedoch so gering ist, daß keine besonderen
  Sicherheitsmaßnahmen getroffen werden müssen.

  Um die nachfolgende statistische Auswertung zu vereinfachen, sollte man
  den Zählrohrabstand so wählen, daß die gemessenen Impulszahlen deutlich
  unter 20 liegen.

- Radioaktive Präparate mit *kürzerer Halbwertszeit*, bei denen die Zählrate
  während der Versuchsdurchführung deutlich meßbar abnimmt. Dabei kommen wohl nur Stoffe in Frage, die beim radioaktiven Zerfall eines langlebigen Nuklids entstehen, und die dann zu Versuchsbeginn von diesem getrennt
  werden müssen. Zwei derartige Strahlungsquellen wurden auf ihre Eignung
  untersucht:

  - Isotopengenerator Cs 137/Ba 137 (PHYWE Nr. 09047.37)

    "Das Cäsium-Isotop Cs 137 (Halbwertszeit ca. 30 Jahre) besitzt zwei ß-
    Übergänge in das Barium-Isotop Ba 137, wobei einer der ß-Übergänge
    zunächst auf einen angeregten Ba-Zustand führt: dieser geht unter
    Gamma-Emission in den stabilen Ba-Zustand über. Der angeregte Ba-
    Zustand besitzt eine Halbwertszeit von 2,6 Min. Mittels einer Eluations-
    lösung, die sich in einer kleinen Tropfflasche befindet, wird für das
    Experiment das sich ständig bildende Barium ausgewaschen und z.B. in
    einem Reagenzglas aufgefangen."[1]

---

1 PHYWE Physik-Hauptkatalog P0490, S. 472

Die Versuchsdurchführung ist einfach: Man preßt mit der flexiblen Eluationsflüssigkeits-Flasche ca. 1 cm³ Lösungsmittel durch den zylinderförmigen Isotopengenerator. Die austretende, mit Ba 137 angereicherte Flüssigkeit wird mit einem Reagenzglas aufgefangen, das dann direkt vor einem für Gamma-Strahlung empfindlichen Zählrohr angeordnet wird. Da die auftretenden Zählraten nicht sehr hoch sind, muß sofort mit der Messung begonnen werden. Außerdem ist die Nullrate bei der Auswertung zu berücksichtigen.

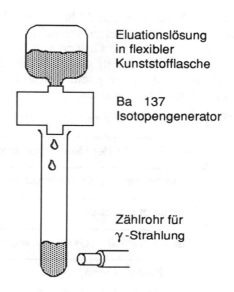

Eluationslösung
in flexibler
Kunststofflasche

Ba 137
Isotopengenerator

Zählrohr für
γ -Strahlung

- Gefäß mit Thoriumsalz (LEYBOLD DIDACTIC GmbH Nr. 546 36)

Das als Folgeprodukt des Thorium-Zerfalls entstehende gasförmige Radon 220 (Alpha-Strahler, Halbwertszeit 55,6 s) kann durch Zusammendrücken der flexiblen Kunststoff-Flasche, in der sich das Thoriumsalz befindet, in ein auf das Zählrohr aufgestecktes Rohr gedrückt werden. Das Einlaßventil dieses Rohres ist anschließend sofort wieder zu schließen.

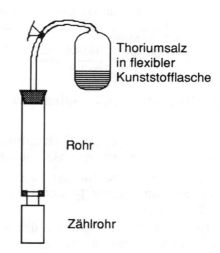

Thoriumsalz
in flexibler
Kunststofflasche

Rohr

Zählrohr

- Ionisationskammer zur Aufnahme der Zerfallskurve.

Bei diesem Gerät wird aus der Stärke des Ionisationsstroms auf die Anzahl der pro Zeiteinheit stattfindenden Zerfälle geschlossen. Da es nicht leicht ist, aus den statistisch schwankenden Stromstärken eine Zählratendatei zu erzeugen, die für ein Auswertprogramm benötigt wird, erscheint dieser Versuch hier weniger geeignet.

Das zur Aufnahme und Ablage der Zählraten notwendige Programm lehnt sich stark an das Einführungsbeispiel in Lernziel 5 an. Seine Erstellung eignet sich deshalb auch für eine Gruppe von Schülern, die im Programmieren noch nicht sehr erfahren sind. Für das zur Ablage verwendete Dateiformat sind mit den anderen Gruppen geeignete Vereinbarungen zu treffen. Einen konkreten Vorschlag dafür findet man im Anhang dieses Kapitels.

Programmstruktur des Zählratenerfassungsprogrammes "MESSEN":

Anzahl TMAX der Messungen eingeben

| Speicherbereich für Zählerstände reservieren (1..TMAX) |

| Torzeit dt eingeben |

| Für Intervall-Nr. 1 bis TMAX wiederhole |
| Zähler starten |
| Ende der Torzeit abwarten |
| Zählerstand ZZ lesen, auf Bildschirm ausgeben |
| Zählerstand ZZ in reserviertem Speicherbereich ablegen |

| Falls gewünscht : Ablage von dt, TMAX und den Zählerständen auf Diskette |

3.2 Simulation des radioaktiven Zerfalls (Modul 2)

Als Ursache für die statistisch auftretenden Zählraten bei radioaktiven Stoffen sind verschiedene atomare Mechanismen denkbar, so z.B.:

- Hypothese 1: Die Atomkerne des betrachteten Stoffes besitzen wie Lebewesen eine bestimmte Lebensdauer, die statistisch um einen Mittelwert schwankt.

- Hypothese 2: Für alle Kerne des betrachteten Stoffes ist die Wahrscheinlichkeit, in der nächsten Sekunde zu zerfallen, gleich groß und unabhängig vom Zerfall der übrigen Kerne. Sie hängt außerdem auch nicht von der bisherigen "Lebensdauer" des einzelnen Kerns ab.

Weitere Hypothesen werden sicher von interessierten Schülern eingebracht. Jede betrachtete Hypothese, die nicht schon auf Grund von Plausibilitätsüberlegungen verworfen werden kann, sollte als Grundlage für eine Simulation dienen, deren Ergebnisse dann mit den Ergebnissen des Realexperimentes verglichen werden können. Im folgenden soll die programmtechnische Aufbereitung von Hypothese 2, die üblicherweise zur Erklärung des radioaktiven Zerfalls dient, skizziert werden.

Formulierung der zugrundegelegten Hypothese

Man betrachtet eine gewisse Menge eines radioaktiven Stoffes, der zur Zeit t=0 aus N_0 Atomen mit N_0 zugehörigen Atomkernen besteht. Untersucht man jeweils gleich lange Zeitspannen Δt, z.B. $\Delta t = 1$ s, so ist die Wahrscheinlichkeit, im nächsten Zeitintervall Δt zu zerfallen, für jeden bisher nicht zerfallenen Atomkern gleich groß (=p) und unabhängig vom Zerfall der restlichen Kerne und insbesondere auch von der bisherigen "Lebensdauer" des einzelnen Kerns.

Programm-Idee

Man zerlegt den zu betrachtenden Zeitraum in äquidistante Intervalle Δt. Für jedes dieser Intervalle und für jeden (noch nicht zerfallenen) Kern wird mit Hilfe eines (Pseudo-) Zufallsgenerators ermittelt, ob der Kern (während des betrachteten Zeitintervalles) zerfällt oder nicht. Im ersteren Fall wird der "Zerfall" des Kernes markiert, und außerdem der Zerfallszähler erhöht. An den Enden der einzelnen Zeitintervalle wird registriert, wieviele "Zerfälle" stattgefunden haben, und diese Zahl dann zur weiteren Auswertung abgespeichert.

Datenstruktur

Die N_0 Kerne des radioaktiven Stoffes werden durch ein Feld KERN $[1..N_0]$ von boolschen Variablen repräsentiert, deren Belegung zu Beginn mit 'false' (= noch nicht zerfallen) vorgegeben wird. Ein eventuell stattfindender "Zerfall" erfolgt dann durch Änderung der Variablenbelegung auf 'true'. Die zu den einzelnen Intervallen gehörigen "Zerfallsanzahlen" werden nun in einem Integer-Feld ZAEHLER $[1..TMAX]$ abgelegt.

Bemerkung

Die Simulation des radioaktiven Zerfalls eines instabilen Nuklids mit Hilfe eines Kleinrechners kann die Bedingungen bei einem Real-Experiment immer nur mit Einschränkungen nachvollziehen: Insbesondere bei der Simulation von langlebigen Nukliden mit ihren ungeheuer kleinen Zerfallswahrscheinlichkeiten und extrem großen Kernzahlen (z.B. hat man es beim 3,3 kBq-Ra-226-Präparat ($T = 1,6 \cdot 10^{+3}$ a) mit mehr als 10^{16} Atomen bei Zerfallswahrscheinlichkeiten von weniger als 10^{-10} % zu tun). Dies kann allein schon aus Speicherplatzgründen nicht mehr in der oben skizzierten Form nachvollzogen werden. Man muß sich deshalb auf deutlich kleinere Kernzahlen und größere p-Werte beschränken (beim Programm "ZERFALL" der Begleitdiskette sind beispielsweise maximal 8000 Kerne bei einer minimalen Zerfallswahrscheinlichkeit von 0,4 % vorgesehen). Durch diese Einschränkungen wird immer ein zumindest schwach sinkender Trend der Impulszahlen feststellbar sein. Möchte man dies vermeiden, so muß man sich eines Tricks bedienen und die Eigenschaft "Zerfallen eines Kernes" bewußt ignorieren, so daß die Gesamtkernzahl trotz der Zerfälle nicht abnimmt.

Programmstruktur :

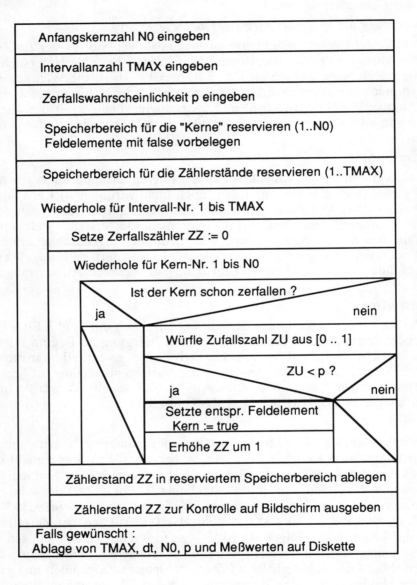

Anfangskernzahl N0 eingeben

Intervallanzahl TMAX eingeben

Zerfallswahrscheinlichkeit p eingeben

Speicherbereich für die "Kerne" reservieren (1..N0)
Feldelemente mit false vorbelegen

Speicherbereich für die Zählerstände reservieren (1..TMAX)

Wiederhole für Intervall-Nr. 1 bis TMAX

> Setze Zerfallszähler ZZ := 0
>
> Wiederhole für Kern-Nr. 1 bis N0
>
>> Ist der Kern schon zerfallen ?
>> ja   nein
>>
>>> Würfle Zufallszahl ZU aus [0 .. 1]
>>>
>>> ZU < p ?
>>> ja   nein
>>>
>>>> Setzte entspr. Feldelement
>>>> Kern := true
>>>>
>>>> Erhöhe ZZ um 1
>
> Zählerstand ZZ in reserviertem Speicherbereich ablegen
>
> Zählerstand ZZ zur Kontrolle auf Bildschirm ausgeben

Falls gewünscht :
Ablage von TMAX, dt, N0, p und Meßwerten auf Diskette

3.3 Darstellung der Impulszahlen in Abhängigkeit von der Zeit; Zerfallsgesetz (Modul 3)

Entsprechend dem Vorgehen im Grundkurs Physik sollen die Schüler an Hand von Zählratenmessungen bei kurzlebigen radioaktiven Präparaten erkennen, daß die Aktivität eines radioaktiven Nuklids exponentiell abnimmt.

3.3.1 Auswertung der gemessenen Impulszahldateien

Dazu werden zuerst einmal von der Arbeitsgruppe 1 aufgenommene reale Impulszahldateien von Diskette eingelesen und in Abhängigkeit von der Zeit graphisch auf dem Bildschirm dargestellt (t-Z-Diagramm). Das erhaltene Schaubild legt die Vermutung eines exponentiellen Abfallens nahe. Wie in solchen Fällen üblich, geht man zu einer halblogarithmischen Darstellung über (t-ln Z-Diagramm), die einen linearen Zusammenhang erkennen läßt. Die sich ergebende "lineare Punktewolke" wird nun durch eine Gerade approximiert. Dies geschieht entweder durch Anlegen einer Geraden "nach Augenmaß" oder durch Berechnen und Einzeichnen der optimalen Geraden nach der "Methode der kleinsten Quadrate". Die benötigten Formeln für die Berechnung der Koeffizienten dieser "Regressionsgeraden" $\ln(Z) = b \cdot t + a$ können dabei einem geeigneten Lehrwerk entnommen werden[1] :

$$b = \frac{\sum (t_i - \bar{t}) \cdot (\ln Z_i - \overline{\ln Z})}{\sum (t_i - \bar{t})^2}$$

$$a = \overline{\ln Z} - b \cdot t$$

Dabei wird mit $\bar{t} = \frac{1}{N} \sum t_i$ der Mittelwert der Zeitpunkte

und mit $\overline{\ln Z} = \frac{1}{N} \sum \ln Z_i$ der Mittelwert der logarithmischen Impulszahlen bezeichnet.

Befinden sich im Kurs Schüler mit ausgeprägten mathematischen Fähigkeiten, so können diese auch mit der Herleitung der obigen Beziehungen beauftragt werden.

Bei Rücktransformation der Regressionsgeraden in die ursprüngliche Darstellung erhält man unmittelbar das Exponentialgesetz:

---

[1] Z.B. Mathematik, Wahrscheinlichkeitsrechnung und Statistik unter Einbeziehung von elektronischen Rechnern, Beschreibende Statistik SR 1, Deutsches Institut für Fernstudien an der Universität Tübingen, Tübingen 1982, S. 51 ff.

$$\ln \ Z(t) = b \cdot t + a$$
$$Z(t) = e^{(b \cdot t + a)}$$
$$Z(t) = e^a \cdot e^{b \cdot t}$$

Einsetzen der Anfangsbedingung $Z(t=0) = Z_0$ ergibt

$$Z_0 = e^a \cdot e^{b \cdot 0} \quad => \quad e^a = Z_0$$

und damit $\qquad Z(t) = Z_0 \cdot e^{b \cdot t}$, wobei b negativ ist.

Substituiert man noch $b = -\lambda$, so erhält man die übliche Darstellung

$$Z(t) = Z_0 \cdot e^{-\lambda \cdot t}$$

λ wird als Zerfallskonstante bezeichnet. Als zusätzlicher Fachbegriff ist noch die Halbwertszeit T einzuführen, d.h. die Zeit, die bis zum Halbieren der Impulszahlen vergeht:

$$Z(t=T) = 0,5 \cdot Z_0 = Z_0 \cdot e^{-\lambda \cdot T} \quad => \quad e^{-\lambda \cdot T} = 0,5$$

Logarithmieren der letzten Beziehung und Auflösen nach T liefert:

$$T = \frac{\ln 2}{\lambda}$$

Das gleiche Vorgehen, graphisch nachvollzogen, zeigt die folgende Bildsequenz[1] .

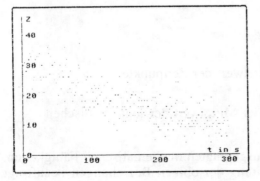 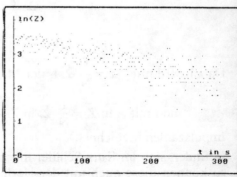

---

1   Diese und alle folgenden Bildschirmausdrucke dieses Kapitels wurden von Programmen
     gemacht, die im Rahmen einer Lehrplanerprobung von Schülern angefertigt wurden (mit
     C-64 + CAP-CS-2).

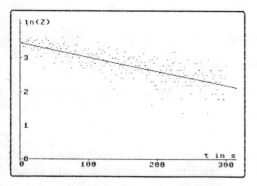 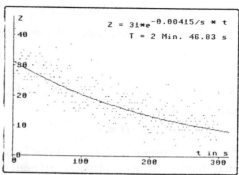

3.3.2 Auswertung der simulierten Impulszahldateien

Bearbeitet man nun Impulszahldateien, die von Gruppe 2 simuliert wurden, so wird man bei Anwendung von Hypothese 2 eine gleichartige Abnahme wie zuvor beobachten, während bei davon abweichenden Hypothesen i.a. kein exponentielles Abfallen feststellbar ist. Dieses Ergebnis legt also nahe, die in Hypothese 2 gemachten Annahmen als sinnvolles Modell für den radioaktiven Zerfall zu akzeptieren.

3.3.3 Zusammenhang zwischen der Zerfallskonstante λ und der Zerfallswahrscheinlichkeit p

Zu klären bleibt noch, ob und ggf. wie die der Simulation zugrundegelegte Zerfallswahrscheinlichkeit p mit den zur Beschreibung der Zerfallskurve verwendeten Parametern λ bzw. T zusammenhängt:

Ausgangspunkt dieser Überlegungen ist die Wahrscheinlichkeit p, daß ein beliebig herausgegriffener Kern in der nächsten Sekunde zerfällt. Betrachtet man nicht einen Kern, sondern N Kerne, so sind für die nächste Sekunde N·p Zerfälle zu erwarten (Erwartungswert!). Damit erniedrigt sich in der nächsten Sekunde die Kernzahl um $\Delta N = -N \cdot p$. Es gilt also:

$$\frac{\Delta N}{\Delta t} = - N \cdot p$$

Führt man den Grenzübergang $\Delta t \to 0$ aus, so erhält man

$$\frac{dN}{dt} = -N \cdot p \quad .$$

Separieren der Variablen und Integrieren über die Zeit liefert:

$$\frac{dN}{N} = -p \cdot dt \quad \Rightarrow \quad \ln N(t) - \ln N(0) = -p \cdot (t - t_0)$$

Setzt man nun noch $N(0) = N_0$ und $t_0 = 0$, so hat man auch hier das Zerfalls-gesetz erreicht:

$$N(t) = N_0 \cdot e^{-p \cdot t}$$

Um einen direkten Vergleich der beiden Zerfallsgesetze zu ermöglichen, muß man noch von der Kernzahl $N(t)$ auf die zu erwartende Zerfallsrate und damit auf die dazu proportionale Impulszahl $Z(t)$ schließen. Wie oben schon gezeigt, kann dies über den Erwartungswert $N \cdot p$ für die Anzahl der Zerfälle der nächsten Sekunde geschehen:

$$Z(t) = k \cdot N \cdot p = k \cdot p \cdot N_0 \cdot e^{-p \cdot t} \quad ,$$

oder anders geschrieben:

$$Z(t) = Z_0 \cdot e^{-p \cdot t}$$

Damit hat man eine direkte Übereinstimmung mit dem Zerfallsgesetz beim Realexperiment erreicht, wenn man die Zerfallswahrscheinlichkeit p mit der Zerfallskonstante λ gleichsetzt. Mit dieser Überlegung erhält man gleichzeitig auch eine anschauliche Deutung für diese bisher uninterpretierte Konstante λ.

Programmstruktur des Auswertprogramms:

Speicherbereich für die Zählerstände reservieren (1 .. TMAX)
Dateinamen eingeben
Parameter und Zählerstände der Datei lesen
Größte vorkommende Impulszahl ermitteln
Weltkoordinatenbereich geeignet festlegen
Graphikbildschirm löschen und einschalten
Impulszahlen über der Zeit antragen
Warte auf Taste
Weltkoordinatenbereich geeignet neu festlegen
Graphikbildschirm löschen, Koordinatenachsen einzeichnen
ln (Impulszahlen) über der Zeit antragen (1 .. TMAX)
Warte auf Taste
Berechne Koeffizienten der Regressionsgeraden $z = b * t + a$
Zeichne Regressionsgerade
Warte auf Taste
Weltkoordinatenbereich wieder wie zuvor festlegen
Graphikbildschirm löschen, Koordinatenachsen einzeichnen
Impulszahlen über die Zeit antragen (1.. TMAX)
Graph zu $z = \exp(b * t + a)$ einzeichnen
Warte auf Taste

3.4 Auswertung von Zählraten nach statistischen Methoden (Modul 4)

Zeigt die Darstellung der Impulszahlen in Abhängigkeit von der Zeit (mit dem Programm von Gruppe 3) keinen deutlich fallenden Gesamttrend, so ist trotzdem das statistische Schwanken um einen festen Mittelwert klar erkennbar. Dies motiviert zur Untersuchung der Impulszahlen nach statistischen Gesichtspunkten. Insbesondere bietet es sich an, die relative Häufigkeit für das Auftreten der verschiedenen Zählraten zu ermitteln und graphisch darzustellen.

Bei der Auswertung länger dauernder Messungen erhält man so Histogramme, die, zumindest bei Schülern des Leistungskurses Mathematik, Assoziationen an diejenigen der bekannten Binomialverteilung oder der Poisson-Verteilung wecken sollten. Speziell letztere läßt sich, da sie nur von einem einzigen, leicht ermittelbaren Parameter, dem Mittelwert der Zählraten, abhängt, relativ leicht gewinnen. Nach Poisson kann die Wahrscheinlichkeit für das Registrieren von genau k Impulsen durch den Term

$$P\,(Z=k) = \frac{\mu^k}{k!} \cdot e^{-\mu}$$

angenähert werden, wobei $\mu = \frac{1}{N} \cdot \sum Z_i$ der Mittelwert der Zählraten und N die Gesamtzahl der Messungen ist.

Die zu erwartenden Häufigkeiten für die einzelnen Impulszahlen, d.h. für die einzelnen Säulenhöhen, errechnen sich dann jeweils als Erwartungswert $N \cdot P(Z = k)$.

Die Übereinstimmung der Histogramme aus dem Experiment und aus der zugehörigen Poisson-Verteilung wächst offensichtlich mit zunehmender Versuchsdauer, d.h. mit zunehmender Gesamtanzahl von gemessenen Zählraten.

Die Theorie der Poisson-Verteilung kann dabei von Schülern, die auch den Mathematik-Leistungskurs besuchen, im Rahmen eines Kurzreferates dargelegt werden. Für die graphische Darstellung sind unterstützende Prozeduren oder Unterprogramme vom Lehrer bereitzustellen.

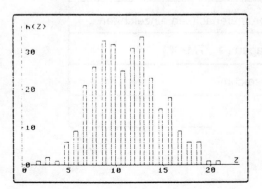 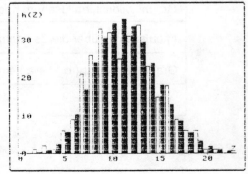

Programmstruktur :

Speicherbereich für die Zählerstände reservieren (1 .. TMAX)
Speicherbereich für Häufigkeitszähler reservieren (0 .. NMAX)
Häufigkeitszähler auf Null setzen (0 .. NMAX)
Datei-Namen eingeben
Für Intervall-Nr.1 bis TMAX wiederhole
Lies nächsten Zählerstand
Erhöhe Häufigkeitszähler [Zählerstand] um 1
Ermittle kleinste und größte vorkommende Impulszahl
Ermittle größte Impulshäufigkeit
Weltkoordinatenbereich geeignet festlegen
Graphikbildschirm löschen, Koordinatenachsen einzeichnen
Für Zählerstand 1 bis NMAX wiederhole
Zeichne Balken über Zählerstand mit der Höhe h:= Häufigkeitszähler [Zählerstand]
Berechne den Mittelwert der Zählerstände
Für Zählerstand 1 bis NMAX wiederhole
Berechne Poisson-Wahrscheinlichkeit p
Zeichne Balken über Zählerstand mit der Höhe h := p * TMAX

3.5 Programm

Eine Realisierung der Module ist das Programm "ZERFALL"[1].

---

[1]   Siehe "Hinweise zu den Begleitdisketten"

Turbo Pascal - Vorschlag für den Programmkern von Modul 1

```
uses CRT, PhyCAP4; { oder entsprechende Schnittstellen-Unit¹ für
                     das vorhandene Interface und die verwen-
                     dete Turbo-Pascal-Version }
:
:
  initInterface;            { Physikinterface initialisieren     }
  Pegel:=0;                 { Triggerpegel für den Zähler festlegen }
  clrscr;
  write ('Torzeit                 : '); readln(Messzeit);
  write ('Anzahl der Messungen : '); readln(tmax);

  FOR Int_Nr:=1 TO tmax DO BEGIN
    ZEinstellung (1, Pegel, Messzeit); { Einstellen des Zählers  }
    ZStart(1);                         { Starten des Zählers     }
    REPEAT UNTIL ZFertig(1);      { warten auf Ende der Torzeit }
    Z[Int_Nr]:=round(ZStand(1));       { Zählerstand merken      }
    writeln(Z[Int_Nr])                 { Zählerstand ausgeben    }
  END;
```

Turbo Pascal - Vorschlag für den Programmkern von Modul 2

```
  FOR Kern_Nr:=1 TO maxKern DO Kern[Kern_Nr]:=NOT zerfallen;
  FOR Int_Nr :=1 TO tmax DO BEGIN
    ZZ:=0;
    IF vermindern THEN
      FOR Kern_Nr:=1 TO nmax DO
        IF Kern[Kern_Nr] = NOT zerfallen THEN
          IF random < p THEN
            BEGIN Kern[Kern_Nr]:=zerfallen; inc(ZZ) END
    ELSE
      FOR Kern_Nr:=1 TO nmax DO IF random < p THEN inc(ZZ);
    Z[Int_Nr]:=ZZ;
    writeln(Int_Nr:3,' ',copy(Punktreihe,1,ZZ))
  END;
```

Turbo Pascal - Vorschlag für den Programmkern von Modul 4

```
  { Relative Häufigkeit }
  FOR k:=0 TO 100 DO Hkeit[k]:=0;
  mue:=0; maxZ:=0;
  FOR Int_Nr:=1 TO tmax DO BEGIN
    IF maxZ<Z[Int_Nr] THEN maxZ:=Z[Int_Nr];
    mue:=mue+Z[Int_Nr];
    inc(Hkeit[Z[Int_Nr]])
  END;
  mue:=mue/tmax;
  FOR k:=0 TO maxRate DO Hkeit[k]:=Hkeit[k]/tmax;
        { Poissonverteilung }
  Wkeit[0]:=exp(-mue)
  FOR k:=1 TO maxRate DO Wkeit[k]:=Wkeit[k-1]*mue/k;
        { Histogramm zeichnen }
  FOR k:=0 TO maxZ DO Rechteck(k,0,k+0.4,Hkeit[k]);
  FOR k:=0 TO maxZ DO Rechteck(k,0,k-0.4,Wkeit[k]);
```

---

[1] Informationen über die hier verwendete standardisierte Schnittstellensoftware
     findet man im Kapitel "Hinweise zur Hard- und Software".

Datenverarbeitung
anhand einer Nuklidkarte

In der Informatik spielt die Behandlung von Datenstrukturen eine zentrale Rolle. Dieser Aspekt soll in dem vorliegenden Projekt besonders herausgestellt werden.

Übersicht

Arbeitsschritte des Projekts	Zugehörige Projektphasen	Wer macht die Arbeit?
Physikalische Grundlagen	Analyse	Schüler
Pflichtenheft erstellen	Analyse	Gemeinsam
Hilfsmittel bereitstellen	Analyse	Lehrer
Datenstruktur festlegen	Planung	Gemeinsam
Teilarbeiten zuweisen	Planung	Lehrer
Datensatz definieren	Realisierung	1. Gruppe
Bildschirmmaske definieren	Realisierung	2. Gruppe
Datensätze eingeben	Realisierung	3. Gruppe
Indizierung durchführen	Realisierung	4. Gruppe
Auswertung planen	Planung	Gemeinsam
Rahmenprogramm schreiben	Realisierung	Gemeinsam
Isotope editieren	Realisierung	1. Gruppe
Zerfallsreihe ermitteln	Realisierung	2. Gruppe
Massenbilanz ausgeben	Realisierung	3. Gruppe
Dokumentation	Bewertung	4. Gruppe
Reflexion	Bewertung	Gemeinsam

Der physikalische Inhalt des Projekts ist gut überschaubar. Er setzt nur Kenntnisse über die Kernumwandlungen bei α, β^- und β^+ Zerfall sowie beim K-Einfang voraus. Begriffe wie Isotop, Massenzahl, Kernladung und Halbwertszeit sind zu klären. Bei der Halbwertszeit z.B. genügt es, zu sagen, daß dies die Zeit ist, in der von einer bestimmten Substanzmenge die Hälfte zerfällt, und daß es dabei (merkwürdigerweise) nicht auf die Menge der Ausgangssubstanz ankommt. Die frei werdende Energie beim Zerfall sollte in ihrer Größenordnung bekannt sein. Ein kurzer Lehrer- oder Schülervortrag genügt, da ja oft nur bekanntes Wissen (z.B. aus dem Chemieunterricht) aufgefrischt wird.

Der nächste Schritt ist für das ganze Projekt sehr wichtig. Aus den physikalischen Gegebenheiten heraus soll im Unterrichtsgespräch in Form einer freien Diskussion das Problem einer Erfassung dieser Sachverhalte entwickelt werden. Dabei wird man fragen:

- Welche Größen sollen erfaßt werden?
- Was will man mit den erfaßten Daten tun?
- Warum soll dazu der Computer verwendet werden?
- Welche Hilfsmittel stehen zur Verfügung?
- Wie sollen die Daten strukturiert werden?
- Welche Einzelschritte sind auszuführen?
- In welcher Reihenfolge wird man vorgehen?
- Wer übernimmt welche Teilaufgabe?
- Wie werden die Arbeiten koordiniert?

1 Das Pflichtenheft

In einer ersten Phase wird die Aufgabenstellung des Projekts detailliert niedergelegt. Das Ergebnis ist ein sogenanntes Pflichtenheft. In der Praxis wird das Pflichtenheft vom Auftraggeber dem Projektteam übergeben. Die Erstellung des Pflichtenheftes soll die Schüler davor bewahren, ohne konkrete Vorstellungen über Umfang und Ziel an die Realisierung des Problems heranzugehen.

Im vorliegenden Fall könnte das etwa die nachstehenden Forderungen ergeben.

Es sollen folgende physikalischen Größen erfaßt werden:

- Name des Elements, zu dem das Isotop gehört
- International übliche Abkürzung des Elements
- Massenzahl
- Kernladungszahl
- Art der Radioaktivität (stabil, α, β^-, β^+, γ, K-Einfang)
- Halbwertszeit der jeweiligen Strahlenart
- Energie der jeweiligen Strahlenart

Das Ziel des Projekts ist ein Auskunftsystem, in dem alle bekannten Isotope mit den zugehörigen Parametern enthalten sind.

Mit Hilfe dieses Systems soll es z.B. möglich sein,

a) ein bestimmtes Isotop und seine Parameter zu finden (als eindeutige Charakterisierung des Isotops sollen die Massenzahl und die Kernladungszahl dienen),

b) zu einem gegebenen Isotop die Folgeprodukte beim Zerfall zu ermitteln,

c) ganze Zerfallsreihen auszudrucken,

d) eine Massenbilanz für ein langlebiges Ausgangsisotop anzugeben.

Warum soll für dieses Projekt der Computer eingesetzt werden?

Eine Nuklidkarte befindet sich wahrscheinlich in jeder Schule, Ausschnitte davon findet man in den einschlägigen Physikbüchern. Doch das Zurechtfinden in den großen Tabellen ist relativ schwierig. Ein Beispiel möge dies demonstrieren. Nach dem Reaktorunglück von Tschernobyl war viel von dem radioaktiven Jod 138 die Rede. Es tauchten sofort die Fragen auf:

- Wo steht Jod 138 in der Nuklidkarte?

- Welche Halbwertszeit hat Jod 138?

- Welche Strahlenarten sendet es aus?

- Wie sehen die Folgeprodukte aus?

- Mit welchen radioaktiven Isotopen hat man noch längere Zeit zu rechnen?

u.s.w

Der Computer soll auch einem Laien ohne tiefere physikalische Kenntnisse über solche Fragen schnell fundierte Auskunft geben können.

Bemerkung:

Daß für dieses Projekt ein verhältnismäßig einfaches Problem gewählt wurde, liegt natürlich daran, daß auf der einen Seite das Beispiel einigermaßen überschaubar bleiben soll, auf der anderen Seite aber das gesuchte Auskunftsystem nicht allzu trivial sein soll.

2 Hilfsmittel zur Lösung der Aufgabe

Für das Erfassen von vielen Daten wurde eine ganze Reihe leistungsfähiger Datenbankprogramme entwickelt. Man wird sich die auf dem Markt befindlichen Produkte ansehen und für die Verwendung beim Lösen der gestellten Aufgabe beurteilen. Das Besondere bei der Erstellung einer Nuklid-Datei ist, daß nicht nur Daten erfaßt und wieder abgefragt werden sollen, sondern daß die Daten in sehr unkonventioneller Weise ausgewertet werden sollen. Die üblichen Auswertungen für Datenbanken sind:

- Hinzufügen, Überprüfen, Ändern und Entfernen von Daten

- Blättern in der Datenbank unter Verwendung verschiedener Schlüssel

- Suchen von Daten unter Verwendung von Bedingungen und Bereichen
- Erstellen von sortierten Listen und formatierten Ausdrucken aller Art
- Zusammenfassung von Daten in Form von Statistiken

Das Projekt Nuklid-Datei erfordert aber ein automatisches Durchsuchen der Datenbank in Abhängigkeit von den gerade gefundenen Datensätzen. Eine solche Option ist standardmäßig in keiner Datenbank realisiert. Deshalb muß man in so einem Fall ein eigenes Auswertprogramm schreiben. Unterstützt wird eine solche anspruchsvolle Anwendung nur von programmierbaren Datenbanken wie z.B. "dBase". Es ist zwar durchaus möglich, auch mit anderen Programmiersprachen (z.B. Turbo-Pascal) das Auswertprogramm zu erstellen. Man muß allerdings dazu die Struktur der verwendeten Datenbank genau kennen und eine Möglichkeit haben, vom eigenen Programm aus schnell auf die gewünschten Datensätze zuzugreifen.

In den folgenden Ausführungen wird "dBase III Plus" verwendet, das dazu der Schule wenigstens mit der Lizenz für einen Arbeitsplatz zu Verfügung stehen muß. Zusätzlich sollten für die Gruppenarbeit mehrere Übungsversionen (Softwarepröbchen) zum Einarbeiten vorhanden sein.

3 Festlegung der Datenstruktur

Die Festlegung der Datenstruktur sollte mit allen Schülern gemeinsam erfolgen. Man wird sicher mehrere Vorschläge überdenken und ihre Vor- und Nachteile abwägen. Wichtige Gesichtspunkte sind:

- Kann man mit der gewählten Struktur alle gewünschten Daten vollständig erfassen?
- Werden die Informationen platzsparend gespeichert?
- Hat man einfachen Zugriff auf die Suchparameter?
- Sind die möglichen Einträge in die Datenfelder standardisierbar?
- Ist die Datenstruktur auch für die gewünschten Auswertungen geeignet?

Die nachfolgende Lösung soll als Diskussionsbasis dienen und ist für Verbesserungen durchaus offen.

Kurz zur Erinnerung: Eine Datenbank besteht aus Datensätzen, jeder Datensatz besteht aus Feldern und jedes Feld braucht einen Feldnamen, einen Feldtyp, eine Feldlänge und eventuell ein Dezimalformat. In die Felder werden später die Daten eingegeben.

Die Felder 1-4 sind für die Bezeichnung des Isotops gedacht. Für Texte wird der Feldtyp "Zeichen" verwendet, für Zahlen der Feldtyp "Numerisch".

	Feldname	Typ	Länge	Dez	Erläuterung
1.	Element	Zeichen	2		Abkürzung z.B. Pb
2.	Atommasse	Numerisch	3	0	Massenzahl, 1 .. 262
3.	Kernladung	Numerisch	3	0	Kernladung, 1 .. 105
4.	Name	Zeichen	20		Elementname z.B. Blei

Das 5. Feld enthält die Information, ob das Isotop stabil ist oder nicht. Der Typ des Feldes ist "Logisch", d.h. man kann nur j (ja) bzw. t (true) oder n (nein) bzw. f (false) eingeben.

	Feldname	Typ	Länge	Dez	Erläuterung
5.	Stabil	Logisch	1		ja, falls stabil

Die Felder 6-10 nehmen die Daten für eine eventuell vorhandene α Strahlung auf.

	Feldname	Typ	Länge	Dez	Erläuterung
6.	Alpha	Logisch	1		ja, falls α Strahlung
7.	Hwa	Numerisch	7	3	α Halbwertszeit
8.	HwaBen	Zeichen	4		Einheit der Hwzeit
9.	Ena	Numerisch	7	3	Energie der α Strahlung
10.	EnaBen	Zeichen	4		Einheit der Energie

Die Felder 11-15 und 16-20 enthalten die entsprechenden Eintragungen für β^- bzw. β^+ Strahlung.

	Feldname	Typ	Länge	Dez	Erläuterung
11.	Betaminus	Logisch	1		ja, falls β^- Strahlung
12.	Hwbm	Numerisch	7	3	β^- Halbwertszeit
13.	HwbmBen	Zeichen	4		Einheit der Hwzeit
14.	Enbm	Numerisch	7	3	Energie der β^- Strahlung
15.	EnbmBen	Zeichen	4		Einheit der Energie
16.	Betaplus	Logisch	1		ja, falls β^+ Strahlung
17.	Hwbp	Numerisch	7	3	β^+ Halbwertszeit
18.	HwbpBen	Zeichen	4		Einheit der Hwzeit
19.	Enbp	Numerisch	7	3	Energie der β^+ Strahlung
20.	EnbpBen	Zeichen	4		Einheit der Energie

Die Felder 21-23 sind für den K-Einfang gedacht. Eine Energieangabe ist dabei nicht nötig.

	Feldname	Typ	Länge	Dez	Erläuterung
21.	KEinfang	Logisch	1		ja, falls K-Einfang
22.	Hwk	Numerisch	7	3	K-Einfang Halbwertszeit
23.	HwkBen	Zeichen	4		Einheit der Hwzeit

Die Felder 24-26 schließlich beschreiben die γ- Strahlung mit Angabe der vorhandenen Energie, natürlich ohne Halbwertszeit.

	Feldname	Typ	Länge	Dez	Erläuterung
24.	Gamma	Logisch	1		ja, falls γ- Strahlung
25.	Eng	Numerisch	7	3	Energie der γ- Strahlung
26	EngBen	Zeichen	4		Einheit der Energie

Die Gesamtlänge des Datensatzes beträgt somit 122. Die Eingaben in die Felder für die Einheit werden folgendermaßen standardisiert:

Zeiteinheiten	Ga	= Gigajahre
	Ma	= Megajahre
	ka	= Kilojahre
	a	= Jahre
	d	= Tage
	h	= Stunden
	m	= Minuten
	s	= Sekunden
	ms	= Millisekunden
	μs	= Mikrosekunden
Energieeinheit	MeV	= Megaelektronenvolt

4 Planung der weiteren Schritte

Nachdem man sich die Datenstruktur gründlich überlegt hat, kann die Datenbank erstellt werden. Das geschieht in den folgenden Schritten:

- Definition des Datensatzes
- Definition der Bildschirmmaske
- Eingabe der Datensätze
- Erstellung einer Indizierung nach einem Schlüssel

Für die Definition sowohl vom Datensatz wie von Bildschirmmasken bieten alle brauchbaren Datenbankprogramme anwenderfreundliche Unterstützung, die so einfach gehalten ist, daß selbst ein EDV-Laie ohne weiteres zurechtkommt. Die folgende Graphik zeigt eine mögliche Bildschirmmaske.

```
        ┌─────┐
        │ 238 │
        │   U │
        │  92 │          ┌─────────────────────┐
        └─────┘          │ Uran  (U1)          │
                         └─────────────────────┘

                vorhanden        Halbwertzeit           Energie

   Stabil                ┌───┐
                         └───┘
   Alpha Strahlung    ┌───┐      ┌───────┬───┐       ┌───────┬─────┐
                      │ J │      │ 4.510 │Ga │       │ 4.200 │ MeV │
                      └───┘      └───────┴───┘       └───────┴─────┘
   Beta- Strahlung    ┌───┐      ┌───┬───────┐       ┌───┬─────────┐
                      └───┘      │ . │       │       │ . │         │
                                 └───┴───────┘       └───┴─────────┘
   Beta+ Strahlung    ┌───┐      ┌───┬───────┐       ┌───┬─────────┐
                      └───┘      │ . │       │       │ . │         │
                                 └───┴───────┘       └───┴─────────┘
   K-Einfang          ┌───┐      ┌───┬───────┐
                      └───┘      │ . │       │
                                 └───┴───────┘
   Gamma Strahlung    ┌───┐                          ┌───┬─────────┐
                      │ J │                          │ . │         │
                      └───┘                          └───┴─────────┘
```

Die Eingabe der Daten ist zwar langwierig, aber der leichteste Schritt von allen. Man verwendet dazu am besten die große Nuklid-Wandkarte, die sicher an jeder Schule vorhanden ist. Zur Not genügt die Eingabe einiger weniger Isotope aus dem Lehrbuch und dann die Verwendung der unten erwähnten fertigen Datenbank.

Zur Identifizierung, Gruppierung oder Klassifizierung von Datensätzen werden sogenannte Schlüssel verwendet. Manche Handbücher sprechen auch vom Indizieren der Datensätze. Durch die laufende Numerierung der Datensätze bei der Eingabe hat man zunächst einmal eine eindeutige Zuordnung von Zählnummer und Datensatz. Über die Zählnummer ist jeder Datensatz eindeutig erreichbar. Man sagt, die Zählnummer ist ein Schlüssel (eindeutiger Index, eindeutiger Schlüssel, Identifikationsschlüssel) für die Datensätze.

Oft ist es jedoch erforderlich, daß alle Datensätze gefunden werden, die in einem bestimmten Feld einen bestimmten Wert enthalten. In diesem Fall ist der Name eines solchen Feldes der Suchbegriff (Schlüssel, Index), mit dem man die Datensätze auffindet. Dabei kann es sein, daß mehrere Datensätze den gleichen Eintrag in dem fraglichen Feld haben. Man spricht dann von einem Gruppenschlüssel oder mehrdeutigen Schlüssel.

Beispiel:

> Schlüssel = Element
>
> Suche alle Datensätze mit dem Schlüsselwert "Pb"
>
> Gefunden werden alle Bleiisotope.

Manchmal wird ein Unterschied zwischen einem Index und einem Schlüssel gemacht. Unter einem Index wird dann ein beliebiger Schlüssel, unter einem Schlüssel nur ein Identifikationsschlüssel (eindeutiger Schlüssel) verstanden.

Im folgenden wird das Wort Schlüssel für eindeutige und für mehrdeutige Suchbegriffe verwendet.

Allgemein:

Ein Schlüssel ist ein Feldname oder ein Ausdruck (Term) von mehreren Feldnamen. Mit Hilfe des Schlüsselausdrucks wird in den Datensätzen eine neue Ordnung initiiert. Beim Suchen gibt man z.B. für den Schlüsselausdruck einen bestimmten Wert an und verlangt, daß alle Datensätze gefunden werden, deren Felder den gegebenen Schlüsselwert liefern. Auch beim Auffinden des Nachfolgers oder Vorgängers zu einem Datensatz wird die durch den Schlüssel eingeführte Ordnung verwendet.

Beispiel:

> Schlüssel = Massenzahl + Kernladung
>
> Suche alle Datensätze mit dem Schlüsselwert 330.
>
> Gefunden wird unter anderem Uran 238,92.

Für der Festlegung eines Identifikationsschlüssels (eindeutigen Schlüssels) bedient man sich am besten der Felder "Massenzahl" und "Kernladung" oder "Element". Folgende Ausdrücke liefern einen solchen Schlüssel (Beispiel Uran 238,92) :

Massenzahl*1000 + Kernladung	z.B. 238092
oder Kernladung*1000 + Massenzahl	z.B. 92238
oder Element + Str(Massenzahl)	z.B. U238

Im dritten Fall bedeutet das "+" Zeichen eine Aneinanderreihung der beiden Zeichenketten "Element" und "Str(Massenzahl)", wobei Str() die Funktion ist, mit der man Zahlen in Zeichenketten umwandelt.

Bei manchen Datenbanken kann man auch Felder zusammenhängen und diese zusammengehängten Felder dann als Schlüssel definieren.

Nachdem ein Schlüssel definiert ist, kann man die Datenbank mit diesem Schlüssel indizieren. Bei manchen Datenbanken geht das automatisch, indem man schon beim Einrichten der Datenbank sagt, welche Felder Schlüsselfelder sind oder im Schlüsselausdruck (Schlüsselterm) vorkommen. Das Indizieren bedeutet, daß intern eine zum Schlüssel passende Indexdatei aufgebaut wird, die einen schnellen Zugriff auf die Datensätze erlaubt, wenn der Wert des Schlüsselausdrucks gegeben ist. Das Durchsuchen geschieht dann nicht durch das fortlaufende Lesen der Datensätze (das wird beim Aufbau der Indexdatei gemacht), sondern mit Hilfe einer in der Indexdatei gespeicherten Baum-struktur. Auch für den Aufbau einer Indizierung bieten die Datenbank-programme dem Anwender jede nur erdenkliche Hilfe.

Diese vier angesprochenen Schritte eignen sich für arbeitsteiliges Vorgehen. Jede Schülergruppe erhält am besten eine Kurzanleitung für ihre Aufgabe (siehe Musterbeispiele im Anhang).

Die Arbeiten werden nacheinander mit dem gleichen Programm ausgeführt. In einer gemeinsamen Sitzung berichten die Gruppen kurz über die Lösung ihrer Teilaufgabe.

5 Auswertungen

Jetzt steht die Datenbank für weitere Auswertungen zur Verfügung. Der Lehrer kann an dieser Stelle auch eine fertige Datenbank bereitstellen, um eventuelle Fehler nicht weiter mitzuschleppen. Eine fertige Datenbank mit 371 Nukliden vom Thallium bis zum Kurtschatovium für dBase III Plus befindet sich auf einer der Begleitdisketten. Sie heißt NUKLIDE.DBF. Die zugehörige Bildschirmmaske heißt NUKLIDE.FMT. Diese Datenbank enthält zumindest alle natürlichen Zerfallsreihen. Sie kann selbstverständlich nach Wunsch ver-vollständigt werden.

Für die Datenbank wird ein Index nach dem Ausdruck "Kernladung*1000 + Massenzahl" mitgeliefert. Er ist in der Datei NUKLIDE.NDX abgespeichert. Selbstverständlich kann man jederzeit selbst eine andere Indizierung durch-führen.

Für Schulen, die sich derzeit noch nicht ein richtiges Datenbankprogramm kaufen können, wird auf der beiliegenden Diskette die obige Datenbank als Textfile mitgeliefert. In dieser Textdatei mit dem Namen NUKLIDE.DAT sind alle 371 Datensätze als Zeichenketten der Länge 122 abgespeichert. Man kann sie mit jedem Texteditor (z.B. Turbo-Pascal Programmeditor) lesen oder z.B. mit einem Basic- oder Pascalprogramm weiter bearbeiten.

Nun erfolgt die Planung eines Auswertungsprogramms. Man darf sich dafür nicht allzuviele Möglichkeiten vornehmen. Der folgende Vorschlag kann wo-möglich auch erst über eine Reihe von Kursen hinweg realisiert werden. Es spielt dabei keine Rolle, wenn der nachfolgende Kurs an dem Projekt dort weiterarbeitet, wo der vorhergehende Kurs aufhören mußte. Der Abschluß sollte auch in Hinblick auf diesen Fall immer eine gute Dokumentation sein.

Für das Auswertungsprogramm werden zuerst die Ziele formuliert, z.B. :

- Ein beliebiges Isotop soll mit Hilfe der Angabe von Massenzahl und Kern-ladung (Schlüssel) gefunden und angezeigt werden. Ab dieser Stelle soll man dann in der Datenbank weiter blättern können, und zwar nach der durch den Schlüssel gegebenen Ordnung.

- Zu einem beliebig wählbaren Ausgangsisotop sollen die zugehörigen Zerfallsprodukte bis hin zum stabilen Zustand auf dem Bildschirm verfolgt werden können.

- Zu einem beliebig wählbaren Ausgangsisotop soll die zugehörige Zerfallsreihe mit allen Verzweigungen ausgedruckt werden.

- Zu einem beliebig wählbaren radioaktiven Isotop von großer Halbwertszeit soll eine Massenbilanz im Zustand des Fließgleichgewichtes dargestellt werden und zwar mit Hilfe von Säulen im logarithmischen Maßstab (nur Zehnerpotenz der vorhandenen Atome).

Diese Auswertungen benötigen keine hochauflösende Graphik und sind daher mit den Mitteln einer programmierbaren Datenbank auf jeden Fall lösbar. Im folgenden wird nur kurz die einfache Programmstruktur gezeigt, und im Anhang findet man dann wieder ausgearbeitete Lösungsvorschläge.

Es erweist sich als günstig, den Schülern eine Kurzfassung (maximal 2 DIN A4 Seiten) der Befehle zu geben, die sie für ihre Aufgabe brauchen (siehe Anhang). Die Verwendung einer anderen Syntax (z.B. dBase III Plus) als der bisher üblichen (Basic,Pascal) sollte Schülern in diesem Alter als Transferleistung zumutbar sein.

1. Rahmenprogramm

```
Datenbankumgebung für das Programm einstellen
   (Nötig, wenn man programmierbare Datenbanken
   verwendet)
Die Datei der Datensätze öffnen
Den verwendeten Index einlesen
```

```
Wiederhole
   Hauptmenü anzeigen
   Auswahl treffen,  Wahlnr = ausgewählter Menüpunkt
   Falls Wahlnr =
       0 :  "Programmende"
       1 :  "Einzelne Isotope editieren"
       2 :  "Zerfallsreihe ermitteln"
       3 :  "Zerfallsreihe ausdrucken"
       4 :  "Massenbilanz"
bis Programmende gewählt wird
```

```
Die Datei der Datensätze schließen
Datenbankumgebung wieder normalisieren
Ende
```

Bildschirmausdruck des Rahmenprogramms:

```
      AUSWERTUNGEN   DER   DATENBANK   N U K L I D E

          0. Ende
          1. Einzelne Isotope editieren
          2. Zerfallsreihen ermitteln
          3. Zerfallsreihen ausdrucken
          4. Massenbilanz

                  Bitte wählen   0
```

2. Programm "Einzelne Isotope editieren"

Ausgangsisotop festlegen durch Eingabe von
      A = Massenzahl
      Z = Kernladung
Nach dem Schlüsselwert $1000 * Z + A$ suchen
Gefundenes Isotop mit allen Parametern ausgeben
Mit PgUp bzw. PgDn zu weiteren Isotopen blättern

3. Programm "Zerfallsreihe ermitteln"

Ausgangsisotop festlegen durch Eingabe von
      A = Massenzahl
      Z = Kernladung
Nach dem Schlüsselwert $1000 * Z + A$ suchen
Wiederhole
      Isotopenbezeichnung ausgeben
      Arten der radioaktiven Strahlung dieses Isotops
                  ebenfalls ausgeben
      Auswahl einer vorkommenden Strahlenart durch den
            Anwender
      Falls
            Alpha   : $Z:=Z-2$ und $A:=A-4$
            Betaminus : $Z:=Z+1$
            Betaplus   : $Z:=Z-1$
            K-Einfang : $Z:=Z-1$
      Nach dem Schlüsselwert $1000 * Z + A$ suchen
solange bis das Isotop stabil ist

Bildschirmausdruck von "Zerfallsreihen ermitteln", nach mehreren Schritten, ausgehend von U(238,92).

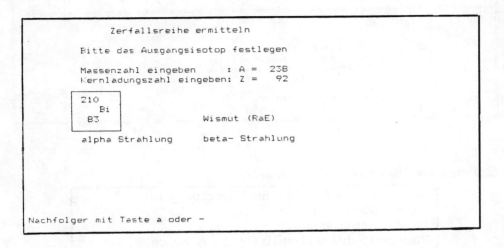

```
            Zerfallsreihe ermitteln

      Bitte das Ausgangsisotop festlegen

      Massenzahl eingeben     : A =   238
      Kernladungszahl eingeben: Z =    92

      210
        Bi
      83                     Wismut (RaE)

      alpha Strahlung      beta- Strahlung




Nachfolger mit Taste a oder -
```

4. Programm "Zerfallsreihe ausdrucken"

Dieses Unterprogramm ist noch nicht erstellt worden.

5. Programm "Massenbilanz"

Für den einfachen Fall des Fließgleichgewichtes kann man die Massen-verhältnisse leicht angeben. Wenn nämlich in jedem Zeitmoment die Zahl der neu entstehenden Atome gleich der Zahl der zerfallenden Atome ist, dann ist das Verhältnis der Anzahlen N gleich dem Verhältnis der Halb-wertszeiten Hw.

N1 : N2 : N3 : .... = Hw1 : Hw2 : Hw3 : ....

daraus folgt

N1 = c * Hw1; N2 = c * Hw2; N3 = c * Hw3; ....

Ein solches Fließgleichgewicht stellt sich nach längerer Zeit dann ein, wenn das Ausgangsisotop eine große Halbwertszeit gegenüber allen Folgeprodukten hat. Wegen der gewaltigen Unterschiede geht man zu einer logarithmischen Darstellung über. Dabei genügt es, nur die Größenordnung (Zehnerpotenz) zu verwenden. Um einigermaßen reali-stische Zahlenwerte für die Anzahl der Atome zu bekommen, multipliziert man die Halbwertszeit (in Sekunden gemessen) noch mit c = 10E+08. Man stellt also einfach die mit c multiplizierten Halbwertszeiten als Säulen nebeneinander dar.

Ausgangsisotop festlegen durch Eingabe von
    A = Massenzahl
    Z = Kernladung
Nach dem Schlüsselwert 1000 * Z + A suchen
Spalte auf den Wert 3 setzen
Wiederhole
    Hw = Halbwertszeit des Isotops
    HwBen = Einheit der Halbwertszeit
    Falls HwBen =
        Ga : Hw:=Hw * 1000000000*365*24*3600
        Ma : Hw:=Hw * 1000000*365*24*3600
        ka : Hw:=Hw * 1000*365*24*3600
        a   : Hw:=Hw * 365*24*3600
        d   : Hw:=Hw * 24*3600
        h   : Hw:=Hw * 3600
        m   : Hw:=Hw * 60
        ms : Hw:=Hw * 0.001
        µs : Hw:=Hw * 0.000001
    Säule der Länge 8+log(Hw) in die Spalte zeichnen
    Isotopenbezeichnung darunter setzen
    Nächstes Zerfallsprodukt suchen
    Spalte um 5 erhöhen
solange bis das Isotop stabil oder Spalte>80 ist

Bildschirmausdruck von "Massenbilanz" , ausgehend von U(238,92).

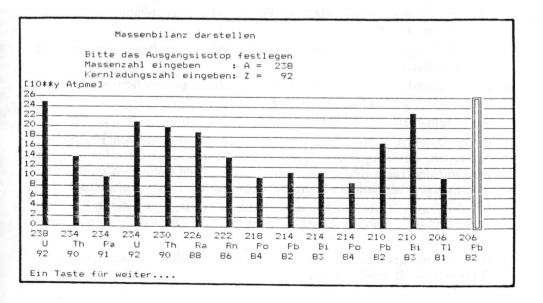

Es empfiehlt sich, das Rahmenprogramm gemeinsam zu entwickeln. Falls einzelne Schüler hinreichende Programmierfähigkeiten besitzen, können sie sicher allein oder in einer Gruppe eines der Unterprogramme selbst codieren. Weil es durch das Rahmenprogramm in eine lauffähige Umgebung eingebettet ist, können die Schüler auch gleich ihr Programm testen.

Mit den weniger geübten Schüler wird wohl der Lehrer zusammenarbeiten müssen. Es ist gerade in diesem Projekt nicht günstig, erfahrene und unerfahrene Schüler in einer Gruppe zusammenzuspannen.

Den Abschluß des Projektes bildet eine Dokumentation.

6 Anhang

Für das Erstellen der Datenbank in dBase III Plus können vier Arbeitsgruppen gebildet werden. Eventuell müssen in den nachstehenden Anleitungen die Tastenbezeichnungen der verwendeten Tastatur angepaßt werden.

6.1 Definition des Datensatzes (Gruppe 1)

Man verwendet das Programm "Assist" . Nachdem das Datenbankprogramm wie im Handbuch beschrieben installiert wurde, kann man es jetzt mit dem Kommando

> dbase

vom Betriebssystem aus starten.

a) Mit der Taste CrsRight wird der Punkt "Neu" ausgewählt und mit der Taste Return bestätigt.

b) Im zugehörigen Pulldownmenü wird der Punkt "Datenbank" mit der Taste Return bestätigt.

c) Das Laufwerk (A .. F), auf dem die Datenbank gespeichert werden soll, wird mit den Tasten CrsDown und Return ausgewählt.

d) Als Dateinamen wird NUKLIDE eingegeben und mit Return bestätigt.

e) In die Datenbank-Strukturtabelle gibt man die festgelegten Feldnamen, Feldtypen, Feldlängen und Dezimalformate ein. Jede einzelne Eingabe wird mit der Taste Return abgeschlossen. Bei den Feldtypen ist der Text schon vorgegeben, mit der Leertaste kann man die Feldtypen wechseln.

f) Mit den Tasten Ctrl+End und danach mit der Bestätigung durch die Taste Return schließt man die Datensatzdefinition ab. Datensätze werden noch nicht eingegeben.

g) Das Assistprogramm wird über den Punkt "Auswahl" und den Unterpunkt "Ende dBase III Plus" verlassen.

6.2 Definition der Bildschirmmaske (Gruppe 2)

Die erste Gruppe muß ihre Arbeit abgeschlossen haben, und die Datenbank muß auf einem Speichermedium (Diskette oder Festplatte) abgespeichert vorliegen. Man verwendet das Programm "Assist" . Es wird mit dem Kommando

> dBase

vom Betriebssystem aus gestartet.

a) Mit der Taste CrsRight wird der Punkt "Neu" ausgewählt; dann wählt man im zugehörigen Pulldownmenü den Punkt "Format" mit der Taste CrsDown aus und bestätigt mit der Taste Return.

b) Man wählt das Laufwerk (A .. F), auf dem die Bildschirmmaske gespeichert werden soll, aus (Tasten CrsDown und Return). Es sollte die gleiche Diskette oder Festplatte sein, auf der auch die Datenbank gespeichert wird.

c) Als Dateinamen gibt man NUKLIDE ein und schließt mit der Taste Return ab. Es erscheint das Masken-Generatormenü.

d) Mit der Taste Return wird im Pulldownmenü "Aufbau" der Unterpunkt "Eine Datenbank auswählen" bestätigt.

e) Mit der Taste Return wird die Wahl der Datenbank "NUKILDE.DBF" bestätigt. An dieser Stelle muß die Datenbankdefinition bereits vollzogen und auf dem Speichermedium abgespeichert sein.

f) Mit der Taste Crsdown wählt man den Unterpunkt "Lade Felder" aus und bestätigt mit der Taste Return. Es erscheint eine Liste aller Feldnamen.

g) Jeder Feldname wird mit der Taste CrsDown angesteuert und mit der Taste Return bestätigt. Es erscheint dann jeweils das Zeichen » vor dem Feldnamen. Die so ausgesuchten Felder kommen danach in die Maske. Wenn alles ausgewählt ist muß man die Taste CrsLeft betätigen. Die Feldnamenliste verschwindet.

h) Mit der Taste F10 holt man die gewählten Felder auf eine leere Bildschirmseite. Für die weitere Arbeit gilt folgende Bedeutung der Tasten:

Taste Ins	Schaltet zwischen Einfüge- und Überschreibmodus um. Anzeige rechts unten! Achtung: Cursor sollte sich dabei nicht in einem Feld (heller Balken!) befinden.
Taste Return	Bei eingeschaltetem Einfügemodus wird eine Leerzeile eingefügt. Wenn der Cursor auf einem Feld (heller Balken) steht, kann dieses anschließend gezogen werden. Dazu geht man so vor: Cursor auf Feld; Return; Cursor irgendwo anders hin; Return; und schon ist das Feld dorthin gezogen worden.

Wenn der Cursor auf dem Rand einer Box steht, kann deren Größe geändert werden. Dazu geht man so vor: Cursor auf eine Boxseite oder Boxecke; Return; Cursor ein Stück weiter; Return; und schon ist die Boxseite oder Boxecke dorthin gezogen worden.

Taste Del	Löscht wie üblich Zeichen. Achtung: Cursor sollte sich nicht in einem Feld befinden, da dieses sonst verkürzt wird.
Ctrl+y	Löscht die aktuelle Zeile.
Ctrl+u	Löscht das Feld oder die Box in der aktuellen Cursorposition.

i) Man bringt den Cursor nach links oben, stellt den Einfügemodus ein und betätigt mehrmals die Taste Return. In die entstandenen Leerzeilen schreibt man die Texte und Felder gemäß dem abgebildeten Muster.

Z.B. Cursor in das Feld "Massenzahl" bringen und Taste Return drücken. Cursor in 3.Zeile 10.Spalte bringen und Taste Return drücken. usw.

Die Statuszeile unten auf dem Bildschirm gibt die aktuelle Cursorposition an und liefert weitere nützliche Informationen.

j) Wenn alle Felder an der gewünschten Stelle und alle anderen Texte geschrieben sind, löscht man die übrigbleibenden Feldnamen.

k) Mit Taste F10 kommt man wieder in das Masken-Generatormenü zurück. Um eine Box zu zeichnen, geht man folgendermaßen vor:

- Mit der Taste CrsRight wählt man den Menüpunkt "Optionen", mit der Taste CrsDown den Unterpunkt "Linie einfach" an und bestätigt mit der Taste Return. Man befindet sich jetzt wieder auf der Bildschirmseite.

- Man bringt den Cursor auf die linke obere Ecke der zukünftigen Box und drückt die Taste Return. Es geschieht zunächst nichts.

- Man bringt den Cursor auf die rechte untere Ecke der zukünftigen Box und drückt die Taste Return. Die Box erscheint.

- Mit Taste F10 erhält man wieder das Masken-Generatormenü.

l) Man wählt den Menüpunkt "Ende" sowie den Unterpunkt "Sichern" an und bestätigt die Wahl. Damit steht die Bildschirmmaske NUKLIDE.FMT für weitere Benutzung zur Verfügung.

m) Das Assistprogramm wird über den Punkt "Auswahl" und den Unterpunkt "Ende dBase III Plus" verlassen.

6.3   Eingabe der Isotope (Gruppe 3)

Die ersten beiden Gruppen müssen ihre Arbeit abgeschlossen haben, und die Datenbank NUKLIDE.DBF sowie die Bildschirmmaske NUKLIDE.FMT müssen auf dem Speichermedium (Diskette oder Festplatte) abgespeichert vorliegen. Zur Eingabe verwendet man das Programm Assist. Es wird mit dem Kommando

> dbase

vom Betriebssystem aus gestartet.

a)   Man befindet sich im Punkt "Auswahl" des Pulldownmenüs. Mit der Taste Return wird der Unterpunkt "Datenbank" bestätigt.

b)   Das Laufwerk (A .. F), auf dem sich Datenbank und Bildschirmmaske befindet, wird mit den Tasten CrsDown und Return ausgewählt.

c)   Der Dateiname NUKLIDE.DBF wird mit der Taste Return bestätigt. Die Frage "Ist die Datei indiziert? [J/N]" wird mit nein (n) beantwortet. Nun befindet man sich wieder beim Punkt "Auswahl" des Pulldownmenüs.

d)   Mit der Taste CrsDown wählt man den Unterpunkt "Format für Screen" an und bestätigt mit der Taste Return.

e)   Nach der Laufwerksauswahl (A .. F) wird als Name für die Bildschirmmaske NUKLIDE.FMT mit der Taste Return bestätigt. Man befindet sich wieder beim Punkt "Auswahl" des Pulldownmenüs.

f)   Mit der Taste CrsRight wählt man den Punkt "Modus" des Pulldownmenüs an und bestätigt den Unterpunkt "Append" mit der Taste Return. Es erscheint ein leerer Datensatz in dem durch die Bildschirmmaske festgelegten Format, wobei der Cursor auf dem ersten Feld steht.

g) Jetzt wird das erste Isotop eingegeben, z.B. Uran 238. Man schaltet am besten den Insertmodus ein (Taste Ins). Dann schreibt man der Reihe nach: 238; U; Return; 92; Return; Uran; Return; Return; J; 4.51; Return; Ga; Return; usw.
Zu achten ist auf die richtige Einheit bei den Halbwertszeiten. Mit der Taste PageDown wird zum nächsten Datensatz geblättert. Mit der Taste PageUp kann man eventuell wieder zurückblättern.

h) Abgeschlossen wird die Arbeit mit den Tasten Ctrl+End. Man befindet sich wieder im Assist-Menü.

i) Das Assistprogramm wird über den Punkt "Auswahl" und den Unterpunkt "Ende dBase III Plus" verlassen.

6.4 Indizierung der Datenbank (Gruppe 4)

Die anderen drei Gruppen müssen ihre Arbeit abgeschlossen haben, und die Datenbank NUKLIDE.DBF sowie die Bildschirmmaske NUKLIDE.FMT müssen auf dem Speichermedium (Diskette oder Festplatte) abgespeichert vorliegen. Zur Indizierung verwendet man das Programm Assist. Es wird mit dem Kommando

> dbase

vom Betriebssystem aus gestartet.

a) Man befindet sich im Punkt "Auswahl" des Pulldownmenüs. Mit der Taste Return wird der Unterpunkt "Datenbank" bestätigt.

b) Das Laufwerk (A .. F), auf dem sich Datenbank und Bildschirmmaske befinden, wird mit den Tasten CrsDown und Return ausgewählt.

c) Der Dateiname NUKLIDE.DBF wird mit der Taste Return bestätigt. Die Frage "Ist die Datei indiziert? [J/N]" wird mit nein (n) beantwortet. Nun befindet man sich wieder beim Punkt "Auswahl" des Pulldownmenüs.

d) Mit der Taste CrsRight wird der Punkt "Organisation" des Pulldownmenüs angewählt und der Unterpunkt "Index" mit der Taste Return bestätigt.

e) Bei der Aufforderung "Bitte den Indexausdruck eingeben" schreibt man den Schlüsselausdruck KERNLADUNG * 1000 + ATOMMASSE hin und schließt mit der Taste Return ab.

f) Das Laufwerk (A .. F), auf dem die Indexdatei gespeichert werden soll, wird mit den Tasten CrsDown und Return ausgewählt. Man verwendet dasselbe Speichermedium (Diskette oder Festplatte), auf dem sich auch die Datenbank NUKLIDE.DBF und die Bildschirmmaske NUKLIDE.FMT befinden.

g) Als Dateiname gibt man NUKLIDE an und schließt mit der Taste Return ab. Daraufhin erstellt das Programm die Indexdatei NUKLIDE.NDX. In der Statuszeile kann man die schon indizierten Datensätze verfolgen. Zum Schluß drückt man eine beliebige Taste. Man erhält wieder das Pulldownmenü des Assistprogramms.

h) Das Assistprogramm wird über den Punkt "Auswahl" und den Unterpunkt "Ende dBase III Plus" verlassen.

6.5 Überblick über die wichtigsten Befehle der Programmiersprache dBase III Plus

Im folgenden werden nur die im Auswert-Programm benötigten Befehle aufgelistet. Im übrigen sei auf das Handbuch von dBase III Plus verwiesen.

Ein Programm kann mit jedem Texteditor, z.B. dem Turbo-Programmeditor geschrieben werden. Kommentarzeilen beginnen mit einem Stern (*). dBase erfordert eine strikte Einhaltung der zeilenorientierten Syntax (siehe Beispiele).

Boolsche Bezeichner für True und False werden mit .T. und .F. geschrieben.

Boolsche Operatoren sind: .OR. .AND. .NOT.

@ 0,5	Der Cursor geht in 1. Zeile 6. Spalte und löscht ab dieser Stelle den Zeileninhalt.
@ 2,4 SAY 'Otto'	Schreibt in 3. Zeile ab 5. Spalte "Otto".
@ 2,0 TO 15,79	Malt eine Box mit einfacher Linie, linke obere Ecke in Zeile 3 Spalte 1, rechte untere Ecke in Zeile 16 Spalte 80.
@ 2,0 TO 15,79 DOUBLE	Box mit doppelter Linie
STORE 0 TO n,m	Die Variablen n und m werden angelegt und gleich 0 gesetzt.
@ 1,1 SAY 'n=' GET n @ 2,1 SAY 'm=' GET m	GET bringt Daten zum Editieren auf den Bildschirm
READ	READ löst die Dateneingabe in die GET-Variablen aus. Wechseln der GET-Variablen mit Tasten CrsUp und CrsDown ist möglich.
Zusatz zu GET Variable	
PICTURE '999'	Eingabefeld dreistellig, nur Ziffern
PICTURE 'XXXX'	Eingabefeld vierstellig, beliebige Zeichen
RANGE 0,4	Bewirkt als Zusatz zu PICTURE '9' eine Einschränkung auf die Ziffern 0 bis 4.

| CLEAR | Löschen des Bildschirms |
| Nr = 5 | Variable Nr wird angelegt und auf 5 gesetzt. |

```
DO WHILE Bedingung      Programmstruktur für Wiederholung
    Block
ENDDO
```

```
IF Bedingung            Programmstruktur für zweiseitige Auswahl
    Block(1)
ELSE
    Block(2)
ENDIF
```

```
DO CASE                 Programmstruktur für mehrseitige Auswahl
    CASE Bedingung1
        Block(1)
    CASE Bedingung2
        Block(2)
    OTHERWISE
        Block(sonst)
ENDCASE
```

Funktionen:

ASC(..)	Umwandeln Zeichen in ASCII
CHR(..)	Umwandeln ASCII in Zeichen
ABS(..)	absoluter Wert
EXP(..)	Exponentialfunktion
INKEY()	aktueller Tastencode; wenn keine Taste, dann 0
INT(..)	ganze Zahl
LEFT(..,..)	linker Teilstring, LEFT('Otto',2) ergibt 'Ot'
LEN(..)	Länge der Zeichenkette
LOG(..)	natürlicher Logarithmus
MOD(..,..)	Modulo, MOD(17,2) ergibt 1
RIGHT(..,..)	rechter Teilstring, RIGHT('Otto',2) ergibt 'to'
ROUND(..,..)	Runden, ROUND(3.141559,3) ergibt 3.142
SQRT(..)	Quadratwurzel
STR(..,..)	Umwandeln Zahl in Zeichenkette, STR(92,3) ergibt ' 92'
TRIM(..)	löscht nachfolgende Blanks, z.B. TRIM('U ') ergibt 'U'
VAL(..)	Umwandeln Zeichenkette in Zahl

Operatoren:

+ - * /	mit der üblichen Bedeutung
**	Potenzieren
+	Verkettung von Zeichenketten

Relationen:

= < > <= >	mit der üblichen Bedeutung
= <>	
$	Teilstring z.B. 'tt' $ 'Otto' ist wahr

Befehle für die Dateibearbeitung:

EDIT	Gibt den aktuellen Datensatz gemäß der Bildschirmmaske aus und erlaubt Änderungen. Mit den Tasten PageUp und PageDown kann man blättern. Mit der Taste ESC den Datensatz unverändert verlassen, mit den Tasten Ctrl+End die Änderung fixieren.
USE Nuklide INDEX Nuklide	Öffnet die Datenbank "Nuklide.dbf" und stellt den Index "Nuklide.ndx" bereit.
SEEK 92238	Sucht mit Hilfe des aktuellen Index den Datensatz, dessen Schlüsselwert 92238 ist.

Befehle für die Steuerung von Datenbankparametern:

SET BELL ON/OFF	Akustisches Signal bei Dateneingabe an/abschalten
SET CONFIRM ON/OFF	Bei CONFIRM ON springt der Cursor nur nach Bestätigung mit Return ins nächste Feld.
SET FORMAT TO Nuklide	Befiehlt die Verwendung der Bildschirmmaske "Nuklide.fmt".
SET FORMAT TO	Hebt die Bildschirmmaske wieder auf.
SET SCOREBOARD ON/OFF	Gibt Meldungen auf der Statuszeile aus oder schaltet diese Meldungen ab.
SET STATUS ON/OFF	Anzeige bzw. Wegschalten der Statuszeile.
SET TALK ON/OFF	Sendet bzw. unterdrückt das Ergebnis einer Befehlsausführung auf dem Bildschirm.

6.6 Beispiel für das Auswertprogramm in dBase III Plus

```
* Programm   : AUSWERT.PRG
* Autor       : ANDRASCHKO
* Datum       : 05.11.88
* Notiz        : Copyright (c) 1988, ANDRASCHKO, Alle Rechte vorbehalten
SET TALK OFF
SET BELL OFF
SET STATUS OFF
SET SCOREBOARD OFF
SET CONFIRM ON
USE Nuklide INDEX Nuklide
Programmende=.F.
DO WHILE .NOT. Programmende
   * Menüauswahl auf dem Bildschirm
   CLEAR
   @ 2,0 TO 15,79 DOUBLE
   @  3,17 SAY 'AUSWERTUNGEN DER DATENBANK N U K L I D E'
   @ 4,1 TO 4,78 DOUBLE
   @  7,21 SAY '0. Ende'
   @  8,21 SAY '1. Einzelne Isotope editieren'
   @  9,21 SAY '2. Zerfallsreihen ermitteln'
   @ 10,21 SAY '3. Zerfallsreihen ausdrucken'
   @ 11,21 SAY '4. Massenbilanz'
   Wahlnr=0
   @ 13,24 SAY '   Bitte wählen ' GET Wahlnr PICTURE '9' RANGE 0,4
   READ
   DO CASE
     CASE Wahlnr=1
        CLEAR
        @ 2,15 SAY 'Einzelne Isotope editieren'
        @ 4,10 SAY 'Bitte das Ausgangsisotop festlegen'
        STORE 0 TO A,Z
        @ 6,10 SAY 'Massenzahl eingeben : A = ' GET A PICTURE '999'
        @ 7,10 SAY 'Kernladungszahl eingeben : Z = ' GET Z PICTURE '999'
        READ
        SEEK Z*1000+A
        SET FORMAT TO Nuklide
        SET STATUS ON
        EDIT
```

```
    SET STATUS OFF
    SET FORMAT TO
CASE Wahlnr=2
    CLEAR
    @ 2,15 SAY 'Zerfallsreihe ermitteln'
    @ 4,10 SAY 'Bitte das Ausgangsisotop festlegen'
    STORE 0 TO A,Z
    @ 6,10 SAY 'Massenzahl eingeben : A = ' GET A PICTURE '999'
    @ 7,10 SAY 'Kernladungszahl eingeben : Z = ' GET Z PICTURE '999'
    READ
    @ 8,8 TO 12,16
    @ 21,1 SAY 'Nachfolger mit Taste a, -, +, k'
    SEEK Z*1000+A
    abbruch=.F.
    DO WHILE .NOT. abbruch
        @  9,10 SAY Massenzahl
        @ 10,13 SAY Element
        @ 11,10 SAY Kernladung
        @ 11,30 SAY Name
        IF alpha
           @ 13,10 SAY 'alpha Strahlung'
        ELSE
           @ 13,10
        ENDIF
        IF betaminus
           @ 14,10 SAY 'beta- Strahlung'
        ELSE
           @ 14,10
        ENDIF
        IF betaplus
           @ 15,10 SAY 'beta+ Strahlung'
        ELSE
           @ 15,10
        ENDIF
        IF Keinfang
           @ 16,10 SAY 'k-Einfang
        ELSE
           @ 16,10
        ENDIF
        IF .NOT. stabil
```

```
                taste=' '
                DO WHILE .NOT. taste $ tastcode
                  taste=CHR(INKEY())
                ENDDO
                A=Massenzahl
                Z=Kernladung
                DO CASE
                  CASE taste='a'
                      SEEK (Z-2)*1000+(A-4)
                  CASE taste='-'
                      SEEK (Z+1)*1000+A
                  CASE taste='+'
                      SEEK (Z-1)*1000+A
                  CASE taste='k'
                      SEEK (Z-1)*1000+A
                ENDCASE
              ELSE
                abbruch=.T.
                @ 13,10
                @ 13,10 SAY 'Stabil'
                @ 21,1
                @ 21,1 SAY 'Ein Taste für weiter.... '
                DO WHILE INKEY()=0
                ENDDO
              ENDIF
            ENDDO
          CASE Wahlnr=3
            CLEAR
            @ 10,20 SAY 'Programm noch nicht fertig'
            @ 21,1 SAY 'Ein Taste für weiter.... '
            DO WHILE INKEY()=0
            ENDDO
          CASE Wahlnr=4
            * Siehe Programmcode auf der Diskette
        ENDCASE
    ENDDO
    SET BELL ON
    SET TALK ON
    SET STATUS ON
    SET SCOREBOARD ON
```

```
CLEAR ALL
RETURN
```

Das Programm befindet sich unter dem Namen AUSWERT.PRG auf der Diskette[1]. Es wird folgendermaßen gestartet:

Vom Betriebssystem aus kommt man mit   >dbase

in das Assistprogramm. Dieses verläßt man sofort wieder mit der Taste Esc und kommt in die sogenannte Punktaufforderung. Nun schreibt man hinter den Punkt

> .do auswert

Damit wird das Programm AUSWERT.PRG gestartet. Nach Beendigung des Programms kommt man wieder in die Punktaufforderung zurück. Mit dem Befehl

> .quit

verläßt man dBase und ist im Betriebssystem.

---

[1]   Siehe "Hinweise zu den Begleitdisketten"

Zerfallsreihe des Elements Uran (U1)   A = 238   Z = 92 :

```
U 238 <- Th234 |
               | Pa234
U 234 <- Th230 |  <- Ra226 <- Rn222 <- Po218 <- Pb214 |
                                                       | Bi214
                                                Po214 <- Pb210 |
                                                               | Bi210
                                                        Po210 <- Pb206 |
                                                                        | Tl206
```

Taste für weiter.

Bildschirmausdruck eines von Schülern erstellten
Programms "Ausgabe einer Zerfallsreihe"

Simulation
dynamischer Vorgänge

Ziel des Projekts ist es, mit den Schülern ein allgemeines Verfahren zu entwickeln, das die Simulation einfacher dynamischer Vorgänge mit einem Computer ermöglicht. Dazu müssen in einer Vorbereitungsphase die Notwendigkeit von Modellen und ihre Einteilung, die Grundzüge der Modellbildung und das Prinzip der Simulation erarbeitet werden. Dies kann sowohl im Lehrervortrag als auch in Schülerreferaten erfolgen, deren Grundlage vom Lehrer ausgewählte Literatur sein sollte. Für den Teilaspekt der dynamischen Systeme wird dann gemeinsam ein Verfahren zur Modellbildung und Simulation erstellt. Dieses umfaßt folgende Einzelschritte : graphische Darstellung der Struktur, Aufstellung der Modellgleichungen, Umsetzung in ein Programm und Validierung.

Die für dieses Projekt vorgeschlagenen 10 Wochenstunden könnten wie folgt verteilt werden :

- Konzeptionsphase (3 Std) : Einführung und Erklärung der Begriffe (Zweck von Modellen, Schritte der Modellbildung, Grundlagen der Simulation, graphische Symbole für Modellstrukturen, Arten der Modellgleichungen)
- Realisierung (4 Std) : Erstellung eines computerunterstützten Modells (Systemanalyse, graphische Darstellung, Aufstellen der Modellgleichungen, Umsetzung in ein Programm)
- Bewertung (3 Std) : Überprüfung des entwickelten Verfahrens an weiteren Beispielen und Vergleich zum physikalischen Experiment (Grenzen des Modells; z.B. radioaktives Gleichgewicht - Federpendelschwingung)

Die Abschnitte 1.1 und 1.3 der folgenden Ausführung sind als Zusatzinformation für den unterrichtenden Lehrer gedacht.

1 Vorbemerkungen

1.1 Modelle im Unterricht

Modellbildung war schon immer und ist auch heute noch eine Hauptform der Lehrstrategie in vielen Fächern. Teils werden im Unterricht Modelle mitgeteilt und angewandt, teils werden sie mit den Schülern zusammen entwickelt.

Die *Verwendung* von Modellen im Unterricht reicht vom Rollenspiel bis zum naturwissenschaftlichen Demonstrationsexperiment, vom Satzschema der

Grammatik bis zum Börsen-Planspiel und vom angezeichneten Skelett der Taube bis zur schematischen Darstellung von Ich und Über-Ich. Ein großer Teil des Unterrichtsgeschehens ist entweder Vermitteln einer Modellvorstellung an die Schüler oder Diskussion eines an die Stelle des realen Systems gesetzten Modells, das dieses in didaktisch vereinfachter Form simuliert.

Die Bedeutung der *Simulation* hat, seit es Computer gibt, stark zugenommen, sowohl in der Wissenschaft als auch in der Praxis. Auch im Unterricht kann sie die Modellbildung ergänzen und beleben.

Simulationsprogramme ermöglichen eine anders meist nicht mögliche Form des "*entdeckenden Lernens*". Grundfragen dabei sind "Was wäre, wenn ..?" , "Wie hängen die Größen zusammen ?" und "Wie beeinflussen sich die Objekte?". Schüler können sich mit einem Lehrgegenstand vertraut machen, indem sie bestimmte Parameter geeignet variieren und an den Ergebnissen der Simulation Zusammenhänge entdecken. Von der Eigentätigkeit beim Entdecken geht eine hohe Motivation aus. Es ist dabei nicht immer nötig, daß die Schüler das Modell, das der Simulation zugrunde liegt, vollständig kennenlernen. Oft genügt auch das Auffinden von Teilzusammenhängen oder von qualitativen Beziehungen.

Fertigkeiten können an einem geeigneten Simulationsmodell eingeübt werden, und durch dieses *Training* kann das Reaktions-, Entscheidungs- und Beurteilungsvermögen verbessert werden (Beispiele: Flugsimulator, Unternehmensplanspiele).

Die *Entwicklung* von Modellen ist dabei ein anspruchsvollerer Unterrichtsauftrag als ihre Verwendung. Fähigkeiten, die man dabei erwirbt, sollen helfen, selbständig neue Gebiete zu erfassen, die Zusammenhänge zwischen Objekten zu erkennen und am eigenen Tun die Begrenztheit der bisher kennengelernten Modelle einzusehen. Die geistige Technik, ein Modell zu entwerfen, zu beurteilen und zu verbessern, ist eine Grundlage für das allgemein übliche wissenschaftliche Vorgehen bei der Analyse von Systemen.

1.2 Einteilung von Modellen nach ihrem Zweck

Es sollte klar sein, daß es nie ein "bestes" oder "richtiges" Modell gibt; die Art der Modellbildung hängt von dem damit verfolgten Zweck ab. Danach können Modelle folgendermaßen charakterisiert werden:

- *Prognosemodelle* dienen zur Abschätzung von Entwicklungen eines realen Systems. Bei ihnen kommt es auf die sich ergebenden Zahlenwerte an. Sie setzen deshalb einen hohen Grad von Übereinstimmung mit dem realen System voraus. Im Unterricht fehlen meist schon die umfangreichen, für eine sinnvolle Prognose benötigten Ausgangsdaten. Beispiele hierfür sind die Wahlhochrechnung, die Konjunkturprognose oder die Wettervorhersage.

- *Entscheidungsmodelle* dienen dem Auffinden von "optimalen" Verhaltensweisen und werden in der Technik und auch in der Wirtschaft, insbesondere
  bei der Führung von Unternehmen und der Planung von Investitionen und
  Desinvestitionen eingesetzt. Im Gegensatz zu Prognosemodellen müssen hier
  die Ergebniszahlen nicht absolut stimmen. Es genügt, wenn sie den Vergleich zwischen verschiedenen Möglichkeiten treffend widerspiegeln.
- *Erklärungsmodelle* dienen dem besseren Verständnis für das Verhalten eines
  Systems. Hier ist die Modellbildung, z.B. ein Modell für das radioaktive
  Gleichgewicht, ein wesentlicher Schritt im Erkenntnisprozeß. Erst beim Er-
  stellen und Evaluieren des Modells wird deutlich, inwieweit man das
  Wesentliche am System erfaßt hat und welche Probleme eigentlich zu lösen
  sind.

1.3   Strategien für den Unterrichtseinsatz von Simulationen

Drei Wege sind für Simulationen im Unterricht häufig:

- Durch Einsatz eines Simulationsprogramms werden die Schüler mit dem
  Lerngegenstand vertraut. Abgeschlossene Simulationsläufe werden trick-
  filmartig dargeboten.
- An einem fertig vorgegebenen Modell untersucht der Schüler das Verhalten
  durch Änderung der Einflußgrößen. Bei diesen *Planspielen* kann der
  Schüler auf die Modellstruktur keinen Einfluß nehmen, meist ist deren
  Aufbau gar nicht näher bekannt. Nur der Ablauf der Simulation kann durch
  Einsetzen verschiedener Zahlenwerte für eine beschränkte Auswahl an
  Größen beeinflußt werden. Durch *"Entdeckendes Lernen"* kann der Schüler
  die Reaktionen des Modells erfahren, abschätzen und sein eigenes Verhalten
  trainieren (z.B. Training beruflicher Entscheidungsfähigkeit in der Be-
  triebsführung; Simulation einer elektrischen Schaltung am Rechner; Suchen
  von stabilen Energiezuständen bei gegebenem Potentialverlauf im Atom -
  siehe Projekt IIIa; Bahnformen bei gegebenem Kraftgesetz - Lernziel 1).
- Durch die Analyse eines realen Systems wird ein *Modell entwickelt*, das
  durch Vereinfachung, Konkretisierung und Veranschaulichung aus dem
  realen System entsteht. In der anschließenden Simulation können dann Er-
  fahrungen über das Systemverhalten gesammelt werden. Durch die Modellbildung, Simulation und ggf. anschließenden Vergleich von Modell und
  Realität erhält der Schüler einen vertieften Einblick in die zugrundeliegenden Zusammenhänge (z.B. Kräfte am Federpendel; Laden bzw. Entladen
  eines Kondensators; Modell für den radioaktiven Zerfall - Projekt IIIb;
  Modell zum Rutherfordschen Streuversuch - Lernziel 2).

2 Systeme - Modelle - Simulation

2.1 Reale Systeme

Systeme der Wirklichkeit, wie sie z.B. in der Natur, der Technik, der Wirtschaft und in sozialen Bereichen auftreten, sind oft sehr komplex. Unter einem realen System versteht man dabei eine Anzahl untereinander in Wechselwirkung stehender Objekte, deren Zusammenwirken auf ein bestimmtes Ziel ausgerichtet ist. So bilden beispielsweise Herz, Lunge und Blutkreislauf ein physiologisches System zur Versorgung des Körpers u.a. mit Sauerstoff. Ein Auto ist ein System von Komponenten, die zusammen eine Fortbewegung ermöglichen.

Meist lassen sich *statische* Systembetrachtungen, die nur das Vorhandensein gegenseitiger Abhängigkeiten konstatieren, gedanklich gut erfassen und sprachlich oder graphisch darstellen (z.B. Potentialverlauf bei gegebenen Ladungen, Wassermodell des einfachen Stromkreises, soziale Strukturen der Gesellschaft). Das *dynamische*, d.h. das zeitlich abhängige Verhalten von Systemkomponenten, die sich gegenseitig beeinflussen, ist viel schwerer zu verfolgen (z.B. radioaktives Gleichgewicht, Federpendelschwingung mit Reibung, Wechselstromkreis, Räuber-Beute-Verhalten, Warteschlangen).[1]

Obwohl die Untersuchung am realen System in vielen Fällen die beste Auskunft gäbe, kann dessen Verhalten oft nicht direkt untersucht werden. Gründe hierfür sind z.B.:

- das Experiment ist zu gefährlich (z.B. Testen von Rückhaltevorrichtungen im Auto, Stabilitätsprüfung von Brücken und Gebäuden, Motorradfahren unter Alkoholeinfluß)
- das Experiment bedeutet eine unzumutbare Störung des realen Systems (z.B. Wirkung einer Chemikalie auf ein Ökosystem, Verstaatlichung aller Unternehmen, Durchführen eines mehrjährigen Preisstops)
- das reale System ist nicht zugänglich (z.B. Entstehung eines Planetensystems, Entwicklung des Wettergeschehens)
- die Zustandsübergänge des realen Systems laufen zu langsam oder zu schnell ab (z.B. Schaltvorgänge in einem elektronischen Bauteil, chemische Reaktionen, Kontinentalverschiebung)
- die Untersuchungen am realen System sind zu aufwendig (z.B. Entwurf eines neuen Flugzeugrumpfes, Notwendigkeit einer U-Bahn-Linie, Entwurf eines Computerprozessors)

Das reale System muß also durch ein Modell ersetzt werden, an dem das Verhalten möglichst gut untersucht werden kann.

---

[1]   J.Forrester, Principles of Systems, Cambridge U.S.A. 1976

2.2 Modelle und Simulation

Die *Systemanalyse* strukturiert die Ausgangsdaten, reduziert die Anzahl der Objekte und vereinfacht die Zusammenhänge in folgenden Schritten:

- *Abgrenzung* gegen die Umwelt :
Für Einflüsse aus der Umwelt, die nicht zum betrachteten System gehören sollen, muß im Modell eine Ersatzdarstellung gefunden werden.

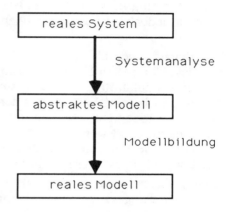

- Bestimmung der *Modellobjekte* und ihrer Attribute :
Durch Idealisierung und Abstraktion wird bestimmt, welche Objekte im Modell vorkommen sollen und welche Eigenschaften sie haben.

Idealisierung : von den realen Objekten werden nur interessierende und von ihnen nur bestimmte Eigenschaften betrachtet (ideale Objekte).

Abstraktion : nicht alle Objekte des realen Systems werden im Modell verwendet.

Aggregation : Objekte, die in den wesentlichen Attributen gleich sind, werden zu einem Objekt zusammengefaßt.

- Definition der *Modellstruktur* :
Es muß festgelegt werden, in welcher Weise die einzelnen Modellobjekte miteinander in Verbindung stehen.

Aus dem realen System wird durch die Systemanalyse das abstrakte Modell, dessen Verhalten auf zwei grundsätzlich verschiedene Weisen untersucht werden kann.

- Das analytische Verfahren :
Ist das abstrakte Modell in einer formalen Sprache (z.B. durch mathematische Gleichungen) beschrieben, so kann man daraus durch Deduktion auf Grund bekannter Regeln ein Verhalten des abstrakten Modells gewinnen. Das analytische Verfahren erfordert meist einen umfangreichen wissenschaftlichen Überblick über das zu untersuchende System und einen mathematischen Aufwand, der weit über den an der Schule möglichen Rahmen hinausgeht. Es zeigt sich, daß analytische Lösungen nur für relativ einfache abstrakte Modelle möglich sind. Viele Modelle, die den Anspruch erheben, realitätsnah zu sein, besitzen analytische Lösungen nur in Grenzfällen. So lassen sich, vor allem in der Physik, manchmal zeitkontinuierliche abstrakte Modelle durch Differentialgleichungen beschreiben, die in einfachen Fällen explizit lösbar sind. Bei komplexeren Modellen lassen sich auch mit großem

wissenschaftlichen Aufwand keine analytischen Lösungen mehr angeben (z.B. beim Strömungsverhalten an Tragflächen).

- Durch Simulation :
Durch Simulation untersucht man Eigenschaften eines Systems, indem man aus dem abstrakten Modell ein neues, ausführbares System erstellt, das mit dem ursprünglichen System in bezug auf die wesentlichen Größen übereinstimmt, jedoch leichter zu handhaben ist. Dieses zweite System heißt *reales Modell*.

Viele dynamische, d.h. zeitlich veränderliche Modelle gehören zu geschlossenen, rückgekoppelten Systemen, also zu Systemen, bei denen der vergangene Zustand das zukünftige Verhalten steuert. Diese Modelle werden meist durch Gleichungen beschrieben, mittels derer aus dem jetzigen Zustand der nächste bestimmt werden kann. Das schrittweise Vorgehen kann sehr leicht mit einem Computer simuliert werden, benötigt weniger wissenschaftliche Kenntnisse als das analytische Verfahren und eignet sich besser, dem Laien Zusammenhänge dynamischer Prozesse darzustellen.

Deduktiv hergeleitete, analytische Lösungen können allgemein gültige Aussagen über das gesamte Systemverhalten liefern, während *Computersimulationen* immer nur Einzel-Ergebnisse erbringen, die von den jeweiligen Anfangszuständen abhängig sind.

Natürlich erwartet man vom realen Modell hinsichtlich der wesentlichen Verhaltensweisen gute Übereinstimmung mit dem simulierten realen System. Ein Simulationsmodell kann sein

- ein physisches Modell (z.B. Windkanal, Wellenwanne, Zeiss-Planetarium)
- ein soziales Modell (z.B. Notfallübung der Feuerwehr)
- ein Gedankenmodell (z.B. Bohrsches Atommodell, Stromkreismodell, stehende Welle als quantenmechanisches Modell)
- ein mathematisches Modell (z.B. Relativitätstheorie)
- ein Computermodell (z.B. Forrester Weltmodell)
- eine Kombination aus diesen (z.B. Flugsimulator).

Physische und soziale Modelle zur Simulation sind anschaulich, aber oft teuer und unhandlich. In gedanklichen, insbesondere in mathematischen Modellen, werden die Systemobjekte abstrakt durch Symbole repräsentiert und ihre Wechselwirkungen durch mathematische Gesetze oder Gleichungen dargestellt. Ein Computermodell ist ein Programm, das die gegenseitigen Einflüsse zwischen den Systemobjekten schrittweise nacheinander berechnet und Zahlenkolonnen oder graphische Darstellungen ausgibt.

Wesentlich ist der Nachweis (z.B. durch eine Vergleichs-Versuchsreihe), daß das reale Modell das Verhalten des zu untersuchenden Systems befriedigend wiedergibt *(Modellvalidierung)*.

Eine vollständige Übereinstimmung zwischen Modell und System kann nicht möglich sein, da durch Abstraktion und Idealisierung Einflußgrößen verlorengegangen sind (z.B. die Wärmeentwicklung am Widerstand im elektr. Schwingkreis).

Es ist selbstverständlich, daß in der Regel nicht auf Anhieb ein brauchbares Modell erstellt werden kann. Mögliche *Fehler* sind z.B.

- Systemfehler: Das reale System wurde falsch analysiert.
- Modellfehler: Die Modellstruktur ist nicht realitätskonform genug.
- Datenfehler: Die verwendeten Parameter sind falsch, zu ungenau oder passen nicht zusammen.
- Rechenfehler: Zu große oder zu kleine Schrittweiten bei der Simulation machen das Ergebnis ungenau. Manche numerische Methoden konvergieren schlecht oder sind instabil, d.h. sehr von den Eingabewerten abhängig.
- Interpretationsfehler: Die Ergebnisse werden falsch gedeutet, für falsche Zwecke verwendet oder in ihrer Aussagekraft überschätzt.

Möglicherweise ist die Modellstruktur oder gar die Systemabgrenzung zu verändern. Der Prozeß der Modellerstellung ist also kein einmaliger Vorgang. Durch ständige *Verfeinerung* wird das Modell verbessert.

Dieses Verändern der Modellstruktur und die Diskussion über das "wirkliche" Verhalten, das man durch ein begleitendes Schülerexperiment untersuchen kann, bilden eine wesentliche didaktische Komponente im Einsatz von Simulationen in der Physik, denn dadurch gewinnt der Schüler vertiefte Einblicke in die Zusammenhänge.

Im Rahmen des Lehrplans "Grundkurs Physik (Informatik)" soll sich der Schüler mit der Erstellung von dynamischen Erklärungsmodellen zu physikalischen Vorgängen befassen. Es werden dabei Vorgänge betrachtet, deren deterministische und kontinuierliche Struktur eine Realisierung des zugehörigen Computermodells leicht ermöglicht. An diesen Modellen soll dann der Schüler das dynamische Verhalten untersuchen und die Ergebnisse mit dem realen Experiment vergleichen.

3 Darstellung von Modellen

3.1 Graphische Darstellung - System Dynamics

Die System-Dynamics Methode (Jay Forrester, Professor am Massachusetts Institute of Technology (MIT), 1976) ist ein bewährtes Verfahren, um Modelle aus verschiedenen Fachrichtungen einheitlich, übersichtlich und mit wenigen Symbolen darzustellen.

Zustandsgröße (Level) des Modells. Man kann sie sich als Behälter vorstellen, in dem das Material, die Größe gelagert wird (z.B. Anzahl der Atome, Ladung am Kondensator, Geschwindigkeit).

Die Änderung der Zustandsgrößen wird durch eine Änderungsrate (Rate) beschrieben. Sie verhält sich wie ein Ventil in einem hydraulischen System. Die Wirkung wird durch Gleichungen, logische Ausdrücke oder Wortformulierungen festgelegt (z.B. Zunahme der Ladung, Beschleunigung). Die Einheit ist immer Menge pro Zeiteinheit.

Der Fluß für Größen wird durch einen dicken Pfeil dargestellt, wobei die Pfeilrichtung die Richtung angibt, bei der die Änderungsrate positiv ist (z.B. Zunahme der Ladung).

Die Umwelt des Modells, die nicht weiter untersucht wird, das heißt die Bereiche, in denen eine Größe verschwindet (Senke) oder aus denen sie kommt (Quelle), werden durch wolkenartige Gebilde dargestellt (z.B. zerfallene Atome).

Dünne Pfeile zeigen Zusammenhänge und Einflüsse informeller Art (z.B. höhere Fallgeschwindigkeit => höhere Luftreibung) an.

Um komplexe Zusammenhänge übersichtlicher darzustellen, können Hilfsvariable (Auxiliaries) eingeführt werden, die den Informationsfluß strukturieren (z.B. Rückstellkraft, Reibungskraft).

NAME

Konstanten, die die Simulation wesentlich beeinflussen (z.B. Masse), werden gesondert dargestellt. Sie können nur auf Raten oder Hilfsvariable wirken. Im Rahmen der Modellbildung und Evaluation können sie bei verschiedenen Simulationsläufen mit unterschiedlichen Werten besetzt werden, um jeweils das Modellverhalten zu untersuchen (z.B. Schwingungsdauer in Abhängigkeit von der Masse).

Im allgemeinen hat man es mit einem Diagramm folgender Art zu tun:

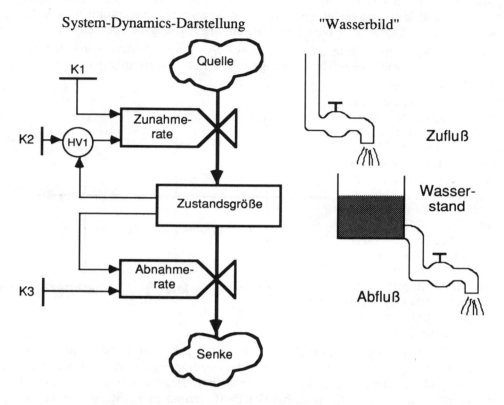

Rückkopplungen erkennt man in System-Dynamics-Darstellungen daran, daß eine Zustandsgröße über einen Informationsweg auf eine Änderungsrate zugreift, die auf sie selbst wirkt.

3.2 Grundlagen der Modellgleichungen

Um ein Modell durch ein Computerprogramm zu simulieren, das heißt, um aus den jetzigen Werten der Zustandsgrößen Schlüsse auf zukünftiges Verhalten zu ziehen, sind entsprechende *Systemgleichungen* nötig. Die Zusammenhänge in einem Computermodell werden festgelegt durch die in 3.1. graphisch dargestellten Strukturen und durch die zugehörigen Gleichungen, die bestimmen, wie aus dem jetzigen Zustand der bezüglich des Zeitschritts nächste Zustand berechnet werden kann. Auch stetige zeitkontinuierliche Vorgänge müssen für Digitalrechner in schrittweise, diskrete Abläufe übersetzt werden.

Zur Beschreibung der Systemgleichungen empfiehlt es sich, eine an die Simulationssprache DYNAMO[1] angelehnte Schreibweise zu verwenden. Diese Form paßt sehr gut zu der graphischen Darstellung nach der System-Dynamics-Methode und läßt sich anderseits, falls kein Simulationsprogramm vorhanden ist, einfach in gängige Programmiersprachen wie PASCAL umsetzen.

Die zeitliche Schrittweite zwischen zwei Systemzuständen wird mit DT ("difference in time") bezeichnet und als reiner Zahlenwert angegeben.

Zur Beschreibung der Gleichungen werden die drei Zeitpunkte "vorher", "jetzt" und "nachher" benutzt. Die Werte der Zustandsgrößen zu diesen Zeitpunkten werden jeweils in einem Feld mit den Indizes [V], [J] und [N] abgelegt (z.B. Ladung[J] oder Atome[N]). Die jeweiligen Zeitintervalle werden dementsprechend mit den Indizes [V], [J] und [N] angegeben (z.B. Stromstaerke[J]).

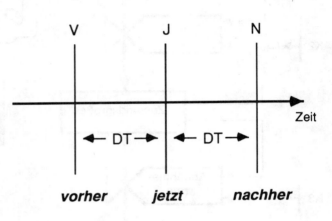

In DYNAMO werden die drei Zeitpunkte mit .J , .K und .L bezeichnet. Aus didaktischen Gründen bieten sich jedoch die oben angegebenen Symbole [V] , [J] und [N] an, denn damit können die selben Bezeichner sowohl in den Modellgleichungen und als auch bei der Realisierung in PASCAL verwendet werden.

Die einfachste Form für die *Zustandsgleichung* lautet in dieser Schreibweise:

$$Level[N] = Level[J] + DT \cdot Rate[J]$$

Die Zustandsgleichung enthält nur im einfachsten Fall eine Multiplikation der Zeitspanne mit der Änderungsrate. In den meisten Fällen ist die Änderungsrate nicht über den ganzen Zeitschritt DT konstant, so daß aufwendigere Integrationsverfahren zur Berechnung von Level[N] nötig sind. Bekannte Verfahren sind Euler-Cauchy, Halbschritt, Heun, Runge-Kutta und Adam-Bashfort[2].

Der Zustandsgleichung in der oben angegebenen Form liegt das einfachste

---

[1]   A.Pugh: Dynamo II User's Manual, Cambridge U.S.A. 1973
[2]   Siehe z.B. Freiberger, Krahmer in : BUS Thema, Informatik-Themen im Grundkurs
        Mathematik SII, bsv, München 1988

Verfahren, das Euler-Cauchy- bzw. Ganzschritt-Verfahren zugrunde. Es geht davon aus, daß die Änderungsrate für den Zeitschritt J -> N näherungsweise als konstant betrachtet werden kann.

Bei Verwendung eines Simulationsprogramms steht meist eine Auswahl von Integrationsverfahren zur Verfügung. Ansonsten müssen entsprechende Routinen für einfache Verfahren in der vorhandenen Programmiersprache selbst erstellt werden.

3.3 Erstes Beispiel

Im folgenden soll nun an einem konkreten Beispiel (Aufladen eines Kondensators) das Vorgehen vom Entwurf der Modellstruktur bis zum Aufstellen der Modellgleichungen dargestellt werden.

a) Zu simulierendes System :

Q Ladung im Kondensator;
$I = dQ/dt$ Stromstärke;
U_{ex} externe Spannung;
U_C Spannung am Kondensator;
R Widerstand;
C Kondensatorkapazität.

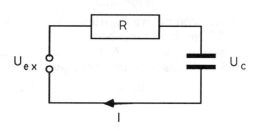

b) Beziehungen zwischen den einzelnen Systemkomponenten :

$$U_R + U_C = U_{ex}$$

$$I \cdot R + U_C = U_{ex}$$

$$\Rightarrow \frac{dQ}{dt} = \frac{(U_{ex} - U_C)}{R}$$

$$\text{und } U_C = \frac{Q}{C}$$

Zustandsgröße : Q
Änderungsrate : I
Hilfsvariable : U_{ex} , U_C
Konstanten :   R, C

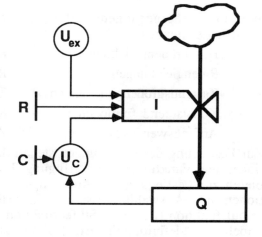

c) Aufstellen der Modellgleichungen :

Für die Gleichungen werden die Bezeichner Ladung (statt Q), Kapazitaet (statt C) und Widerstand (statt R) verwendet.

Zunächst sind die Gleichungen für die Hilfsgrößen festzulegen:

$$Uc[J] \quad = Ladung[J] / Kapazitaet$$

$$Uext[J] = 20 \qquad \{ \text{ für die ersten "Versuche" werden}$$
$$\text{für Uext konstante Werte angenommen } \}$$

Die Gleichung für die Änderungsrate bezieht sich auf den Zeitpunkt J :

$$Stromstaerke[J] = (Uext[J] - Uc[J]) / Widerstand$$

Die Zustandsgrößengleichung hat, unter Verwendung des Euler-Cauchy-Verfahrens, die Form :

$$Ladung[N] = Ladung[J] + DT \cdot Stromstaerke[J]$$

Die Werte für die Konstanten betragen in diesem Beispiel:

$$Kapazität \quad = 2 \cdot 10^{-6} \quad \{ \text{ F } \}$$

$$Widerstand = 2 \cdot 10^3 \qquad \{ \Omega \}$$

Die computerunterstützte Simulation, d.h. die schrittweise Berechnung der Werte des angegebenen Modells kann erst dann erfolgen, wenn für die Zustandsgröße ein Anfangswert angegeben wird, von dem die weiteren Zustände des Systems abhängen.

$$Ladung = 0 \qquad \{ \text{ C } \}$$

3.4 Arten der Modellgleichungen

Wie im vorhergegangenen Beispiel ersichtlich unterscheidet man fünf "Systemgleichungen":

Hilfsgrößengleichungen	Hilfsgr[J] = ...
Rategleichungen	Rate[J] = ...
Zustandsgrößengleichungen	Zustandsgr[N] = ...
Konstantendefinitionen	Konstante = ...
Anfangswertfestlegungen	Zustandsgr = ...

Zur Festlegung der Gleichungen stehen die üblichen mathematischen Operationen und Funktionen zur Verfügung. Professionelle Simulationsprogramme bieten zur Festlegung der Änderungsrate zusätzlich zahlreiche Sonderfunktionen an : Auswahlanweisung (IF.. THEN..); Zeitverzögerung (DELAY); Impulsfunktion (PULSE); Stufenfunktion (STEP); Rampenfunktion (RAMP); Tabellenwertdefinition (TABLE); Zufallszahlengenerator (RANDOM, NOISE, NORMRN) usw.

Damit die Werte zu den richtigen Zeitpunkten berechnet werden, müssen die

Gleichungen in einer festen Reihenfolge bearbeitet werden. Ausgehend von den Konstantendefinitionen und den Anfangswertfestlegungen werden die weiteren Gleichungen immer zyklisch in der Reihenfolge - Hilfsgrößengleichungen, Ratengleichungen, Zustandsgrößengleichungen - abgearbeitet. Das Einhalten dieser Reihenfolge ist äußerst wichtig.

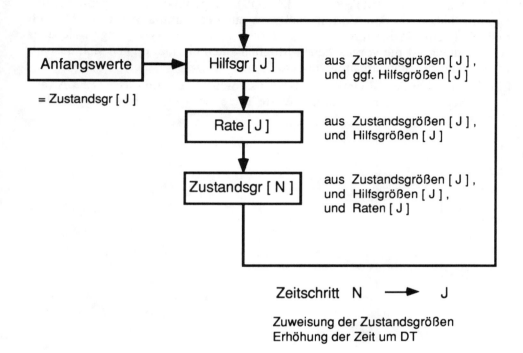

Werden die Modellgleichungen nach dieser Vorschrift gestaltet, so läßt sich das Simulationsprogramm, falls ein entsprechendes fertiges Produkt fehlt, leicht in einer gängigen Programmiersprache erstellen. Dabei beinhaltet der Zeitschritt nicht nur eine Erhöhung der Zeit um DT, sondern auch eine Zuweisung der Zustandsgrößen (Zustandsgr[N] → Zustandsgr[J]). Die nächste Iteration kann dadurch wieder im Zeitraster "vorher, jetzt, nachher" ablaufen.

3.5 Programmierung des Modells

Es gibt, vor allem auf Großrechnern, Programmbibliotheken, die in einer höheren Programmiersprache geeignete Prozeduren zur Verfügung stellen (z.B. GASP, GPSS-Fortran, FORSIM, SIMULA, DYNAMO). Aus diesen Prozeduren läßt sich ein Simulationsprogramm zusammenstellen, das die Eingabe der Modellstruktur unterstützt, die Modellobjekte und -strukturen graphisch darstellt und die Simulationsauswertung sowohl graphisch als auch tabellarisch ermöglicht.

Auch für PCs gibt es besondere *Simulationsprogramme*, die die bei Simulationen immer wieder benötigten Strukturen schon zur Verfügung stellen (z.B. TUTSIM[1] für MS-DOS und C-64, DYNAMOS[2] für MS-DOS, STELLA[3] für Apple Macintosh, SIMTEK für MS-DOS). Gegenüber der Eigenprogrammierung haben sie den Vorteil, daß man nur den Simulator und nicht noch zusätzlich eine Programmiersprache lernen muß. Anderseits engen sie aber den Benutzer auf die vorgesehenen Möglichkeiten ein und eignen sich deshalb vorwiegend für Standardsimulationen.

Eine Simulation des Modells zur Kondensatoraufladung mittels STELLA (auf Apple Macintosh) gibt für obige Werte folgende Tabelle bzw. graphischen Verlauf:

Zeit	Ladung		Zeit	Ladung
0	0		......	......
0.00004	0.4 e-6		0.01984	39.7 e-6
0.00008	0.796 e-6		0.01988	39.7 e-6
0.00012	1.188 e-6		0.01992	39.7 e-6
0.00016	1.576 e-6		0.01996	39.7 e-6
0.0002	1.96 e-6		0.02	39.7 e-6
......	......			

---

[1]   Für bayr.Schulen kostenlos über die Zentralstelle Augsburg beziehbar
[2]   Brandenburg, Hush, Kokavecz: Dynamos, Westermann Verlag 1988
[3]   B.Richmond: A User's Guide to Stella, Lyme 1985

Einfache Modelle, wie sie in dieser Handreichung behandelt werden, können auch mit einem Rechenblatt mit integrierter Graphikausgabe bearbeitet werden (siehe Lernziel I.1).

Ein Beispiel für ein dynamisches Modell sollte im Rahmen des Kurses auch dann direkt programmiert werden, wenn ein Simulator an der Schule zur Verfügung steht. Durch diese Vorgehensweise erhält der Schüler Einblick in den zugrundeliegenden Iterationsalgorithmus und die verwendeten numerischen Verfahren bei dynamischen Simulationen.

Werden die Systemzusammenhänge in der dargestellten Schreibweise formuliert und in der Reihenfolge des Berechnungsdiagramms abgehandelt, so ist eine Umsetzung in ein Pascal-Programm einfach durchführbar. Beim Aufstellen der Modellgleichungen ist auf die richtige Reihenfolge für die Gleichungen zu achten.

Für die Simulation "Aufladen eines Kondensators" ist auszugsweise das Programm angegeben[1], wobei die Werte so gewählt wurden, daß sie sich auf einfache Weise graphisch darstellen lassen.

```
...
type zeitpunkt = (V,J,N);

var  ladung         : array [zeitpunkt] of real;
     stromstaerke   : array [zeitpunkt] of real;
     uc, uext       : array [zeitpunkt] of real;
     ...

...
t  := 0;
dt := 0.1;
kapazitaet := 2 ;  widerstand := 2 ;                    { Konstanten }
ladung[J] := 0;                                         { Anfangswert }
repeat
   graphische Ausgabe von  t, ladung[J]
   uc[J] := ladung[J] / kapazitaet;                     { Hilfsgrößen }
   uext[J] := 10;
   stromstaerke[J] := ( uext[J] - uc[J] ) / widerstand; { Rate }
   ladung[N] := ladung[J] + dt · stromstaerke[J];       { Zustandsgröße }
   t := t + dt;                                          { Zeitschritt }
   ladung[J] := ladung[N];
until  t > 30;
```

Selbstverständlich könnte man bei diesem einfachen Beispiel die Felder für die Zustandsvariablen, Hilfsgrößen und Raten durch einfache Variable ersetzen und damit z.B. die Zuweisung beim Zeitschritt entfallen lassen. Die obige Schreibweise macht es aber übersichtlicher, zu welchen Zeitpunkten die Werte berechnet werden und verhindert Fehler bei Verwendung von Daten aus falschen Zeitpunkten. Ebenso ist es in dieser Form mit geringen Änderungen möglich, kompliziertere Integrationsverfahren zu verwenden, die oft bessere

---

[1]   Vollständiges Programm siehe Kond0.pas

Simulationsergebnisse liefern[1].

Damit die graphische Darstellung der Versuchsergebnisse keine unnötig lange Programmierzeit erfordert, sollte den Schülern eine Sammlung von grundlegenden Graphikprozeduren zur Verfügung gestellt werden, die (z.B. mit der Compiler Anweisung {$I ...... } für Include) in das Programm eingebunden werden kann. Als Beispiel hierfür ist MINIGRAF.LIB für MS-DOS mit CGA-Graphik auf der Begleitdiskette vorhanden.

Eine *einfache Programmversion* sieht keinen großen Benutzerkomfort vor. Die Parameter werden deshalb direkt in das Programm geschrieben.Eine Änderung der Parameter erfordert dann jeweils einen Eingriff in das Programmlisting sowie ein erneutes Compilieren und Starten (siehe Programm KONDØ.PAS auf der Begleitdiskette).

In einer *komfortableren Programmversion* ist ein einfacher Eingabe- und Änderungsteil für die Parameter vorzusehen. Dabei ist im Rahmen dieses Grundkurses als Eingabekomfort ausreichend, daß die alten Werte angezeigt und mit der RETURN-Taste bestätigt werden können, während jede sonstige Eingabe den Wert neu belegt. Geeignete Initialisierungswerte zeigen die Größenordnung für die Parameter an. Durch Einführung von zusätzlichen Variablen (levelmax, levelmin, levelname usw.) für bestimmte, immer wieder benötigte Werte kann das Programm so gestaltet werden, daß es mit geringen Änderungen auch für andere Simulationen verwendet werden kann, wie dies ein Vergleich z.B. der Programme KOND1.PAS und ZERFALL1.PAS zeigt.

Ebenfalls sollte in der komfortableren Version, in Hinblick auf komplexere Integrationsverfahren, die Berechnung der Hilfsgrößen und Raten in Prozeduren zusammengefaßt werden. Das Beispielprogramm "Aufladen eines Kondensators" stellt sich dann ausschnittsweise[2] so dar :

```
...
procedure hilfsgr( wann : zeitpunkt );
begin
uc[wann] := ladung[wann] / kapazitaet;
uext[wann] := 10;
end;

procedure raten( wann : zeitpunkt );
begin
stromstaerke[wann] := ( uext[wann] - uc[wann] ) / widerstand;
end;

...
```

---

1   Siehe Programm Kond4a.pas mit Kond4c.pas
2   Siehe Programm Kond1.pas

```
repeat
  punkt( t, ladung[J] , white );
  hilfsgr(J);
  raten(J);
  ladung[N] := ladung[J] + dt * stromstaerke[J];          { Zustandsgröße }
  t := t + dt;                                              { Zeitschritt }
  ladung[J] := ladung[N];
until  t > 30;
```

An dem einfachen Modell "Aufladen eines Kondensators" läßt sich zeigen, daß durch geeigneten Modellaufbau verschiedene Probleme behandelt werden können.

- Wählt man bei der externen Spannung statt des konstanten Werts einen Rechteckimpuls, so kann man Auf- und Entladen des Kondensators zeigen[1].

  Z.B. in Pascal-Notation :

```
if t < 5 then Uext [wann] := 0
else if t <= 35 then Uext [wann] := 10
else Uext [wann] := 0;
```

Zur Verdeutlichung des Vorgangs kann der qualitative Verlauf der externen Spannung zusätzlich in das Diagramm eingeblendet werden[2].

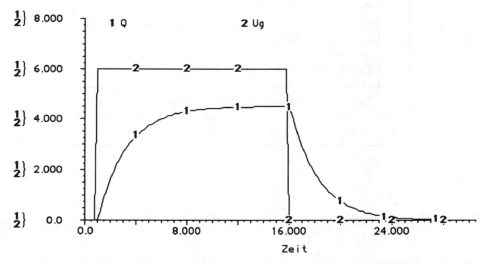

Ein "Experimentieren" mit den Parametern zeigt, wie man mit dieser Schaltung einen Sägezahngenerator herstellen kann.

- Wählt man bei der externen Spannung statt des konstanten Werts einen sinusförmigen Verlauf, so kann man das Verhalten eines RC-Gliedes im Wechselstromkreis zeigen.

---

[1]   Siehe Programm Kond2.pas
[2]   Entfernen der { } im Programm Kond2.pas

Z.B. in Pascal-Notation :

$$\text{Uext [wann]} := 5 \cdot \sin (\text{PI/5} \cdot t) + 10;$$

Blendet man zusätzlich den Verlauf der Wechselspannung im Diagramm ein, so zeigt sich deutlich die eintretende Phasenverschiebung.

Für das Programm zur Simulation einfacher dynamischer Vorgänge ergibt sich folgende Struktur:

Konstanten und DT festlegen
Zeit mit Anfangswert belegen
Zustandsgrößen [J] Anfangswerte zuweisen
Werte der Zustandsgrößen [J] graphisch ausgeben
Hilfsgrößen [J] berechnen
Raten [J] berechnen
Zustandsgrößen [N] berechnen
Zeit um DT erhöhen
Zuweisung : Variablen [J] <- Variablen [N]
wdh. bis Zeit > Endzeit

4 Bewertung und Grenzen des Modells

Die *Bewertung* der durch Simulation erhaltenen Ergebnisse durch einen entsprechenden Versuch ist eine wesentliche Grundlage für dynamische Simulationen; sie bestätigt die Richtigkeit der Modellstruktur und vertieft den Zusammenhang von Modell und realem System.

In der unterrichtlichen Umsetzung bietet sich eine Einteilung in Arbeitsgruppen an, wobei diese ihre Arbeitsaufträge nicht einzeln, sondern in Zusammenarbeit lösen sollen :

- Erstellung der Prozedur zur Eingabe/Änderung der Parameter
- Erstellung der Iterationsroutine
- Aufbau und Durchführung des entsprechenden physikalischen Versuchs
- Lesen und Bearbeiten von Begleitliteratur
- physikalische Interpretation des Simulationsergebnisses bei verschiedenen Parametern
- Überprüfung der Grenzen des Computermodells
- Erstellung einer kurzen Anleitung.

Eine Änderung der Versuchsparameter (z.B. Widerstand, Kapazitaet, dt) zeigt das Verhalten und sicher auch die Grenzen des Simulationsprogramms, wobei vor allem der Einfluß der Zeitschrittweite dt diskutiert werden sollte. Die Ersetzung kontinuierlicher Größen durch diskrete verursacht *Diskretisierungsfehler*. Durch eine Verkleinerung der Zeitschrittweite kann dieser Fehler reduziert werden. Dies führt aber zu einer Zunahme der Zahl der Rechenoperationen, was eine Vermehrung von *Rundungsfehlern* bewirkt. An geeigneten Werten soll diese Problematik aufgezeigt, aber nicht weiter vertieft werden.

Das Problem der Diskretisierung tritt vor allem in der Zustandsgleichung auf, da hier von einem konstanten Wert der Rate während des Zeitschritts dt ausgegangen wird. Eine Verbesserung des Verfahrens kann, je nach Unterrichtssituation, an dieser Stelle oder bei einem der weiteren Modelle (z.B. Federpendel) besprochen werden. Die numerische Mathematik kennt eine Vielzahl von Verfahren zur Integration, deren Eignung und Qualität stark vom gestellten Problem abhängen[1]. Einige dieser Verfahren sind im Abschnitt "Integrationsverfahren" genauer ausgeführt. Im Grundkurs sollte höchstens ein weiteres Verfahren den Schülern mitgeteilt werden.

Die Verbesserung des Simulationsergebnisses durch den Einsatz eines geeigneten Integrationsverfahrens zeigt der Vergleich der Programme FEDER1.PAS und FEDER4a.PAS für den Fall der ungedämpften Schwingung (R=0). Während das Euler-Cauchy-Verfahren bei dieser Simulation deutlich versagt (die Amplitude nimmt zu), liefern andere Verfahren das erwartete Ergebnis.

---

[1]   Luther, Niederdenk, Reutter, Yserentant: Gewöhnliche Differentialgleichungen, Vieweg, Braunschweig 1987

5 Beispiele

5.1 Radioaktives Gleichgewicht

Ausgehend von der physikalischen Gesetzmäßigkeit "Die Anzahl der zerfallenden Atomkerne pro Zeiteinheit ist zur Zahl der noch unzerfallenen Atomkerne proportional" läßt sich das Modell des radioaktiven Zerfalls entwickeln.

Modellgleichungen :

$ZRate[J] = \lambda \cdot Atom[J]$

$Atom[N] = Atom[J] + DT \cdot (-ZRate[J])$

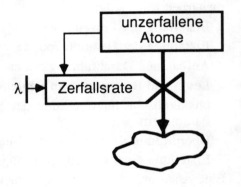

Konstante :

$\lambda = 0{,}03$

Startwert :

$Atom = 6 \cdot 10^{23}$

Das zugehörige PASCAL-Programm[1] kann analog zu dem Beispiel in Abschnitt 3 entwickelt und bearbeitet werden. Eine zusätzliche Ausgabe der Vergleichskurve $y(t) = 6e23 * \exp(-\lambda * t)$ bestätigt die Gesetzmäßigkeit des radioaktiven Zerfalls.

Schwieriger ist das Zerfallsgesetz in einer Zerfallsreihe, das heißt, wenn das Endprodukt eines radioaktiven Zerfalls wieder radioaktiv ist. Ein entsprechendes Modell hat folgenden Aufbau.

Modellgleichungen :

$ZRate1[J] = \lambda1 \cdot Atom1[J]$

$ZRate2[J] = \lambda2 \cdot Atom2[J]$

$Atom1[N] = Atom1[J] + DT \cdot (-ZRate1[J])$

$Atom2[N] = Atom2[J] + DT \cdot (ZRate1[J] - ZRate2[J])$

Konstanten :

$\lambda1 = 0{,}03$

$\lambda2 = 0{,}01$

Startwerte :

$Atom1 = 6 \cdot 10^{23}$

$Atom2 = 0$

---

[1]   Siehe Programm Zerfall1.pas

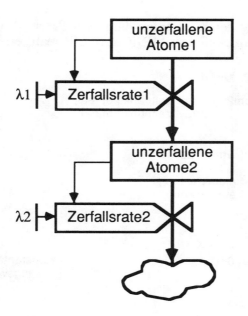

Das Modell ergibt in der Simulation (mit STELLA und dem Integrationsverfahren Runge-Kutta 4) folgenden Verlauf für die Zustandsgrößen Atom1
und Atom2 :

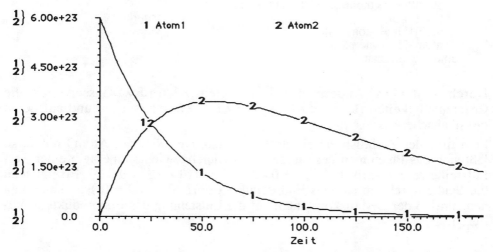

Während für Atom1 weiter ein exponentielles Zerfallsgesetz gilt (was durch
zusätzliche Ausgabe der Vergleichskurve bestätigt werden kann), zeigt sich für
Atom2 eine deutlich andere Gesetzmäßigkeit.

Steht kein Simulationsprogramm zur Verfügung, so kann die Simulation mit geringer Anpassung der Konstanten durch ein Pascal-Programm[1] unter Verwendung der Graphikbibliothek MINIGRAF.LIB realisiert werden.

```
...
type zeitpunkt = (V,J,N);

var   atom1, atom2   : array [zeitpunkt] of real;
      zr1, zr2       : array [zeitpunkt] of real;
      ...

procedure raten( wann : zeitpunkt );
begin
zr1[wann] := k1 * atom1[wann];
zr2[wann] := k2 * atom2[wann];
end;
...
t   := anfangszeit;
dt  := 0.5;
k1  := 0.03; k2 := 0.01;                    { Konstanten }
atom1[J] := 6;                              { Anfangswert / 1e23}
atom2[J] := 0;
...
repeat
    punkt( t, atom1[J]);
    punkt( t, atom2[J]);
    raten(J);
    atom1[N] := atom1[J] + dt * (-zr1[J]);        { Zustandsgrößen }
    atom2[N] := atom2[J] + dt * (zr1[J] - zr2[J]);
    t := t + dt;                                  { Zeitschritt }
    atom1[J] := atom1[N];
    atom2[J] := atom2[N];
until t > endzeit;
```

Durch einfaches Ändern der Konstanten $\lambda 1$ und $\lambda 2$ lassen sich die Gesetzmäßigkeiten für $\lambda 1 < \lambda 2$ und für $\lambda 1 \ll \lambda 2$ untersuchen und auf deren physikalische Aussage prüfen.

Fügt man der Zerfallsreihe ein drittes radioaktives Element Atom3 hinzu, so läßt sich das Phänomen des radioaktiven Gleichgewichts innerhalb einer Zerfallsreihe zeigen (z.B. bei $\lambda 1 = 0.02$; $\lambda 2 = 0.01$; $\lambda 3 = 0.02$)[2]. Ersetzt man die Senke durch ein stabiles Endprodukt Atom3 (d.H. $\lambda 3 = 0$), so kann man den Einfluß der Zerfallskonstanten auf die Entstehung des Endprodukts diskutieren.

---

[1]   Siehe Programm Zerfall2.pas
[2]   Siehe Programm Zerfall3.pas

5.2 Federpendel mit Dämpfung

Anhand einer Skizze lassen sich sämtliche an
dem Federpendel auftretenden Kräfte[1] mit den
Schülern erarbeiten, wobei für die Simulation
die Festlegung der Richtungen wichtig ist.
Durch den schrittweisen Aufbau des Modells
mit den Symbolen der System-Dynamics-
Methode und den dazugehörigen Gleichungen
erfahren die Schüler einen vertieften Einblick
in die Zusammenhänge der Größen in diesem
komplexen System.

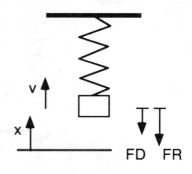

Aufgrund der Newtonschen Bewegungsgleichungen ist die Änderungsrate dx/dt des
Weges x gleich der Geschwindigkeit v und die
Änderungsrate dv/dt der Geschwindigkeit
gleich der Beschleunigung a mit a = Gesamt-
kraft / Masse des Pendelkörpers (die träge
Masse der Feder wird in diesem Modell ver-
nachlässigt). Im System-Dynamics-Modell sind
aus didaktischen Gründen zusätzliche Hilfsvariable für die Rückstellkraft FD, die Reibungskraft FR und die externe Kraft Fext eingeführt.

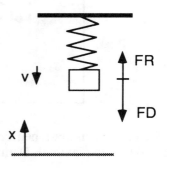

Aus dem Zusammenwirken der Kräfte ergibt sich :

$$a = \frac{dv}{dt} = \left(-\frac{R}{m} \cdot v - \frac{D}{m} \cdot x + \frac{Fext}{m} \right)$$

Dies ist eine Differentialgleichung zweiter Ordnung für den Ort:

$$\ddot{x} = k1 \cdot \dot{x} + k2 \cdot x + k3$$

---

[1] Der Nullpunkt für die Bewegung wird so gewählt, daß die Gewichtskraft nicht betrachtet
werden muß.

Mit den Symbolen der System-Dynamics-Methode lassen sich die Zusammenhänge deutlich darstellen:

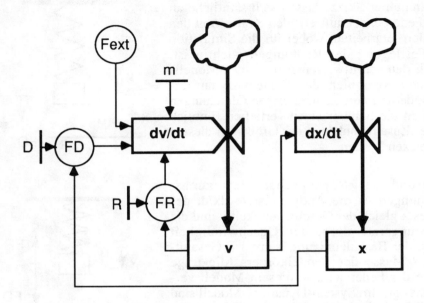

Für die ersten Simulationen des Federpendels sei Fext = 0 N und der Ort zum
Zeitpunkt 0 sec maximal. Damit ergeben sich die Modellgleichungen :

Hilfsgrößen	FD[J]	= - D · x[J]	{ Rückstellkraft }
	FR[J]	= - R · v[J]	{ Reibungskraft }
	Fext[J]	= 0	{ N }
Raten	dx/dt[J]	= v[J]	
	dv/dt[J]	= (Fext[J] + FD[J] + FR[J]) /m	
Zustands- größen	x[N]	= x[J] + DT * dx/dt[J]	
	v[N]	= v[J] + DT * dv/dt[J]	
Konstanten	R	= 0.4	{ kg/s }
	D	= 0.5	{ N/m }
	m	= 4	{ kg }
Startwerte	x	= 4	{ m }
	v	= 0	{ m/s }

Die Simulation ergibt bei obigen Gleichungen für den Ort x in Abhängigkeit
von der Zeit :

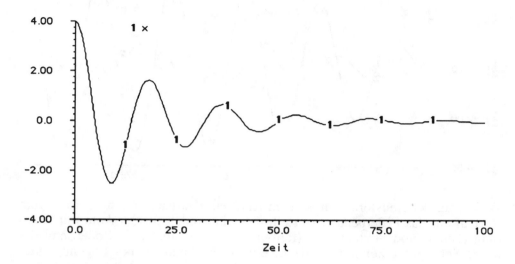

Durch Veränderung der Dämpfung, d.h. der Reibungskonstanten R, kann man
die ideale Schwingung (R=0), den aperiodischen Grenzfall und den Kriechfall
simulieren und besprechen. Stets sollten parallel zur Simulation die physikalischen Experimente (z.B. durch eine andere Schülergruppe) durchgeführt und
eventuelle Abweichungen in den Aussagen besprochen werden. Ist kein Simulationsprogramm vorhanden, so kann eine Schülergruppe ein entsprechendes
kurzes Programm entwickeln, während eine weitere Gruppe das auf der
Begleitdiskette befindliche Programm testet[1].

Eine andere Simulation am selben Modell klärt die Frage, wie eine äußere
Kraft die Bewegung des Massekörpers an dem Federpendel beeinflußt. Wird
das Federpendel durch eine externe sinusförmige Kraft angeregt, so zeigen
sich der Einschwingvorgang, die Phasenverschiebung und ggf. die Resonanz.
Nur zwei Modellgleichungen müssen geändert werden [2]:

Hilfsgröße   Fext[J]   =   0.5 * sin (PI/10 · t)

Startwert   x   =   0

---

[1]   Siehe Programm Feder1.pas bzw. Feder4.pas
[2]   Siehe Programm Feder3.pas

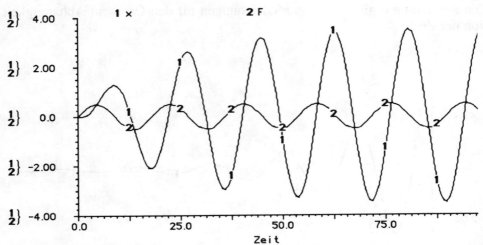

Wirkt statt der sinusförmigen äußeren Kraft ein Kraftstoß mit stufenförmigem Verlauf auf das Federpendel, so stellt dies ein Modell für ein Auto mit Federung (Feder) und Stoßdämpfer (Reibung) dar, das über eine Bodenschwelle fährt. Sehr gut erkennt man dabei ein Nachschwingen bei ungenügender Dämpfung aufgrund schlechter Stoßdämpfer. Durch Änderung der Federkonstanten kann das Verhalten des sportlichen oder des komfortablen Autos simuliert werden[1].

Betrachtet man einen springenden Gummiball als ein gedämpftes Federpendel, so ist das Modell auch für diesen Fall verwendbar. Es sind noch zwei Konstanten g (Gravitationskonstante) und ra (Radius des Balls) in der graphischen Darstellung als Informationseinflüsse auf die Rate dv/dt bzw. Hilfsgröße FD zu ergänzen und die Modellgleichungen passend zu ändern.

Hilfsgrößen	FD[J]	= − D · (x[J] - ra)
	Fext[J]	= 0
Raten	dv/dt[J]	= if x[J] > ra then -g
		else g + (Fext[J] + FD[J] + FR[J]) / m
Konstanten	ra	= 0.1 { m }
	R	= 10 { kg/s }
	D	= 10000 { N/m }
	g	= 9.81 { m/s^2 }
	m	= 1 { kg }
Startwert	x	= 9 { m }

---

[1]   Siehe Programm Feder2.pas

Die Simulation mit STELLA ergibt für die Höhe x des Ballmittelpunkts in Abhängigkeit von der Zeit :

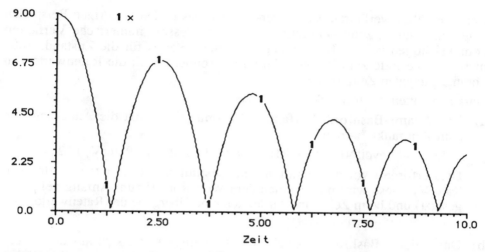

Auch hier soll der Schüler durch Ändern der Parameter "entdeckend" physikalisches Verhalten simulieren und erklären.

5.3   Weitere Beispiele

Die folgenden Beispiele eignen sich ebenfalls zur Simulation dynamischer Systeme. Sie sind als Ergänzung bzw. zur Einarbeitung für den Interessierten gedacht. Keineswegs sollten alle Beispiele im Unterricht behandelt werden.

- Elektrischer Schwingkreis analog zum gedämpften Federpendel
- Gekoppelte Schwingkreise
- Freier Fall mit Luftreibung
- Elastisch gekoppelte Federpendel
- Stoß zweier elastischer Kugeln
- Schiefer Wurf
- Temperaturregelkreis - Heizung und Thermostat; Hysterese
- Gravitation; Kepler Bahnen

6 Weitergehende Integrationsverfahren

Das Integrationsverfahren nach Euler-Cauchy, das in den bisherigen Beispielen eingesetzt wurde, zeigt deutliche Schwächen. Bessere numerische Verfahren berücksichtigen bei der Berechnung des neuen Wertes für die Zustandsgröße nicht nur die Rate zum jetzigen Zeitpunkt, sondern auch die Ratenwerte von vorangegangenen Zeitpunkten.

Darauf beruhen die folgenden Verfahren :

a) Das Adams-Bashforth-Verfahren 2.Ordnung[1] benutzt die Änderungsrate zum Zeitpunkt "vorher".

$$\text{Level[N]} := \text{Level[J]} + \text{DT} * (3 * \text{Rate[J]} - \text{Rate[V]}) / 2$$

Dies erfordert vor der Iteration eine Bestimmung des ersten Wertes von Rate[V] (diese wird meist gleich dem Wert Rate[J] zum Anfangszeitpunkt gesetzt) und beim Zeitschritt zusätzlich eine Übergabe der Ratenwerte.

$$\text{Rate[V]} := \text{Rate[J]};$$

b) Das Adams-Bashforth-Verfahren 3.Ordnung[2] stützt sich auf die Ratenwerte aus zwei vorhergehenden Zeitschritten, die mit unterschiedlicher Gewichtung in die Berechnung eingehen. Es wird also ein weiterer Zeitpunkt "alt" benötigt, der vor dem Zeitpunkt "vorher" liegt.

$$\text{type}\ \ \text{Zeitpunkt} = (A, V, J, N)$$

$$\text{Level[N]} := \ \ \text{Level[J]} + \text{DT} * (23 * \text{Rate[J]} - 16 * \text{Rate[V]}$$
$$+ 5 * \text{Rate[A]}) / 12$$

Vor der Iteration ist eine Bestimmung der ersten Werte von Rate[V] und Rate[A] erforderlich (diese werden meist gleich dem Wert Rate[J] zum Anfangszeitpunkt gesetzt). Beim Zeitschritt ist zusätzlich eine Übergabe der Ratenwerte nötig.

$$\text{Rate[A]} := \text{Rate[V]};$$
$$\text{Rate[V]} := \text{Rate[J]};$$

Andere Verfahren verfeinern die Berechnungsmethode für die Rate im jeweiligen Zeitschritt.

c) Das Halbschrittverfahren[3] bestimmt erst näherungsweise die Änderungsraten in der Mitte des Zeitintervalls (dazu sind die Zustandsgrößen in der Intervallmitte nötig) und berechnet damit die neuen Zustandsgrößen für das Zeitintervall. Es wird ein weiterer Zeitpunkt "halb" benötigt, der zwischen dem Zeitpunkt "jetzt" und "nachher" liegt.

---

1   Siehe Programm Kond4a.pas und Feder4a.pas
2   Siehe Programm Kond4b.pas und Feder4b.pas
3   Siehe Programm Kond4c.pas und Feder4c.pas

```
type  Zeitpunkt = (V,J,H,N)
...
hilfsgr(J)
raten(J)
Level[H] := Level[J] + DT/2 * Rate[J]
T := T+DT/2
hilfsgr(H)
raten(H)
Level[N] := Level[J] + DT * Rate[H]
```

d) Das Prädiktor-Korrektor-Verfahren nach Heun[1] berechnet erst mittels Euler-Cauchy-Verfahren eine Näherung für die Raten zum Zeitpunkt "nachher". Zur endgültigen Bestimmung der neuen Zustandsgrößen wird dann der Mittelwert aus der jetzigen Änderungsrate und der genäherten herangezogen.

```
hilfsgr(J)
raten(J)
Level[N] := Level[J] + DT * Rate[J]        { Praediktor }
hilfsgr(N)
raten(N)
Level[N] := Level[J] + DT * (Rate[J] + Rate[N]) / 2
                                           { Korrektor }
```

e) Das Runge-Kutta-Verfahren 4.Ordnung stellt eine weitere Verbesserung des Verfahrens nach Heun dar. Zur Berechnung der neuen Zustandsgröße werden, mit unterschiedlicher Gewichtung, neben der Rate zum Zeitpunkt "jetzt" auch die mehrfach genäherten Raten zum Zeitpunkt "halb" bzw. "nachher" verwendet[2].

Einen Vergleich der Integrationsverfahren demonstriert das Programm "ITERATIO" auf der Begleitdiskette.

---

[1] Siehe Programm Kond4d.pas und Feder4d.pas
[2] Luther, Niederdrenk, Reutter, Yserentant : Gewöhnliche Differentialgleichungen, Vieweg Verlag, Braunschweig 1987, S.64 ff.

7 Anhang

Die Prozeduren von Minigraf.lib

Bei MINIGRAF.LIB handelt es sich bewußt um eine einfache Graphik-bibliothek, die nur ganzzahlige Grenzen für den Bereich der Koordinaten-achsen zuläßt. Dies erfordert bei den Simulationsmodellen eine Anpassung der Größen, damit die ausgegebenen Werte in einem geeigneten Bereich liegen.

Es stehen folgende Konstanten, Variablen und Prozeduren zur Verfügung :

```
MINIGRAF.LIB
CONST
   bfl, bfo, bfr, bfu          legen das Bildschirmfenster, für die Graphikausgabe, in
                               absoluten Bildschirmkoordinaten fest;
VAR
   grl, gro, grr, gru          Lokale Koordinaten des Graphikfensters. Zur
Vereinfachung
                               sind nur ganzzahlige Werte möglich;

PROCEDURE  InitGraphik ( farbe : integer )
                               startet Graphikmode; legt Textfarbe fest;
PROCEDURE  InitKoordinaten ( kl, ko, kr, ku : integer );
                               belegt die globalen Variablen grl, gro, grr, gru;
PROCEDURE  Netz ( farbe : integer );
                               zeichnet Rahmen um das Koordinatenrechteck; trägt in
                               passenden Abständen Markierungskreuze ein;
PROCEDURE  Grenzen;            beschriftet das Koordinatenrechteck;
PROCEDURE  Achsen ( farbe : integer );
                               zeichnet ggf. die x- bzw. y-Achse in das Koordinaten-
                               rechteck;
PROCEDURE  Punkt ( x, y : real; farbe : integer );
                               zeichnet Punkt mit den lokalen Koordinaten x und y in der
                               angegebenen Farbe;
PROCEDURE  Linie ( xa, ya, xe, ye : real; farbe : integer );
                               zeichnet Linie vom Punkt xa;ya (lokal) zum Punkt xe;ye
                               (lokal);
```

8 Literatur

H. Bossel : Umweltdynamik, te-wi, München 1985

D. Craemer : Leitfäden der angewandten Informatik - Mathematisches Modellieren dynamischer Vorgänge, Teubner, Stuttgart 1985

J. Forrester : Principles of Systems, Wright-Allen Press, Cambridge MA 1968

M. Goodman : Study Notes in System Dynamics, Wright-Allen Press, Cambridge MA 1974

W. Kreutzer : System Simulation - Programming Styles and Languages, Addison-Wesley, 1986

W. Kuhn : Computer im Experiment, Aulis Verlag, Köln 1986

W.Luther, K.Niederdrenk, F.Reutter, H.Yserentant : Gewöhnliche Differentialgleichungen, Vieweg Verlag, Braunschweig 1987

A. Pugh : DYNAMO II User's Manual, MIT Press, Cambridge MA 1973

H. Rauch : Modelle der Wirklichkeit - Simulation dynamischer Systeme mit dem Mikrocomputer, Heise, Hannover 1985

P. Rauschmayer, W.Lorbeer in : BUS Thema, Informatik-Themen im Grundkurs Wirtschafts- und Rechtslehre, bsv, München 1989

B. Schmidt : Fachberichte Simulation Bd.1 und Bd.2 , Springer-Verlag, Berlin 1984

H. Simon : Simulation und Modellbildung mit dem Computer im Unterricht, Lexika-Verlag, Grafenau 1978

Name der Tabelle: GUMMIBAL.TAB

Wert: 0.0000000000E+00

Formel: t = :t+dt

n	t	v	x	F	a	vneu	xneu
100	:t+dt	:vneu	:xneu	if(x)r F/m	F/m	v+a*dt	x+vneu
1	0.00	0.000	4.000	-9.81	-9.81	-0.490	3.975
2	0.05	-0.490	3.975	-9.81	-9.81	-0.981	3.926
3	0.10	-0.981	3.926	-9.81	-9.81	-1.471	3.853
4	0.15	-1.471	3.853	-9.81	-9.81	-1.962	3.755
5	0.20	-1.962	3.755	-9.81	-9.81	-2.452	3.632
6	0.25	-2.452	3.632	-9.81	-9.81	-2.943	3.485
7	0.30	-2.943	3.485	-9.81	-9.81	-3.433	3.313
8	0.35	-3.433	3.313	-9.81	-9.81	-3.924	3.117
9	0.40	-3.924	3.117	-9.81	-9.81	-4.414	2.896
10	0.45	-4.414	2.896	-9.81	-9.81	-4.905	2.651
11	0.50	-4.905	2.651	-9.81	-9.81	-5.395	2.381
12	0.55	-5.395	2.381	-9.81	-9.81	-5.886	2.087
13	0.60	-5.886	2.087	-9.81	-9.81	-6.376	1.768
14	0.65	-6.376	1.768	-9.81	-9.81	-6.867	1.425
15	0.70	-6.867	1.425	-9.81	-9.81	-7.357	1.057

m = 1   r = 1
dt = 0.05   R = 1   D = 60   g = 9.81

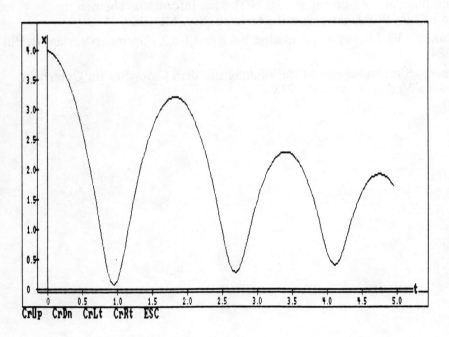

CrUp CrDn CrLt CrRt ESC

Bildschirmausdruck zu GUMMIBAL.TAB

(siehe auch Hinweise zu den Begleitdisketten)

Messung einer
analogen physikalischen
Größe mit dem Computer

Das Projekt wird am Beispiel "Bau eines Computer-Thermometers" vorgestellt, da es sich hier um ein einfaches und überschaubares Problem handelt.

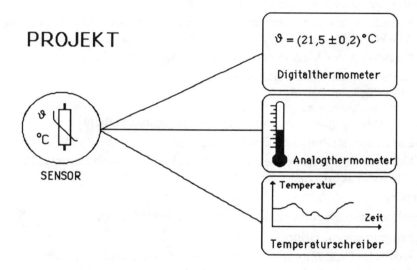

Selbstverständlich können auch andere Meßaufgaben durchgeführt werden, wie z. B. die Registrierung von Orten oder Kräften mit Dehnungsmeßstreifen o.ä.. Der im folgenden skizzierte Arbeitsplan muß dann entsprechend abgeändert werden.

Als zeitlicher Rahmen zur Durchführung des Projekts wird vorgeschlagen:

Planung

- Diskussion der Zielsetzung des Projekts im Plenum; Erarbeitung eines Pflichtenhefts (1 Std.)
- Erarbeitung der Grundlagen in Gruppenarbeit; Weitergabe der erarbeiteten Informationen in Kurzreferaten vor dem Plenum und in schriftlichen Zusammenfassungen (3 Std.)

a) Sensoren:
   physikalische Grundlagen
   Kennlinie R = R(ϑ) (Datenblätter und Messung)
   Elektrische Anpassung U = U(ϑ) (Spannungsteiler; Rechenblatt)

b) Digitalisierung (Analog-Digital-Wandlung)
   Theorie
   Demonstrationsexperiment

c) Linearisierung mittels Software
   Meßkette, Eichfunktion, Meßfunktion

Realisation

Arbeitsteilige Erstellung des Produkts: (5 Std.)

a) Erstellung des Versuchsaufbaus (Sensor, elektrische Anpaßschaltung, AD-Wandler)

b) Kodierung der Meßwerterfassung und der Meßfunktion

c) Kodierung der Meßwertausgabe
   - mit digitaler Anzeige
   - mit analoger Anzeige
   - in Abhängigkeit von der Zeit (Temperaturschreiber)

d) Zusammenstellung des Gesamtprogramms

e) Dokumentation des erstellten Produkts (Bedienungsanleitung, Programmstruktur, Listing)

Bewertung

Besprechung und Begutachtung des erstellten Produkts im Plenum (1 Std).

a) Programmevaluation

b) Kritische Produktbetrachtung; Vergleich mit entsprechenden Anwenderprogrammen der Lehrmittelindustrie

Nach Abschluß des Projektes sollen alle Schüler einen Überblick über das Gesamtprojekt haben. Dies beinhaltet u.a. Grundkenntnisse der verwendeten Hardware (Sensoren, elektrische Anpassung, AD-Wandlung) und der erstellten Software (Meß- und Kalibrierprogramm).

1 Die Planungsphase

1.1 Theoretische Grundlagen

Als Ausgangspunkt für das Projekt werden
- die Eigenschaften des zu erstellenden Produkts präzisiert und
- die dafür relevanten physikalischen Sachverhalte arbeitsteilig erarbeitet.

Besonders wichtig für das Gelingen des Projektes ist die Diskussion von Fragen der folgenden Art:

- Welche physikalische Größe soll erfaßt werden und wie soll dies geschehen?
- Auf welche Weise gelangen die (elektrischen) Daten in den Computer?
- Welche Beziehungen bestehen zwischen der zu messenden Größe und den in den Computer gelangenden Daten?
- Was will man mit den erfaßten Daten tun?
- Welche Hard- und Software-Komponenten müssen bereitgestellt werden?
- In welcher Reihenfolge wird man vorgehen?
- Wer übernimmt welche Aufgabe?
- Wie werden die Arbeiten koordiniert und dokumentiert?

1.2 Das Pflichtenheft

Als Richtlinie für das Projekt soll nun die Aufgabenstellung detailliert beschrieben werden. Das Ergebnis ist ein sogenanntes Pflichtenheft, das in der Praxis vom Auftraggeber dem Projektteam übergeben wird.

Es wird im vorliegenden Fall etwa die folgenden Forderungen enthalten:

- Messung der physikalischen Größe Temperatur mit dem Computer
- Anzeige in digitaler und analoger Form auf dem Bildschirm
- Graphische Darstellung der Temperatur in Abhängigkeit von der Zeit (Temperaturschreiber)
- Möglichkeit der Kalibrierung eines unbekannten Temperatursensors; Möglichkeit der Abspeicherung der Kalibrierungsdaten auf ein externes Speichermedium
- Erstellung einer Dokumentation, bestehend aus Bedienungsanleitung, Programmstruktur und Einsatzhinweisen

Begleitend zum Fortgang des Projekts sollen die Schüler den jeweils erreichten Stand dokumentieren. Dabei sind die "klassischen Tugenden" eines sauberen Versuchsberichts gefordert:

- Klare Gliederung
- Titel und Inhaltsübersicht
- Einführung (Was soll gemacht werden?)
- Liste aller benötigten Geräte
- Versuchsanordnung
- Versuchsbeschreibung
- Dokumentation der Ergebnisse
- Auswertung und Folgerungen
- Quellenhinweise

Sinnvollerweise werden alle wesentlichen Arbeitspapiere mit einem allen
Schülern zugänglichen Textsystem erstellt. Aus den arbeitsteiligen Berichten
kann dann mit relativ geringem Zeitaufwand die Produktbeschreibung und die
Gesamtdokumentation erstellt werden.

1.3 Die Meßkette des "Computer-Thermometers"

Die Meßeinrichtung besteht aus einem NTC-Widerstand, einer
Widerstandsmeßbrücke, einem AD-Wandler und dem Rechner.

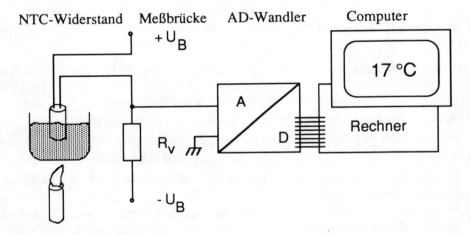

Der Widerstandswert des als Meßfühler (Sensor) verwendeten NTC-
Widerstands nimmt mit zunehmender Temperatur streng monoton ab, d.h.
$R = R(\vartheta)$. Der zu erfassende Temperaturbereich wird somit umkehrbar eindeutig auf einen Widerstandsbereich abgebildet. Durch eine geeignete Widerstandsmeßbrücke kann dieser Widerstandsbereich auf den Eingangsspannungs-
bereich des nachfolgenden AD-Wandlers angepaßt werden. Dort werden die
(analogen) Spannungswerte in digitale Bitmuster umgesetzt, die vom Rechner
direkt erfaßt und weiterverarbeitet werden können.

Die funktionelle Abhängigkeit des dem Rechner zugeführten Digitalwerts vom
Meßwert der Temperatur wird als *Eichfunktion* bezeichnet. Zur Ermittlung
dieser Funktion muß die Meßanordnung mit einem bekannten, bereits geeich-
ten Sensor (Thermometer) kalibriert[1] werden.

---

[1] Bei der Behandlung dieser Thematik ist streng genommen zu unterscheiden zwischen den
     Begriffen "eichen", "einmessen" und "kalibrieren", wobei allerdings die Definitionen
     dieser Begriffe nicht zu Lerninhalten gemacht werden sollen.
     Eichung, technische Prüfung von Meßmitteln, nach der durch Beurkundung mit Eich-

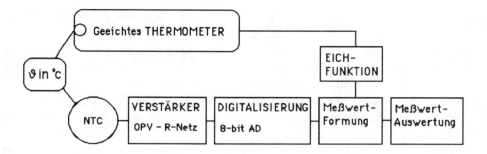

Für den Einsatz des "Computerthermometers" wird dann allerdings die als *Meßfunktion* bezeichnete Umkehrfunktion der Eichfunktion benötigt, mit der aus dem Digitalwert, der an den Rechner geliefert wird, auf die Temperatur des Sensors zurückgeschlossen werden kann.

Der prinzipielle Zusammenhang zwischen Meßgröße und Meßwertgröße kann den Schülern am Beispiel eines "Flüssigkeitsthermometers" veranschaulicht werden.

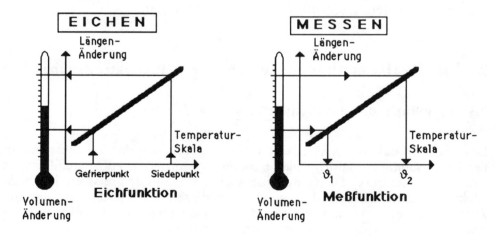

Die physikalischen Grundlagen des verwendeten Sensors werden in Schülerreferaten vorgetragen. Eine Gruppe kann die Kennlinie des Sensors

---

stempel bestätigt wird, daß das Meßmittel den von der PTB gestellten Anforderungen entspricht.
Von der Eichung ist das *Einmessen* durch Vergleich mit einem Normal oder durch ein fundamentales Meßverfahren zu unterscheiden.
Beim *Kalibrieren* wird der Zusammenhang zwischen Eingangs- und Ausgangsgröße festgestellt.
(Aus Fachlexikon ABC Physik, Verlag Harri Deutsch, Zürich und Frankfurt am Main 1974)

aufnehmen, an Hand eines Rechenblattes auswerten (siehe Anhang) und die Angaben im Datenblatt überprüfen.

Eine zweite Gruppe bereitet die elektrische Anpassung des NTC-Widerstands vor (siehe Anhang); auch hier kann man in eine experimentelle und in eine sich mit den Grundlagen beschäftigende Gruppe aufteilen.

Eine weitere Gruppe befaßt sich mit dem Problem der Digitalisierung, d.h. der Wandlung eines vorgegebenen analogen Spannungswertes in ein digitales, vom Rechner unmittelbar erfaßbares Bitmuster[1].

Zur anschaulichen Demonstration zweier Wandlungsprinzipien nach dem Rampenverfahren und der sukzessiven Approximation steht auf der MS-DOS-Begleitdiskette das Programm AD_SIMUL.EXE zur Verfügung. Denkbar ist auch ein Demonstrationsversuch, bei dem mit Hilfe des Interface-DA-Wandlers und einem externen Komparator (Operationsverstärker) diese beiden Wandlungsverfahren nachvollzogen werden. Die normalerweise mit digitalen Bausteinen realisierten Steuerungen müssen dazu natürlich softwaremäßig vorgenommen werden.

Wichtig ist auf jeden Fall, daß die einzelnen Arbeitsgruppen die von ihnen erarbeiteten Erkenntnisse in angemessener Weise auch an die übrigen Gruppen weitergeben (Referate, schriftliche Zusammenfassungen).

2 Die Realisierungsphase (Phase der Produkterstellung)

2.1 Erstellung des Versuchsaufbaus (Hardware)

Das Erstellen des Versuchsaufbaus ist bei Verwendung des üblicherweise in der Physiksammlung vorhandenen Experimentiermaterials äußerst einfach. Ist kein geeigneter NTC-Thermistor vorhanden, so kann er preiswert in einem Elektronik-Geschäft erworben werden. In diesem Fall sind allerdings die Zuleitungen von den Schülern wasserdicht[2] zu isolieren, da der Sensor zu Kalibrierzwecken in Wasserbäder eingetaucht werden muß.

2.2 Erstellung des Meßprogramms (Software)

Das im Anhang skizzierte Meßprogramm verwendet eine Eich- bzw. Meßfunktion, die sich abschnittsweise aus Geradenstücken zusammensetzt. Die Bereiche zwischen den Stützstellen der Kalibrierung werden dabei durch eine lineare Interpolation beschrieben. Das Programm wird sinnvollerweise modu-

---

1   Ausführungen hierzu in Kapitel 4.3 des Anhangs zu IIIe
2   Z.B. mit Gießharz oder UHU-hart

lar in Prozeduren und Funktionen aufgegliedert, die von verschiedenen Arbeitsgruppen unabhängig voneinander erstellt werden können. Die Übergabe der Daten zwischen den einzelnen Programmteilen ist genau zu planen, die Absprachen sind von den Arbeitsgruppen exakt einzuhalten. Die Schüler können bei diesem Vorgehen einen Einblick in die Techniken des Software-Engineering erhalten.

Bei einer Gruppe mit mathematisch und physikalisch sehr engagierten Schülern kann man sogar daran denken, eine Eich- bzw. Meßfunktion zu suchen, die den Zusammenhang zwischen der Meßgröße Temperatur und der von ihr bewirkten Spannung für den gesamten interessierenden Temperaturbereich in analytischer Form beschreibt. Auch hierfür finden sich Hinweise im Anhang und ein ausgearbeitetes Programmbeispiel auf den zugehörigen Disketten.

3 Bewertungsphase

Bei einer abschließenden Betrachtung des erstellten Produkts wird man im Plenum Fragen der folgenden Art besprechen müssen:

- Sind alle Anforderungen des Pflichtenhefts erfüllt worden? Wenn nein, welche nicht?
- Welche Genauigkeit besitzt das "Computerthermometer"?
- Was könnte an der Benutzeroberfläche oder der Darstellung verbessert werden?
- Welche Programmerweiterungen bieten sich an?
- Inwiefern unterscheidet sich das erstellte Produkt von kommerziellen Produkten mit gleicher Zielsetzung?

4 Anhang

4.1 Grundlagen der Sensorik

4.1.1 Allgemeines

Mit Hilfe des Computers kann eine Vielzahl von Meßdaten schnell erfaßt, weiterverarbeitet und umfassend analysiert werden. Dabei sollen Meßdaten mechanischer, thermischer und anderer physikalischer Größen registriert werden können, die nicht in elektrischer, und schon gar nicht in digitalisierter Form vorliegen. Die Umwandlung solcher Größen erfolgt in den Sensoren zunächst in analoge elektrische Signale, d. h. meist in Spannungen. Die Anpassung dieser Signale an die fest vorgegebenen Eingangsspannungsbereiche der verwendeten Analog-Digital-Wandler machen elektrische Anpaßschaltungen bzw. Verstärker notwendig.

4.1.2 Verfahren zur Messung der Temperatur

Um die Temperatur meßtechnisch zu erfassen, verwendet man physikalische Eigenschaften von Körpern, die in eindeutiger Weise von der Temperatur abhängen:

- Abhängigkeit des Volumens
  von der Temperatur:
  $V = V(\vartheta)$ (z.B. Flüssigkeits-
  thermometer)

- Abhängigkeit des Widerstands
  von der Temperatur:
  $R = R(\vartheta)$ (z.B. Thermistoren;
  Metalle)

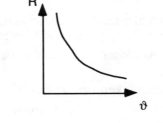

- Abhängigkeit der Thermo-
  spannung von der Tempera-
  turdifferenz:
  $U = U(\vartheta - \vartheta_0)$ (Thermoelement)

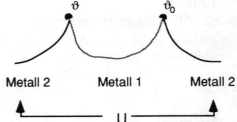

Zur elektrischen Weiterverarbeitung eignen sich natürlich nur die beiden letzten Verfahren und davon für das vorgestellte Projekt besonders der Einsatz von Thermistoren: Während nämlich bei den Thermoelementen nur Spannungen im Mikrovoltbereich auftreten, die mit empfindlichen Spannungsverstärkern aufbereitet werden müßten, genügt bei Thermistoren die Beschaltung mit einer einfachen Widerstandsmeßbrücke.

Im folgenden soll deshalb die Temperaturabhängigkeit des Widerstandes eines Heißleiters betrachtet werden, der in einem umkehrbar eindeutigen funktionalen Zusammenhang mit dem tatsächlichen Meßwert steht. Bei Temperatur-Widerstandssensoren (Thermistoren) besitzt diese Funktion oft exponentiellen Charakter; es gibt aber auch Sensoren, bei denen die elektrische Meßgröße in kleinen Teilbereichen linear mit der eigentlichen Meßgröße zusammenhängt.

Die Sensorik beschäftigt sich u. a. auch damit, diese Funktionen durch den Einsatz von Widerstandsnetzen und Operationsverstärkern zu linearisieren. Wird ein Computer für die Meßaufgabe eingesetzt, so eröffnet sich zusätzlich die Möglichkeit der Linearisierung durch das verwendete Programm (Software-Linearisierung).

4.1.3 NTC-Thermistoren

Widerstände mit stark von der Temperatur abhängigen Widerstandswerten bezeichnet man als Thermistoren ("thermal sensitive resistors"). Je nach Aufbau nimmt ihr Widerstandswert mit zunehmender Temperatur ab (Heißleiter, NTC-Widerstände, NTC-Thermistoren ("negative temperature coefficient")) oder zu (Kaltleiter, PTC-Widerstände ("positive temperature coefficient")).

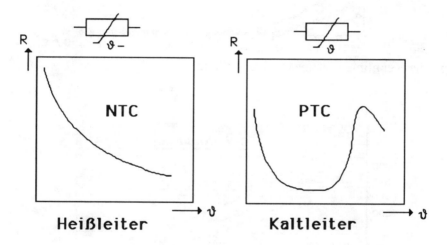

Da die Kennlinien von PTC-Thermistoren oft nicht im gesamten interessierenden Temperaturbereich streng monoton verlaufen, eignen sie sich für die vorgesehene Meßaufgabe weniger gut; es wird deshalb ein NTC-Thermistor zum Einsatz gelangen.

NTC-Widerstände bestehen aus polykristalliner Metalloxid-Keramik oder monokristallinem dotiertem Silizium bzw. Germanium. Die Abhängigkeit des Widerstandes von der Temperatur läßt sich auch auf Grundkursniveau über ein einfaches Bändermodell erklären[1] (Schülerreferat).

---

1   Siehe z.B. Kapitel "Einführung in die Elektronik" in den gängigen Physikbüchern der Jahrgangsstufe 10; oder ausführlicher in Jean Pütz: "Einführung in die Elektronik", Fischer Taschenbuch Nr.6273, Frankfurt/Main 1971, S. 126 ff.

4.1.4 ϑ-R-Kennlinien von NTC-Widerständen

Die Abhängigkeit des Widerstandes von der Temperatur wird i. a. in punkt-
weise vermessenen Kennlinien dargestellt:

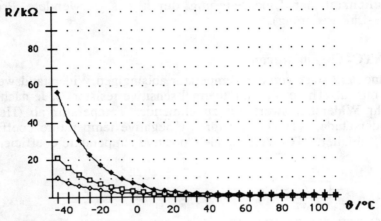

Typische Kennlinien in linearer Darstellung

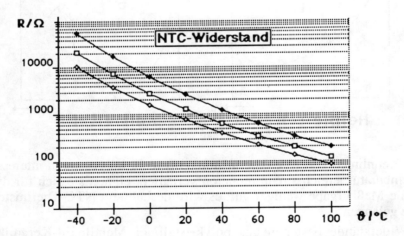

Typische Kennlinien in logarithmischer Darstellung

Zur näherungsweisen mathematischen Beschreibung kann eine exponentielle Abhängigkeit angenommen werden:

$$R_T = A \cdot e^{\frac{B}{T}}$$

    T   = Heißleitertemperatur in K   A = Geometriefaktor

    B   = $\Delta E / 2 \cdot k$ k = Boltzmann-Konstante

    ΔE = Elektronen-Aktivierungsenergie

$$R_\vartheta = R_{\vartheta N} \cdot e^{B \cdot \left(\frac{1}{\vartheta + 273,16°} - \frac{1}{\vartheta N + 273,16°} \right)}$$

    $R_{\vartheta N}$ = Nennwiderstand bei 25°C

    B   = Maß für die Widerstandsänderung mit T

Die Konstanten $R_{\vartheta N}$ und B werden auch dann, wenn ein zum Thermistor gehöriges Datenblatt vorhanden ist, wegen der Streuung der Daten von einer Gruppe experimentell ermittelt werden. Dazu wird zuerst der Widerstand $R_{\vartheta N}$ bei der Bezugstemperatur $\vartheta N = 25°C$ gemessen und dann noch (mind.) ein weiteres Wertepaar (ϑ; R) am oberen Rand des zu berücksichtigenden Temperaturbereiches. Aus diesen beiden Wertepaaren kann dann die Konstante B errechnet werden:

$$B = \frac{\ln \dfrac{R(\vartheta)}{R_{\vartheta N}}}{\dfrac{1}{\vartheta + 273,16 \text{ K}} - \dfrac{1}{\vartheta N + 273,16 \text{ K}}}$$

Eine Gruppe kann auch den Grad der Übereinstimmung der realen Kennlinie mit der mathematisch beschriebenen an Hand einer ausführlicheren Meßreihe bestimmen (Einsatz eines Rechenblattes mit Graphikausgabe).

Hinweis: Als Temperatursensoren für das "Computerthermometer" eignen sich NTC-Widerstände mit Nennwiderständen ($R_{25°}$) von 100 Ω bis 50 KΩ. Bei den niederohmigen Thermistoren ist darauf zu achten, daß das Meßergebnis nicht durch ohmsche Erwärmung verfälscht wird. Bei sehr großen Widerstandswerten muß der Eingangswiderstand des AD-Wandlers als Belastung des Spannungsteilers berücksichtigt werden.

Für die folgenden Überlegungen wurde der wasserdicht gekapselte NTC-Widerstand Nr.57804 der Firma LEYBOLD DIDACTIC GmbH verwendet ($R_{25°} = 4,7$ KΩ; $R_{100°} = 280 \Omega$; B = 4185 K).

4.2 Elektrische Anpassung des NTC-Widerstands

Besitzt das verwendete Physikinterface einen speziellen Eingang zur Widerstandsmessung, so kann der NTC-Thermistor direkt daran angeschlossen
werden. Weitere Überlegungen zur Anpassung erübrigen sich damit.

Die meisten Physik-Interfaces verfügen jedoch nicht über einen derartigen
Widerstandseingang. In einem solchen Fall oder auch aus didaktischen Überlegungen (ein t-y-Schreiber besitzt auch keinen Widerstandseingang) muß der
Widerstandswert des Sensors in eine eindeutig korrelierte Spannung umgewandelt werden. Denkbare Lösungen hierfür sind:

- Anschluß des NTC-Thermistors an eine Konstantstromquelle: Die am
  Thermistor anliegende Spannung wäre dann proportional zu seinem Widerstandswert ($U_R = R \cdot I$). Diese Lösung ist allerdings weniger gut geeignet,
  da hier die Meßspannung wie der Widerstand des Thermistors exponentiell
  mit der Temperatur abnimmt.

- Einsatz einer Meßbrücke (Spannungsteilerschaltung mit Ver-
  gleichswiderstand R_v). Durch die geeignete Wahl des Vergleichswiderstands
  kann die ϑ-U-Kennlinie im interessierenden Bereich in etwa linearisiert
  werden. Außerdem läßt sich der Ausgangsspannungsbereich auf den nachge-
  schalteten AD-Wandler abstimmen. Je nach Art des verwendeten AD-
  Wandlers (unipolar, bipolar) wird eine entsprechende Stromquelle für die
  Brückenschaltung vorgesehen werden.

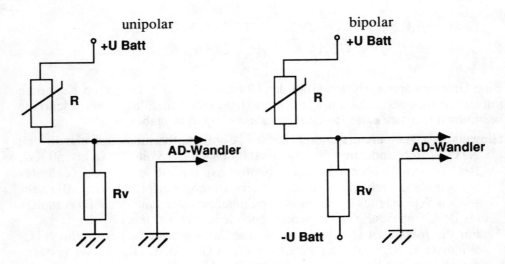

Als Ausgangsspannung in Abhängigkeit vom Widerstand R des Sensors erhält man je nachdem, ob eine unipolare oder eine bipolare Stromquelle verwendet wird :

$$U(R) = \frac{Rv}{Rv + R} \cdot U_{Batt} \quad \text{bzw.} \quad U(R) = \frac{Rv - R}{Rv + R} \cdot U_{Batt}$$

Verknüpft man nun die Beziehungen $R = R(\vartheta)$ und $U = U(R)$ miteinander, so erhält man die Temperaturabhängigkeit der Ausgangsspannung der Meßbrücke. Durch gezielte Variation der Spannung U_{Batt} der Stromquelle und des Widerstandswertes R_v in einem Rechenblatt-Programm können die optimalen Parameter gefunden werden.

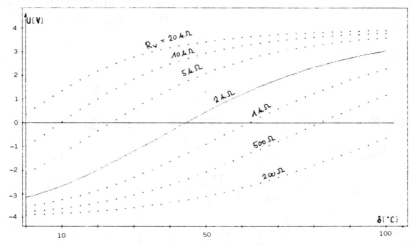

Suche der optimalen Parameter U_{Batt} und R_v für $\vartheta = 0°$ ... 100°C und $U_{ADWandler} = -3V$ ... 3V

4.3   Digitalisierung analoger Spannungen

4.3.1   Der DA-Wandler als Vorstufe zum AD-Wandler

Ein DA-Wandler (Digital-Analog-Umsetzer) setzt eine in digitaler Form gegebene Eingangsgröße in eine analoge Ausgangsgröße, meist eine Spannung, um. In seiner einfachsten Form besitzt ein DA-Wandler n digitale Eingänge einer üblichen Norm (TTL- oder CMOS-Logik), daneben einen Referenzspannungseingang und einen analogen Spannungsausgang. Soll ein solcher Wandler mit einem Mikrocomputer kommunizieren können, so muß er daneben über eine Speicherstelle mit n Bit Breite und eine Kontrollogik verfügen.

Prinzip-Schaltbild eines 8-Bit-DA-Wandlers:

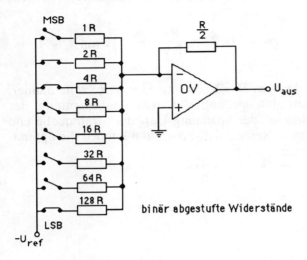

binär abgestufte Widerstände

Der Operationsverstärker addiert die Stromstärken U_{Ref}/R_i in den einzelnen Widerständen und gibt am Ausgang eine zum Summenwert proportionale Spannung U_{aus} aus.

(MSB = most significant Bit = höchstwertiges Bit; LSB = least significant Bit = niedrigstwertiges Bit)

Für die eingezeichneten Schalterstellungen gilt also:

$$U_{aus} = -\frac{R}{2} \cdot I_{ges}$$

$$= -\frac{R}{2} \cdot (0 \cdot \frac{U_{ref}}{1R} + 1 \cdot \frac{U_{ref}}{2R} + 1 \cdot \frac{U_{ref}}{4R} + \ldots + 1 \cdot \frac{U_{ref}}{128R})$$

$$= -U_{ref} \cdot (\frac{0}{2^1} + \frac{1}{2^2} + \frac{1}{2^3} + \frac{0}{2^4} + \frac{0}{2^5} + \frac{0}{2^6} + \frac{0}{2^7} + \frac{1}{2^8})$$

$$= 0{,}37891 \cdot U_{ref}$$

Als kleinste mit den Schaltern einstellbare Spannung ergibt sich $U_{aus} = 0$ V (alle Schalter geöffnet), als größte $\frac{255}{256} \cdot U_{ref}$ (alle Schalter geschlossen). Bei der üblichen Wahl von $U_{ref} = 2{,}56$ V, erhält man $U_{aus,max} = 2{,}55$ V, die Größe der Spannungsstufen beträgt dabei $\frac{1}{256} \cdot 2{,}56$ V $= 10$ mV.

Den Zusammenhang zwischen dem am DA-Eingang anliegenden Bitmuster und der dadurch bewirkten Ausgangsspannung sowie die Abhängigkeit der Auflösung von der verwendeten Bit-Anzahl, zeigen die folgenden Umsetzungsfunktionen:

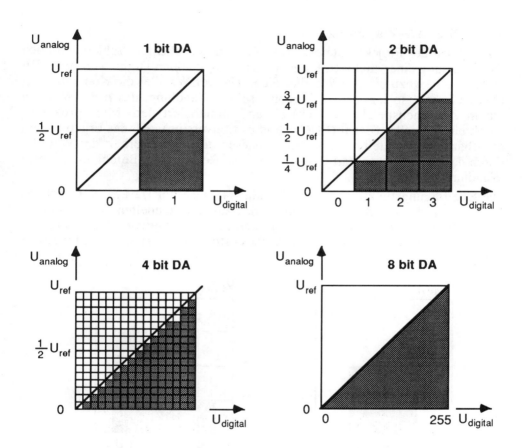

Bemerkung : Die Auflösung des Wandlers ist nicht mit der Unsicherheit des Ausgangswertes zu verwechseln.

Im Regelfall garantiert der Hersteller eine maximale Wandlungsunsicherheit von $\pm\,0,5$ LSB bezüglich Linearität und Nullpunktslage. Berücksichtigt man noch mögliche Fehler, die durch die Ungenauigkeit der Referenzspannung zusätzlich wirken, kommt man in etwa auf eine Wandlerungenauigkeit von $\pm\,1$ LSB oder knapp 1% bei einem 8-Bit-Wandler. Bei 12-Bit-Wandlern verkleinert sich die Unsicherheit auf $\pm\,0,05\%$. Bei einer Referenzspannung von 10,0 V sind dies $\pm\,0,005$ V.

Die Ausgänge eines Wandler-ICs sind nur mit Stromstärken bis etwa 10 mA belastbar. Man wird deshalb für viele Anwendungen Stromverstärker nachschalten müssen, die aber ihrerseits mit Ungenauigkeiten behaftet sind, die größer sein können als die vom Digitalisierungsvorgang verursachten.

4.3.2 Die AD-Wandlung

Im Rahmen des Projekts interessiert jedoch das umgekehrte Problem, nämlich die Wandlung einer analogen Eingangsspannung in einen Digitalwert mit n Bit Information, wozu ein AD-Wandler dient. Hat der Wandler die Konvertierung abgeschlossen, so legt er das Ergebnis seiner Wandlung, das n-Bit-Wort, in einem Zwischenspeicher (Latch) ab und signalisiert dem Mikroprozessor durch ein spezielles Signal (EOC = End of Conversion), daß das Ergebnis nun abrufbar ist. Unmittelbar nach dem Auslesen des Wertes erhält der Wandler durch das SC-Signal (=Start Conversion) vom Rechner den Befehl, die nächste Wandlung einzuleiten.

Die Übertragungsfunktion des AD-Wandlers ist eine um 1/2 LSB verschobene Umkehrung der Übertragungsfunktion des zuvor behandelten DA-Wandlers. Durch diese Verschiebung ist sichergestellt, daß die digitalen Übergänge jeweils in der Mitte des analogen Bereiches erfolgen, die zu einem Digitalwert gehören:

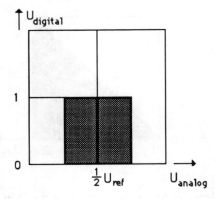
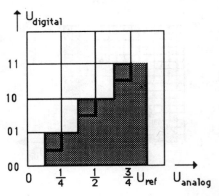

4.3.3 Parallele AD-Umsetzer (Flash)

Längs einer Widerstandskette mit 2^n gleichen Widerständen wird der auftretende Spannungsabfall jeweils mit der analogen Eingangsspannung verglichen. Eine Codierlogik setzt die Ergebnisse der 2^n-1 Komparatoren in ein aus n Bits bestehendes digitales Ergebnis um:

z.B. 3-Bit-Parallelwandler

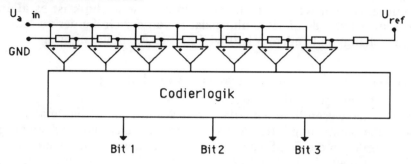

Parallele AD-Wandler arbeiten extrem schnell (10 Millionen Wandlungen pro Sekunde), sind aber sehr aufwendig in der Herstellung und dadurch sehr teuer. Man benötigt für einen einfachen 8-Bit-Wandler bereits 256 möglichst identische Widerstände und 255 Komparatoren auf Operationsverstärkerbasis. Wandler dieser Bauart werden vorwiegend in der Videotechnik und in der Radartechnik eingesetzt.

4.3.4 Rampenverfahren (Treppenverfahren)

Am Digitaleingang eines DA-Wandlers ist der Ausgang eines Binärzählers angeschlossen, der durch einen Taktgenerator CL (Clock) gesteuert dual hochzählt. Der DA-Wandler liefert somit eine treppenförmige analoge Spannung. Diese wird durch einen Komparator mit der zu messenden analogen Eingangsspannung U_{analog} verglichen. Das Hochzählen des Binärzählers und somit stufenweise Erhöhen der DA-Wandler-Spannung wird solange fortgesetzt, bis die Eingangsspannung überschritten ist. Sobald dies der Fall ist, wird der Taktimpuls für den Binärzähler unterbrochen und das vom 8-Bit-Zähler gelieferte Bitmuster vom Rechner eingelesen. Dann kann eine neue Wandlung gestartet werden.

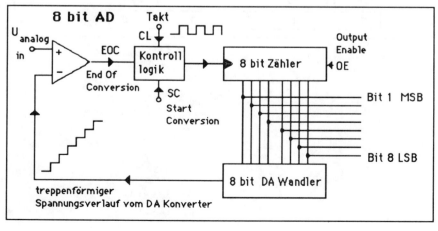

Das Prinzip der AD-Wandlung nach dem Rampenverfahren ist einfach zu verstehen und auch preiswert zu realisieren. In der Meßtechnik ist es allerdings nicht so sehr beliebt, da die Wandlungsdauer von der Größe der zu messenden Spannung abhängt und zudem relativ viel Zeit in Anspruch nimmt.

4.3.5 AD-Wandlung mit sukzessiver Annäherung

Das Bereitstellen eines dual abgestuften Wägesatzes (siehe Lernziel I.3) ermöglicht eine wesentlich schnellere AD-Wandlung in maximal n Takten. Dazu setzt die Kontrollogik des AD-Wandlers zunächst das höchstwertige Bit auf 1 und vergleicht die DA-Spannung mit der zu messenden Spannung U_{analog}. Falls U_{analog} größer als die DA-Spannung ist, bleibt dieses Bit gesetzt, ansonsten wird es auf Null zurückgesetzt. Man verfährt nun in gleicher Weise mit den übrigen Bits, wobei die Reihenfolge der Abarbeitung in Richtung abnehmender Wertigkeit erfolgen muß. Durch dieses Verfahren kann der 8-Bit-Wandler den auszugebenden Digitalwert bereits nach 8 Takten zur Verfügung stellen.

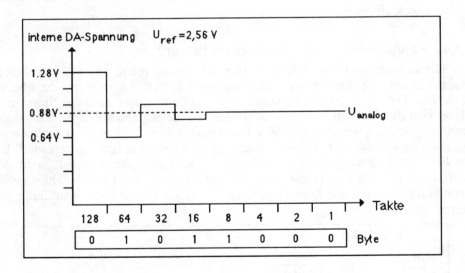

4.3.6 Spannungs-Frequenz-Wandler (VCO = voltage controlled oscillator)

Dieses Verfahren wird hauptsächlich bei fertigen Sensoren im industriellen Bereich angewendet. Die Analogspannung wird dabei in eine Frequenz gewandelt, die dann wiederum über ein Zählprogramm vom Computer in einen Digitalwert zurückgewandelt wird.

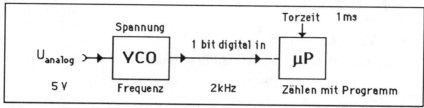

Ein einfacher Spannungs-Frequenz-Wandler kann z. B. als Sägezahngenerator ausgeführt werden: Ein Kondensator wird mit konstanter Stromstärke aufgeladen, bis die Kondensatorspannung die anliegende Eingangsspannung erreicht hat. Ist dies der Fall, so wird der Kondensator schlagartig entladen und ein neuer Ladevorgang eingeleitet. Durch den konstanten Ladestrom steigt die Kondensatorspannung und damit die Ladedauer linear mit der Zeit an. Somit ist die Frequenz des Sägezahngenerators umgekehrt proportional zur Eingangsspannung.

4.4 Erstellung des Meßprogramms

4.4.1 Meßprogramm mit linearer Interpolation zwischen den Stützstellen der Kalibrierung

Prozedur *Kalibrieren*

Übergabeparameter: n = Anzahl der erfaßten Meßwertpaare
U[i], T[i] (i=1..n)

Ausgabe von Bedienungshinweisen für den Kalibriervorgang:
"Wasser von 0 bis 100 Grad erhitzen, etwa alle 5 Grad einen Meßwert aufnehmen!"

n:=0
WIEDERHOLE
　　　Warte auf Taste (zum Abruf des Meßwerts)
　　　FALLS Ende-Taste DANN Abbruch
　　　SONST
　　　　　erhöhe n
　　　　　Lies die Spannung U[n] vom AD-Wandler
　　　　　Lies die zugehörige Temperatur T[n] von der Tastatur

BIS Abbruch ODER (n >= 50)
FALLS n>0 DANN
>   Sortieren der Wertepaare U[i], T[i] (i=1..n) nach U[i] in steigender
>   Anordnung
FALLS gewünscht DANN
>   Abspeichern der Wertepaare U[i], T[i] (i=1..n) auf ein externes
>   Speichermedium

Prozedur *KalibrierdatenLaden*

>   Übergabeparameter: n =   Anzahl der erfaßten Meßwertpaare
>   U[i], T[i] (i=1..n)

n:=0
SOLANGE NICHT (Ende der Datei) WIEDERHOLE

>   Lies Wertepaar U[n], T[n]

>   erhöhe n

Funktion *Temperatur*

>   Übergabeparameter: n =   Anzahl der erfaßten Meßwertpaare
>   U[i], T[i] (i=1..n)

Lesen der Spannung U vom AD-Wandler-Eingang
i:=0
SOLANGE (U < U[i]) UND (i < n) WIEDERHOLE erhöhe i
FALLS i=n DANN Temperatur:=1e30 (übersteuert!)
SONST {lineare Interpolation}

$$\text{Temperatur} := T[i] + \frac{T[i+1] - T[i]}{U[i+1] - U[i]} * (U - U[i])$$

Prozedur *DigitalThermometer*

>   Übergabeparameter: n =   Anzahl der erfaßten Meßwertpaare
>   U[i], T[i] (i=1..n)

Erstelle gewünschten Bildschirmaufbau
WIEDERHOLE
>   Gehe zur gewünschten Ausgabeposition
>   Gib Temperatur aus
BIS Taste gedrückt

Prozedur *AnalogThermometer*

>   Übergabeparameter: n =   Anzahl der erfaßten Meßwertpaare
>   U[i], T[i] (i=1..n)

Erstelle gewünschten Bildschirmaufbau

WIEDERHOLE
    Gehe zur gewünschten Ausgabeposition
    Zeichne Säule der Länge:=Temperatur/Temperatur_max * Länge_max
BIS Taste gedrückt

Prozedur *TemperaturSchreiber*
    Übergabeparameter: n =   Anzahl der erfaßten Meßwertpaare
                           U[i], T[i] (i=1..n)
    ist noch zu erstellen

Hauptprogramm
    AD-Eingang anwählen
    Eingangsempfindlichkeit einstellen
    n := 0
    WIEDERHOLE
        Lösche den Bildschirm und gib aus:
            Aufnehmen von Kalibrierdaten   (1)
            Laden von Kalibrierdaten   (2)
            Digital-Thermometer   (3)
            Analog-Thermometer   (4)
            Temperatur-Schreiber   (5)
            Ende   (0)

        Lies Taste
        FALLS Taste =
            1 :   Kalibrieren
            2 :   Kalibrierdaten_laden
            3 :   FALLS n>0 DANN DigitalThermometer
            4 :   FALLS n>0 DANN AnalogThermometer
            5 :   FALLS n>0 DANN TemperaturSchreiber
    BIS Taste = 0

Eine Umsetzung dieses Algorithmus in Turbo-Pascal ist das Programm
MESS_T [1].

---

[1]   Siehe "Hinweise zu den Begleitdisketten"

4.4.2 Empirische Suche nach einer analytischen Darstellung der Meßfunktion

Es wird eine Funktion gesucht, die die Abhängigkeit der Wandlereingangsspannung U von der herrschenden Temperatur T möglichst gut annähert. Dazu werden n Wertepaare U_i, T_i mit dem AD-Wandler bzw. der Tastatur erfaßt und als Punkte in ein U-T-Diagramm eingetragen.

Möchte man mit dem "Computerthermometer" nur kleinere Temperaturbereiche messen, so kann die Meßfunktion relativ gut durch eine Gerade approximiert werden[1] ("Lineare Regression"). Durch die Forderung nach minimaler Abweichungssumme der Meßpunkte von der Geraden können die Koeffizienten der Geraden hergeleitet werden (Referat eines Schülers eines Mathematik-Leistungskurses oder Literatur-Verweis[2]):

Lineare Ausgleichsfunktion

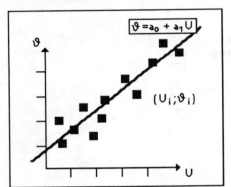

$$\vartheta = a_0 + a_1 \cdot U$$

mit

$$a_1 = \frac{\sum \vartheta_i U_i - \frac{1}{n}(\sum \vartheta_i)(\sum U_i)}{\sum U_i^2 - \frac{1}{n}(\sum U_i)^2}$$

$$a_0 = \frac{\sum \vartheta_i}{n} - a_1 \cdot \frac{\sum U_i}{n}$$

Betrachtet man jedoch einen größeren Temperaturbereich, so stellt man eine deutliche Abweichung vom linearen Verhalten fest[3]; zur sinnvollen Approximation der Meßfunktion $\vartheta = \vartheta(U)$ müssen deshalb Polynome höherer Ordnung eingesetzt werden ("Diskrete Gaußsche Fehlerquadratmethode"; z. B. Approximation mit einem Polynom 3. Ordnung durch lineare Überlagerung der vier Funktionen 1, U, U^2 und U^3). Die mathematischen Grundlagen der zugehörigen numerischen Verfahren sind allerdings für eine Behandlung am Gymnasium zu anspruchsvoll. Dies schließt jedoch ihre Anwendung nicht aus, da die entsprechenden Prozeduren (Unterprogramme)

---

1 Vergleiche Abbildung "Suche der optimalen Parameter U_{Batt} und R_v ..." in Kapitel 4.2
2 Z.B. Mathematik, Wahrscheinlichkeitsrechnung und Statistik unter Einbeziehung von elektronischen Rechnern, Beschreibende Statistik SR1, Deutsches Institut für Fernstudien an der Universität Tübingen 1982, S. 52
3 Vergleiche Abbildung "Suche der optimalen Parameter U_{Batt} und R_v ..." in Kapitel 4.2

aus einschlägigen Nachschlagewerken übernommen werden können[1]. Auch das Verwenden von fertigen und erprobten Teillösungen ist ein typisches Vorgehen in der Informatik.

Anmerkung: Ein weiteres mögliches Vorgehen bei der Suche nach einer geeigneten Meßfunktion wäre die Verwendung der Umkehrung der miteinander verknüpften Beziehungen $R = R(\vartheta)$ und $U = U(R)$ aus den Kapiteln 4.1.4 bzw. 4.2.

Mit
$$R_\vartheta = R_{\vartheta N} \cdot e^{B \cdot \left(\dfrac{1}{\vartheta + 273{,}16^\circ} - \dfrac{1}{\vartheta N + 273{,}16^\circ} \right)}$$

und
$$U(R) = \frac{R v - R}{R v + R} \cdot U_{Batt}$$

folgt durch Auflösen nach ϑ :

$$\vartheta = \frac{(\vartheta N + 273{,}16^\circ) \cdot B}{B + (\vartheta N + 273{,}16^\circ) \cdot \ln\left(\dfrac{R v \cdot (U_{Batt} - U)}{R_{\vartheta N} \cdot (U_{Batt} + U)} \right)} - 273{,}16^\circ$$

Der Selbstbau eines kleinen AD- Wandlers mit dem ZN 427 ist in der Zeitschrift BUS Nr.8, Zentralstelle für Computer im Unterricht, Augsburg 1985 beschrieben.

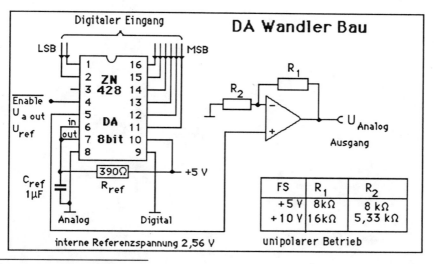

---

[1]   Z.B. C. Engeln-Müllges / F. Reutter: Formelsammlung zur Numerischen Mathematik mit PASCAL-Programmen, Bibliographisches Institut, Mannheim, Wien, Zürich 1985, S.313 ff.
(Diese Formelsammlung steht u.a. auch in einer Version mit BASIC-Programmen zur Verfügung.)

Hinweise zu den Begleitdisketten

Zu diesen Handreichungen gehören drei Begleitdisketten, deren Inhaltsverzeichnis und deren Bedienung im folgenden kurz beschrieben sind.

Die Programme und Dateien dieser Disketten dürfen für Unterrichtszwecke
beliebig oft kopiert werden. Die kommerzielle Nutzung einzelner Programme,
Programmteile oder Dateien ist nicht gestattet.

Dem Erwerber ist bekannt, daß er durch Überlassung der Programme und
Dateien keinerlei Eigentumsrechte erwirbt und daß eine Weitergabe an Dritte
nicht zulässig ist. Insbesondere sind Schüler, die Zugang zu den Programmen
haben, auf die Wahrung der Urheberrechte hinzuweisen. Alle Rechte an den
Programmen liegen bei den Autoren, auch wenn vom Anwender Veränderungen vorgenommen werden.

Gegen Einsendung des beiliegenden Anforderungsformulars (S.261) können
diese Disketten bei der Zentralstelle für Computer im Unterricht,
Schertlinstr. 9, 8900 Augsburg bezogen werden; der Bestellung sind
entsprechende Leerdiskette (Format 5 1/4") und ein mit DM 1,40 frankierter
(Drucksache) und adressierter Freiumschlag DIN A5 beizulegen.

1 Diskette 1 und 2 (MS-DOS Versionen)

Diskette 1 enthält Dateien zu den Lernzielen 1 bis 4, eine Reihe von
VIVITAB-Tabellen zum Projekt III d sowie den Quellcode des Programms
von Projekt III b. Diskette 2 enthält Dateien zu den Projekten III a bis III d.
Auf den Disketten stehen jeweils Unterverzeichnisse, die nach den Lernzielen
(LZI1 .. LZI4) bzw. nach den Projekten (PRIIIA .. PRIIIE) benannt sind.

Hinweis: Stellt der Rechner im Graphikmodus die Umlaute und das Sonderzeichen ° (Grad)
nicht dar, so ist vor dem Starten des Programms das (externe) MS-DOS-Kommando
GRAFTABL einzugeben.

Beispiel 1:
Der Aufruf des Programms RUTHERF.EXE im Unterverzeichnis LZI2 erfolgt mit:

> cd \LZI2   <RETURN>

> RUTHERF   <RETURN>

Beispiel 2:
Die Tabelle EULER1.TAB im Unterverzeichnis LZI1 wird vom Programm VIVITAB (Version
2.0) folgendermaßen aufgerufen:

a)   Laufwerk und Pfad einstellen (z.B. mit den Tasten shift+F4 direkt aus der Tabelle)
     A:\LZI1\

b)   Inhaltsverzeichnis anzeigen (z.B mit den Tasten shift+F5 direkt aus der Tabelle), dann
     EULER1.TAB auswählen und mit Taste Return bestätigen.

c)   Datei laden, d.h. die entsprechende Mitteilung mit Return bestätigen.

1.1 Inhalt von Diskette 1

LZI1	LZI2	LZI3	LZI4
EULER1.TAB	RUTHERF.EXE	MESS_U.PAS	SPEKTRUM.PAS
EULER1.MTX	D05R20V0.SWV		SPEKTRUM.HPR
EULER2.TAB	D05R20V1.SWV		BALMER1.TAB
EULER2.MTX	D05R20V2.SWV		BALMER1.MTX
EULER3.TAB	D05R30V0.SWV		BALMER2.TAB
EULER3.MTX	D05R30V1.SWV		BALMER2.MTX
EULER4.TAB	D05R30V2.SWV		FRAHER.PAS
EULER4.MTX	D05R_8V0.SWV		FRAHER.HPR
DIFF.TAB	D05R_8V1.SWV		
DIFF.MTX	D05R_8V2.SWV		
	D01R20V0.SWV		
	D01R20V1.SWV		
	D01R20V2.SWV		
	D01R30V0.SWV		
	D01R30V1.SWV		
	D01R30V2.SWV		

PRIIID	PRIIIB	PRIIIE
KOND1.TAB	ZERFALL.PAS	MESS_3E.PAS
KOND2.TAB	ZERFALL.COM	KAL.DAT
KOND3.TAB	PROGKERN.PAS	
FEDER1.TAB	SYMBOL.LIB	
FEDER2.TAB	GRAPHIK.LIB	
FEDER3.TAB	HISTO.LIB	
ZERFALL1.TAB	AXIS.LIB	
ZERFALL2.TAB	4x6.FON	
ZERFALL3.TAB	8x8.FON	
GUMMIBAL.TAB	VERSUCH1.SIM	
	VERSUCH2.SIM	

1.2 Erläuterungen zu Diskette 1

Zu LZI1 :

Die Tabellen werden von VIVITAB (Version 2.0) aus aufgerufen. Dabei sind in den Dateien *.TAB die Tabellenparameter, in den Dateien *.MTX die zugehörigen Zahlenwerte abgespeichert.

Zu LZI2 :

Im Inhaltsverzeichnis stehen noch Hilfsdateien (mit den Namenszusätzen .BGI und .CHR), die vom Programm RUTHERF.EXE gebraucht werden. Die Dateien mit dem Zusatz .SWV enthalten Werte von bereits durchgeführten Simulationen für die Streuung. Man kann sie vom Programm aus laden und dann einer statistischen Auswertung zuführen. Der Name der Datei sagt etwas über die gewählten Parameter aus, so bedeutet z.B. D01R30V2: Delta p = 1 (Stoßparameter in fm), Radius = 30 (in fm), Variante 2.

Zu LZI3 :

MESS_U.PAS ist der Turbo-Pascal Text für ein einfaches Programm zur Spannungsmessung. Im Programmtext stehen ganz am Anfang die Bibliotheksaufrufe für die Treibersoftware. Der Aufruf für das jeweils benutzte Interface muß eingestellt werden. Bei Benutzung des Parsche-Interfaces muß z.B. (*$I Schnitt.MSI *) stehen (vor dem $-Zeichen keine Leerstelle!) und dafür (* $I Schnitt.POS *) (mit Leerstelle vor dem $-Zeichen).

Die Dateien SCHNITT.xxx enthalten die bei der Zentralstelle entwickelte Treibersoftware für Physikinterfaces und zwar .POS für das Interface der Firma ISK, .MSI für das Interface der Firma Parsche und .LH für das Interface der Firma Leybold (SCHNITT.LH benötigt noch die Datei CAP.BIN). Diese Treibersoftware kann bei der Zentralstelle für das jeweils benutzte Interface bezogen werden.

Danach muß noch mit Turbo-Pascal 3.0 compiliert werden. Für die am AD-Wandler angelegte Spannung werden dann das Bitmuster, der Zahlenwert des Bitmusters und der Spannungswert (als Real-Zahl) ausgegeben.

Zu LZI4 :

SPEKTRUM.PAS und FRAHER.PAS sind Turbo-Pascal Texte, die noch mit Turbo-Pascal 3.0 compiliert werden müssen. Sie benötigen die Bibliotheksprogramme Graphik.lib und Axis.lib aus dem Paket Graphlib (siehe auch PRIIIB auf Diskette 1). Außerdem muß die Treibersoftware für das verwendete Interface (siehe Erläuterung zu LZI3) vorhanden sein und im Programmtext eingestellt werden. Die Dateien SPEKTRUM.HPR bzw. FRAHER.HPR werden beim Compilieren ebenfalls mit eingebunden.

Die Tabellen BALMER1.TAB bzw. BALMER2.TAB werden vom Programm VIVITAB (Version 2.0) aus aufgerufen.

Zu PRIIID :

Mit den hier abgespeicherten Tabellen können die im Projekt III d behandelten Simulationen realisiert werden. Man kann so das Projekt ohne Programmierkenntnisse durchführen. Die Namen der Tabellen entsprechen den dort entwickelten Pascalprogrammen (siehe auch Erläuterung zu PRIIID auf der zweiten Diskette). Die Tabellen werden von VIVITAB (Version 2.0) aus aufgerufen. Sie sind bereits durchgerechnet, und man kann nach dem Aufruf direkt mit dem Zeichnen anfangen. Mit Taste v erhält man sofort das Simulationsergebnis, mit Taste f und danach Ctrl+v wird eventuell noch eine Hilfsfunktion (z.B. der Verlauf der externen Kraft) eingezeichnet.

Zu PRIIIB :

Hier befindet sich der Quellcode des im Projekt III b zu entwickelnden Programms. Die Bibliotheksprogramme *.LIB (Graphikprozeduren aus der Bauergraphik, sie können auch bei LZI4 verwendet werden) werden für die Compilierung benötigt.

Das Programm ZERFALL.COM simuliert einen radioaktiven Zerfall. Es erzeugt eine Zählratendatei im ASCII-Format. (Trennzeichen zwischen den einzelnen Zahlen ist #10 = Linefeed). Außerdem ermöglicht es eine statistische Auswertung (Histogramm und Vergleich mit Poissonverteilung) sowie eine funktionale Auswertung (lineare Regression der logarithmischen Darstellung mit anschließender Zeichnung der Exponentialfunktion). Es können auch Zählratendateien von der Diskette geladen werden. Somit können auch die von einem Meßprogramm ermittelten Zählraten ausgewertet werden.

4x6.FON und 8x8.FON sind Hilfsdateien zu ZERFALL.COM. VERSUCH1.SIM und VERSUCH2.SIM sind gespeicherte Zählratendateien, die durch Simulation gewonnen wurden. VERSUCH1.SIM eignet sich für statistische Auswertung (große Halbwertzeit) und VERSUCH2.SIM ist für funktionale Auswertung gedacht (kurze Halbwertzeit). Die Dateien werden von ZERFALL aus geladen.

PROGKERN.PAS enthält die wichtigsten Programmteile von ZERFALL. Es wird ebenfalls von ZERFALL aus aufgerufen (selbst nicht lauffähig).

Zu PRIIIE :

Das Programm MESS_3E.PAS stellt eine 1-zu-1-Umsetzung des in der Handreichung (Projekt IIIe) umgangssprachlich formulierten Meßprogramms dar. Wie im Meßprogramm MESS_U von LZI3 steht zu Beginn der Bibliotheksaufruf für die Interface-Treibersoftware. Die dort gegebenen Hinweise zum Einsatz der Treibersoftware haben auch hier Gültigkeit. In der Datei KAL.DAT sind 10 Kalibrier-Meßwertpaare abgespeichert.

1.3 Inhalt von Diskette 2

PRIIIA	PRIIIC	PRIIID
SCHROEDM.EXE	NUKLIDE.FMT	KOND0.PAS
SCHROED0.PAS	NUKLIDE.NDX	KOND1.PAS
	NUKLIDE.DBF	KOND2.PAS
	NUKLIDE.DAT	KOND3.PAS
	AUSWERT.PRG	KOND4A.PAS
		KOND4B.PAS
		KOND4C.PAS
		FEDER1.PAS
		FEDER2.PAS
		FEDER3.PAS
		FEDER4B.PAS
		FEDER4C.PAS
		FEDER4D.PAS
		ZERFALL1.PAS
		ZERFALL2.PAS
		ZERFALL3.PAS
		MINIGRAF.LIB
		MINIGRAF.PAS
		ITERATIO.COM

1.4 Erläuterungen zu Diskette 2

Zu PRIIIA :
  Das Programm SCHROEDM.EXE wird direkt vom Betriebssystem aus
  aufgerufen. Das Programm SCHROED0.PAS enthält den Kernalgorithmus
  (Integration der Schrödingergleichung) von SCHROEDM.EXE. Es muß
  noch mit Turbo 3.0 oder Turbo 4.0 compiliert werden (Programmtext
  beachten!).
Zu PRIIIC :
  Die Dateien sind nur zusammen mit dbase III Plus verwendbar.
  NUKLIDE.FMT enthält die Parameter der Datenbank, NUKLIDE.NDX
  ist die Datei für die verwendete Indizierung der Datenbank,
  NUKLIDE.DBF enthält die gespeicherten Daten der Isotope. Das
  Programm AUSWERT.PRG wird von dbase aus aufgerufen und dient zur

individuellen Auswertung der Datenbank. Die Datei NUKLIDE.DAT ist eine Textdatei, die ebenfalls alle gespeicherten Isotope enthält. Man kann sie mit jedem Texteditor (z.B. Turbo-Pascal Programmeditor) lesen. Sie kann von anderen Programmen (Basic oder Pascal) aufgerufen und ausgewertet werden.

Zu PRIIID :

Dieses Unterverzeichnis enthält eine Reihe von Pascalprogrammen zu den Themen Kondensator, Zerfall und Feder. Dabei werden bei KOND0 .. KOND3, FEDER0 .. FEDER3 und ZERFALL1 .. ZERFALL3 jeweils die Parameter verändert, bei KOND4A .. KOND4C und FEDER4A .. FEDER4D jeweils die Intergrationsverfahren. Alle Programme brauchen zur Compilierung mit Turbo-Pascal 3.0 das Bibliotheksprogramm MINIGRAF.LIB (einfache Graphikprozeduren für die CGA-Graphikkarte), zur Compilierung mit Turbo-Pascal 4.0 oder höher das Bibliotheksprogramm MINIGRAF.PAS (entsprechende Prozeduren für die CGA-, Hercules-, EGA- oder VGA-Karte).

Außerdem befindet sich in dem Unterverzeichnis das Programm ITERATIO.COM. Es kann verwendet werden, um bei verschiedenen Simulationen das Runge-Kutta Verfahren mit dem einfachen Euler-Cauchy Verfahren zu vergleichen. Das Programm ist weitgehend selbsterklärend.

2 Diskette 3 (C-64-Version)

Die Programme der C-64-Begleitdiskette lehnen sich weitgehend an diejenigen der MS-DOS-Version an. Als Programmiersprache wird bei der C-64-Version jedoch durchgängig BASIC verwendet. Anstelle der PASCAL-Prozedur-sammlungen MINIGRAF.LIB (für Graphikdarstellungen) und SCHNITT.LIB (für Meßaufgaben) gelangen die BASIC-Erweiterungen C-64-GEK und LH-MESSBASIC zum Einsatz. Die meisten Vorschläge der "Schüler-Lösungen" bauen zudem auf einem vorgefertigten einfachen Programmgerüst ("hiresgraph c-64") auf; sie können deshalb relativ einfach nachvollzogen werden. Bei entsprechend hoher Qualifikation und großem Engagement der teilnehmenden Schüler sind auch weitaus komplexere und optisch ansprechendere Programme denkbar.

2.1 Hilfestellungen bei der Programmerstellung

Die beiden zum Einsatz gelangenden BASIC-Erweiterungen werden von den Anwenderprogrammen bei Bedarf automatisch nachgeladen[1]. Sollen eigene Programme erstellt werden, die auf die zusätzlichen Befehle zugreifen, so muß die jeweilige Erweiterung *vor Programmierbeginn* geladen und aktiviert sein. Dies geschieht nach dem Einschalten des Rechners wie folgt:

"C-64-GEK"   wird geladen mit: load "gek*",8: <SHIFT><RUN/STOP>

"LH-MESSBASIC" wird geladen mit: load "lh*" ,8: <SHIFT><RUN/STOP>

(Doppelpunkt nicht vergessen; <SHIFT> und <RUN/STOP>-Taste gleichzeitig drücken!)

Hinweis: Gewisse Speicherbereiche des Rechners werden von beiden BASIC-Erweiterungen benötigt: sie können deshalb nicht gleichzeitig zum Einsatz gelangen. Nichtbeachten dieses Sachverhalts verursacht i.a. einen Systemabsturz; ein Weiterarbeiten ist dann nur nach Aus- und Wiedereinschalten des Rechners möglich!

Die Graphik-Erweiterung "C-64-GEK" stellt grundlegende Befehle zum Ansprechen der hochauflösenden Graphik des C-64 zur Verfügung. Sie wurde im Rahmen des Arbeitskreises "Standardisierte Unterrichtssoftware" entwickelt und steht somit allen bayerischen Schulen grundsätzlich kostenlos zur Verfügung. Eine Übersicht über den Befehlssatz erhält man mit dem Kommando "help"; eine ausführliche Beschreibung der einzelnen Befehle kann bei der Zentralstelle für Computer im Unterricht, Augsburg, angefordert werden. C-64-GEK wird auf der Diskette bei all den Programmen eingesetzt, bei denen Graphikdarstellungen, aber keine Messungen mit dem Physikinterface vorgenommen werden.

Die Graphik- und Meßbefehlserweiterung LH-MESSBASIC der Firma LEYBOLD DIDACTIC GmbH, Hürth, umfaßt neben Graphikbefehlen (ähnlich wie bei der Erweiterung C-64-GEK) Befehle für die komfortable Aufnahme und Auswertung von Messungen mit dem Physikinterface CAP-CS-2. Obwohl diese BASIC-Erweiterung normalerweise kommerziell vertrieben wird, hat der Hersteller ihre Nutzung in Zusammenhang mit den Programmen dieser Diskette des Staatsinstituts für Schulpädagogik und Bildungsforschung freundlicherweise erlaubt. LH-MESSBASIC wird bei allen Programmen verwendet, bei denen das Meß-Interface CAP-CS-2 angesprochen wird[2].

Da bei diesem Grundkurs der Schwerpunkt auf der Beschäftigung mit den physikalischen Inhalten und nicht auf der Graphik-Programmierung liegen soll, wird der Kursleiter den Schülern die wichtigsten hierbei auftretenden Programmierprobleme abnehmen müssen. Dazu gehören vor allem die Trans-

---

1   Die entsprechende Routine ist in den Beispielprogrammen jeweils ab Zeile 63000 zu finden. Sie beinhaltet eine Überprüfung, ob die BASIC-Erweiterung schon geladen ist, gegebenenfalls das Laden und das Desaktivieren der jeweils anderen BASIC-Erweiterung.

2   Hinweise zum Befehlsvorrat sind, soweit nicht aus den Beispielprogrammen ersichtlich, dem zugehörigen Handbuch zu entnehmen; die Graphikbefehle stimmen dabei weitgehend mit denen von "C-64-GEK" überein.

formation der physikalischen Darstellungsbereiche auf die Koordinaten des Bildschirmes (Transformation Weltkoordinaten -> Bildschirmkoordinaten) sowie das Zeichnen von geeignet beschrifteten Koordinatenachsen.

Die Programmiersprache BASIC sieht zur Lösung dieses Problems weder Prozeduren, Include-Files, noch Units vor. Der Lehrer wird deshalb zweckmäßigerweise ein Rumpfprogramm vorbereiten, in dem alle notwendigen Routinen als Unterprogramme ausgearbeitet sind. Dieses Rumpfprogramm ist von den Schülern dann zu einem vollständigen Programm zu ergänzen.

Ein Vorschlag für ein solches Rumpfprogramm wurde im Rahmen der Lehrplanerprobung erstellt. Um die Schüler an allen vorhandenen Rechnern arbeiten lassen zu können, wurde für jeden Rechnertyp eine eigene Version angefertigt:

Rechner CBM 4032:   "sterngraph"   (Auflösung 40 x 25)

Rechner C-64:   "hiresgraph c-64"   (Auflösung 320 x 200)

Rechner CBM 8296:   "hiresgraph 8296"   (Auflösung 512 x 256)

Da selbst so einfache Aktionen, wie z. B. das Löschen des Bildschirmes oder das Einschalten des Graphikmodus bei den verschiedenen Rechnern verschiedenartig vorgenommen werden, wurden diese Aktionen in gleichartig anzusprechende Unterprogramme verlegt, um ein unnötiges Verwirren der Schüler bei gemischter Benutzung der Rechner zu vermeiden[1].

Die folgende Aufstellung gibt eine Übersicht über die Unterprogramme der Rumpfprogramme.

Verzeichnis der vorhandenen Routinen und ihr Einsatz:

Festsetzen des darzustellenden Weltkoordinatenbereiches in den Zeilen 110 und 120.

Initialisieren der Abbildungsfunktion: gosub 60000

Einschalten des Graphik-Modus: gosub 50000

Ausschalten des Graphik-Modus: gosub 50050

Löschen des Graphik-Bildschirmes: gosub 50100

Löschen des Textbildschirmes: gosub 50150

Setzen eines Punktes bei den Weltkoordinaten (xw,yw):
            z. B. xw=t: yw=v: gosub 50200

Ziehen einer Linie vom zuletzt gesetzten Punkt zum Punkt (xw,yw):
            z. B. xw=t: yw=v: gosub 50300

Warten auf Tastendruck: gosub 50400

Zeichnen eines beschrifteten Koordinatensystems:
    Beschriftung der Achsen in xw$ und yw$
    z. B. xw$="t in s": yw$="v in m/s":   gosub 51000

---

1   Wird nur der C-64 verwendet, so wird man bei den einfachen Aktionen (Bildschirm löschen, Punkt setzen, Strecke zeichnen, etc.) wohl auf die Unterprogramme verzichten und auf den Originalbefehlssatz von C-64-GEK (cls, plot, line, etc.) zurückgreifen.

2.2 Programme der C-64-Begleitdiskette

Hilfs- und Betriebsprogramme

"gek"	Ladeprogramm für die Graphikerweiterung "C-64-GEK"
"!gek 9000 9/86"	Maschinenroutinen zu "C-64-GEK"
"lh-messbasic"	Ladeprogramm für die Meßbefehlserweiterung "LH-MESSBASIC"
"!lh basic 2.8"	Maschinenroutinen zu "LH-MESSBASIC"
"sterngraph"	Rumpfprogramm für Commodore-Rechner ohne Graphik
"hiresgraph c-64"	Rumpfprogramm zur Graphikprogrammierung des C-64
"hiresgraph 8296"	Rumpfprogramm zur Graphikprogrammierung des CBM 8296

Zu Lernziel I.1. :

BASIC-Umsetzungen der VIVITAB-Tabellen der Handreichung : "diff" , "euler1" , "euler2" , "euler3" , "euler4";

"h-atom 1/1-schr." : Elektron im Coulombfeld eines H-Atoms (Einschritt-Verfahren)

"gold-alpha-streu" : Streuung von Alpha-Teilchen am Goldatomkern, nur eine einzelne Bahn

Zu Lernziel I.2. :

"rutherford" : Streuung von Alpha-Teilchen am Goldatomkern; Betrachtung vieler Bahnen; verschiedene Hypothesen für das Verhalten in Kernnähe; Erstellung einer Streuwinkelverteilung

Zu Lernziel I.3. :

"mess_u" : Messung einer Spannung am AD-Wandler-Eingang; Ausgabe von Bitmuster, Bytewert und Spannungswert

"lichtschreiber" : Ausgabe eines qualitativen Zeit-Beleuchtungsstärke-Diagramms

Zu Lernziel I.4. :

"hg-spektrum" : Aufnahme eines Linienspektrums (siehe Handreichung LZ I.4); Abweichung: Die Registrierung des Ortes geschieht mit dem spannungssensitiven AD-Wandlereingang B des CAP-CS-2, der an eine Spannungsteilerschaltung angeschlossen ist. Die Spannung und der Spannungsteiler sind so (bipolar) zu wählen, daß beim Bewegen des Lichtsensors auf der Meßstrecke der Spannungsmeßbereich des CAP-CS-2 möglichst gut ausgenützt wird.

"franck-hertz" : Aufnahme der Franck-Hertz-Kennlinie; zur Erfassung der Spannungswerte, die den 10 V-Meßbereich des Interfaces überschreiten, ist im Programm eine Reihenschaltung zweier Widerstände (Spannungsteiler) mit den Werten 22 KOhm und 100 KOhm vorgesehen.

Zu Lernziel II.5. :

"zaehlen" : Einfaches Zählprogramm entsprechend dem Struktogramm der Handreichung; benutzt wird der Zählereingang E des CAP-CS-2.

Zu Lernziel II.6. :

evt. Programm RATEMETER der Diskette "Messen mit CAP-CS-2 und C 64/128 und LH-BASIC" der Firma Leybold DIDACTIC GmbH

Zu Projekt IIIb :

"zerfall" : Zusammenfassung der vier in der Handreichung beschriebenen Module; zusätzlich ist die Simulation des Zerfalls in Maschinensprache vorgesehen, deren Vorgehen genau derjenigen in BASIC entspricht. Dieses Programm kann ggf. vom Kursleiter wieder in die einzelnen Module zerlegt werden.

Zu Projekt IIId (Simulation dynamischer Vorgänge):

"kond1" : Kondensatoraufladung (Euler-Cauchy 1)

"kond2" : Kondensatorauf- und entladung (Euler-Cauchy 1)

"zerfall1" : Zerfall eines radioaktiven Nuklids

"zerfall2" : Mutter-Tochter-Zerfall

"zerfall3" : Mutter-Tochter-Enkel-Zerfallskette

"feder1" : Schwingung eines Federpendels (Euler-Cauchy 1)

"feder4a", "feder4b" : wie zuvor, jedoch verbesserte Integrationsverfahren

"iteratio" : Vergleich der Konvergenz der Verfahren EULER-CAUCHY-1, EULER-CAUCHY-2 und RUNGE-KUTTA

"geschw.-filter" : Elektron in gekreuztem elektrischen und magnetischen Feld

Zu Projekt IIIe :

"messen1" : Einfaches Digital-Thermometer; die Koeffizienten der (linearen) Meßfunktion sind geeignet anzupassen.

"messen2" : Einfaches Analog-Thermometer; die Koeffizienten der (linearen) Meßfunktion sind geeignet anzupassen.

"sensor eichen" : Programm zum Eichen eines Sensors

"ligri" : Lichtgriffel-Simulation

Absender:

mit vollständigerAnschrift

Zentralstelle
für Computer im Unterricht
Schertlinstr. 9

8900 Augsburg

Anforderung von Begleitdisketten zum BUS-THEMA-Buch "Informatik-Themen im Grundkurs Physik" (BSV)

Dem Empfänger ist bekannt, daß er durch Überlassung der Programme und der Dateien keinerlei Eigentumsrechte erwirbt und daß eine Weitergabe an Dritte nicht zulässig ist. Insbesondere sind Schüler, die Zugang zu den Programmen haben, auf die Wahrung der Urheberrechte hinzuweisen. Alle Rechte an den Programmen liegen bei den Autoren, auch wenn vom Anwender Veränderungen vorgenommen werden. **Eine kommerzielle Nutzung ist nicht gestattet.**

Beachten Sie die Hinweise zum Programmaustausch in BUS 18.

Bitte neue **Leerdisketten** in genügender Anzahl und ausreichend **frankierten** adressierten DIN-A5-Umschlag beilegen.

bitte gewünschte Disketten ankreuzen ☒

MS-DOS

Diskette 1
(Dateien zu Lernziele 1 bis 4, VIVITAB-Tabellen zum Projekt IIId,
Quellcode des Programms zu Projekt IIIb) ❑

Diskette 2
(Dateien zu den Projekten IIIa bis IIId) ❑

Commodore C 64 ❑

Ort, Datum: Unterschrift: